预约调度理论与方法

周声海 著

科学出版社

北 京

内 容 简 介

当前，有限医疗资源的供给难以有效地满足日益增长的医疗服务需求。为了提升医疗资源利用率、提升患者满意度，本书运用运筹学优化理论，探讨各类预约调度模型与算法，从单阶段预约调度问题，到多阶段预约调度问题，再到多服务提供者的预约调度问题，最后到鲁棒预约调度问题，研究的问题能够覆盖服务行业绝大多数应用场景。本书的主要特色在于针对各类具体问题场景，详细阐述模型的建立、算法的设计，以及参数灵敏度分析。

本书旨在为医疗服务运营管理相关领域的研究者及从业人员提供对预约调度理论与方法的宏观认知，以期为预约调度系统的设计提供理论支持和实践指导。

图书在版编目（CIP）数据

预约调度理论与方法 / 周声海著. -- 北京 : 科学出版社, 2025. 3.
ISBN 978-7-03-081427-2

Ⅰ. F719.1

中国国家版本馆 CIP 数据核字第 202589LS91 号

责任编辑：郝　悦 / 责任校对：贾娜娜
责任印制：张　伟 / 封面设计：有道设计

科学出版社 出版
北京东黄城根北街 16 号
邮政编码：100717
http://www.sciencep.com
北京建宏印刷有限公司印刷
科学出版社发行　各地新华书店经销
*
2025 年 3 月第　一　版　开本：720 × 1000　1/16
2025 年 3 月第一次印刷　印张：11 1/4
字数：225 000

定价：126.00 元

（如有印装质量问题，我社负责调换）

前　言

习近平总书记在科学家座谈会上提出“四个面向”要求，明确了“面向人民生命健康”在国家现代化建设全局和研发布局中的战略定位[①]，希望广大科学家和科技工作者肩负起历史责任。自进入中国特色社会主义新时代以来，健康已逐渐成为广大人民群众的殷切期待和追求。在当前阶段，维护人民健康已成为党的性质和宗旨的重要体现。在“十三五”时期，以习近平同志为核心的党中央将保障人民健康置于战略优先位置，决策实施健康中国战略，并举行全国卫生与健康大会，发布《“健康中国 2030”规划纲要》，明确将健康中国建设提升为国家战略，标志着我国发展进入以提升民众生活质量和健康水平为核心的新阶段[②]。“十四五”规划进一步明确，全面推进健康中国建设不仅需加强疾病预防控制、提升医疗质量，更需重视公共卫生体系的构建。

然而，随着我国经济社会的高质量发展，以及人民群众对健康的需求的日益增长，医疗卫生资源总量不足、结构分布不均以及优质医疗资源的稀缺性和集中性，导致了患者就医体验的差异性、医疗服务供需之间的矛盾。国家卫生健康委发布的《2022 年我国卫生健康事业发展统计公报》显示，2022 年，我国每千人口执业（助理）医师和注册护士数量分别为 3.15 人和 3.71 人，而 2022 年全国医疗卫生机构总诊疗人次高达 84.2 亿人次。在医疗资源结构分布方面，2021 年的数据显示，每万人口卫生机构数在不同地区之间差异显著，西部地区每万人口卫生机构数是东部的 1.28 倍，中部地区每万人口床位数是东部的 1.80 倍[③]，医疗资源地域分布不均衡显著。

增加医疗资源的供给和提升医疗资源的运作效率无疑是改善这一现状的两个有效策略。其中，虽然财政投入可进一步扩充医疗资源，缩短患者等待时间，提升医疗质量，但医疗资源昂贵而稀缺，因此，在有限的医疗资源的前提下，紧密围绕提高医疗服务效率这一核心，既是国家布局和规划医疗卫生事业的重要战略需求，也是地方和基层医疗机构提高服务能力的必要支撑。预约调度与优化作为

---

① 中华人民共和国中央人民政府. 坚持“四个面向” 加快科技创新——习近平总书记在科学家座谈会上的重要讲话指引科技发展方向.[2020-09-13].https://www.gov.cn/xinwen/2020-09/13/content_5543052.htm.

② 中华人民共和国中央人民政府.中共中央 国务院印发《“健康中国 2030”规划纲要》.[2016-10-25].https://www.gov.cn/zhengce/2016-10/25/content_5124174.htm.

③ 资料来源：《中国统计年鉴》及《中国卫生健康统计年鉴》。

医疗服务体系建设中的一个关键组成部分，能够显著提高医疗资源的利用效率，缓解医院各部门就诊的拥挤状况，缩短患者的等待时间，从而提升医疗服务的整体质量和患者的就医满意度，直接关系到国民健康计划的实施效果和健康中国战略目标的实现。

目前，运营管理学术界关注更多的是如何优化医院预约调度流程，提高医疗资源运作效率，而预约调度优化的实施依托于医院的预约调度系统。近年来，国内的三甲医院纷纷上线了预约系统。例如，中南大学湘雅医院和上海市第一人民医院，全院的门诊全部实施网上挂号进行预约。这类预约系统的实施，一方面极大地方便了医院对于医生及专家的排班调度，优化了资源利用率；另一方面更是极大地缩短了患者的就诊等待时间，提升了患者满意度。

预约调度系统的设计与实施，往往需要考虑一系列不确定性因素，如患者到达的不确定性、预约人数的不确定性、患者爽约的不确定性等。再加上现实的医疗运营环境复杂多样，预约系统的设计变得更加困难。与此同时，人们对医疗的功能逐渐从“看病”转向“服务”这一层面。在当代，患者就医的目的主要是治病，在这个过程中如果能够享受到周到的服务，定然能够提升患者的就诊体验和医疗服务质量。因此，提升患者满意度，对医疗服务行业的发展至关重要。

因此，为了提升医疗资源利用率、提升患者满意度，本书聚焦预约调度这一重要领域，探讨各类预约调度模型与算法，从单阶段预约调度问题，到多阶段预约调度问题，再到多服务提供者的预约调度问题，最后到鲁棒预约调度问题，研究的问题能够覆盖服务行业绝大多数应用场景。本书研究内容能够使相关领域的研究者对预约调度理论与方法有一个宏观的认知，以期为相关从业人员提供理论支持和实践指导。

感谢本书研究成果的众多合作者。本书的部分研究成果及出版得到了国家自然科学基金（72471244，72101102）、教育部人文社会科学基金（21YJC630179）、湖南省自然科学基金（2024JJ6536）的资助。也特别感谢整理本书内容的研究生，其中，研究生庞硕对第 2、3、6 章进行了整理；研究生柳茜对第 4、5 章进行了整理；研究生刘力铭对第 7、9 章进行了整理；研究生李桃姣对第 8 章进行了整理。

周声海

2024 年 8 月于岳麓山下

目　录

第1章 导　　论

在当今的信息时代，时间被认为是一种极为宝贵的资源。随着社会的不断发展和生活节奏的加快，人们对时间的利用提出了更高的要求。预约调度系统作为一种有效的时间管理和资源优化手段，逐渐成为各个领域提高效率、优化服务的不可或缺的工具。例如，在医疗领域，一个高效的预约调度系统可以缩短患者的等待时间，提高医疗资源的利用率，更好地满足患者的需求。

本书的内容包含四类预约调度问题，从单阶段预约调度问题，到多阶段预约调度问题，再到多服务提供者的预约调度问题，最后到鲁棒预约调度问题，涉及的内容由易到难，层层递进，研究的问题能够覆盖服务行业绝大多数应用场景。针对每一类问题，分别介绍相应的数学优化模型，并提出相应的求解算法。本书的内容对已有的预约调度问题及算法进行了简单的梳理归类，能够使相关领域的研究者对预约调度理论与方法有一个宏观的认知，也能够为相关从业人员提供理论支持和实践指导。

1.1　单阶段预约调度理论与方法

单阶段预约调度指的是所有顾客（在本书中，预约调度场景适用于一般服务行业的顾客和医疗服务行业的患者，所以本书中将依据不同的情境交替使用“患者”和“顾客”）只经历一个服务阶段，通常假设只有一个服务提供者提供服务。设计一个合理的预约调度方案的难点在于系统的随机性，包括服务时长的随机性、患者爽约的随机性、不预约（walk-ins）患者到达的随机性等。由于随机因素的干扰，通常服务系统会出现顾客的等待、服务提供者的空闲或者加班（超时）等情况。因此，为了设计合理的预约调度方案来平衡顾客的等待时间成本、服务提供者的空闲时间成本以及加班时间成本，通常会从期望的角度将问题建模为随机优化模型，在本书的第 2 章将详细描述经典的预约问题如何建模，以及如何设计算法进行求解。

一般来说，求解预约调度问题的最优解是一个棘手的问题。即使对于样本平均近似（sample average approximation，SAA）方法这样的高效解决方案，所需的样本数量也是预约数量和准确度水平的多项式。解决这个问题的另一种方法是研究最优调度的性质，并从中得到可供实际应用的结论。数值研究中最重要的发现之一是，当服务时间独立且同分布时，最优调度呈现“圆顶”形状。“圆顶”形状意味着调度时长在前几个预约中急剧增加，随后缓慢上升，在达到峰值之后缓慢下降，在最后几个预约中迅速下降。“圆顶”形状说明最优的调度时长会给前几个预约分配相对较少的调度时长，因为在一天开始的时候，没有积压的工作，服务提供者空闲的风险很高。随着预约个数逐渐增加，空闲的可能性随着累计到达人数的增加而降低。在一天的中间时段，排队状态接近稳态，可以认为调度时长接近一个常数。在一天结束的时候，积压的工作不会对未来产生同样程度的连锁影响，所以调度时长会缩短。

然而，即使知道最优调度时长安排是“圆顶”形状的，也不能直接确定一个可实施的调度时长安排，因为每个预约的具体调度时长仍然是未知的。同时，这种“圆顶”形状的预约调度安排也是难以实施的，需要考虑一种更简单的策略，即常数时长调度策略，这一策略为每个预约分配相同的调度时长。这自然会带来一个问题，即与更复杂的策略，尤其是最优策略相比，常数时长调度策略的性能表现如何，以及是否有经典的、表现良好的预约调度策略。第 3 章将详细研究各种简单有效的调度策略，关于更详细的探讨，感兴趣的读者请查阅相关文献，如 Zhou 等（2021a）、Klassen 和 Yoogalingam（2009）以及 Cayirli 和 Veral（2003）的文献。

1.2　多阶段预约调度理论与方法

在服务系统中，顾客可能会经历多个服务过程，它们称为阶段。各个阶段之间的联系使预约调度的制定变得更为复杂，也给服务系统的决策者带来了挑战。在多阶段服务系统中，有一类服务是所有顾客以同一顺序经历多个服务过程。以在中国现场申请签证为例，申请签证时，顾客需要依次经过安全检查、个人信息检查和拍照，以及签证面谈三个阶段。其他的例子还有眼镜配制、身份证申请等。在这种多阶段服务系统中，顾客以同一顺序经历多个服务流程，顾客通常根据他们的预约时间到达第一阶段，并以先到先服务（first come first served, FCFS）的规则经历其余流程（阶段）。

在一个多阶段的顺序服务系统中，每个预约的实际服务时间通常是不确定的，这使计划进度和实际进度往往不能完全匹配，甚至经常出现匹配不良的情况。由于匹配不良，总是会产生效率损失，包括服务提供者的空闲和顾客的等待。具体来说，在一个多阶段的顺序服务系统中：①当顾客在某个阶段准备好接受服务时，如果该阶段的服务提供者忙于为前面的其他顾客服务，他可能需要等待；②当服务提供者在某个阶段为当前的顾客服务完毕后，如果该阶段预约的下一个顾客还没有到来，他可能会被闲置。很明显，上述的效率损失会降低多阶段顺序服务系统的性能，如降低顾客满意度和造成系统资源浪费。此外，对于一个多阶段的顺序服务系统来说，前面阶段的工作处理进度对后面阶段的工作处理进度有着至关重要的影响。换句话说，多个阶段的效率是相互依赖和相互关联的。因此，在多阶段顺序服务系统中，决策者面临的一个自然而然的重要问题是谨慎地确定每个顾客的调度时长，以便在顾客的等待时间成本和多个阶段的服务提供者的空闲时间成本之间取得平衡。本书将在第 4 章对该问题进行详细的建模分析，并提出有效的求解算法来得到最优的调度方案。更详细的探讨，感兴趣的读者请查阅相关文献，如 Zhou 和 Yue（2019）的文献。

在预约调度中，由于顾客的异质性，如服务时长不一致、等待时间成本也不一致，一个典型的预约问题需要做出两层决策：排序决策和预约调度决策。前一个决策是指确定顾客的服务顺序，后一个决策是指为给定顺序的每个顾客确定提供服务的时间间隔（调度时长）。在多阶段服务系统中，异质顾客的预约调度问题同样需要做出两层决策：①决策顾客处理顺序；②对于给定的顺序，决策第一阶段每个顾客的调度时长，以缩短顾客等待时间和服务提供者在多个阶段的空闲时间的总期望加权成本。在这里，本章假设顾客只需要在第一阶段进行预约，然后按照先到先服务规则进行其余阶段。

对于多阶段排序和预约调度问题，要获得精确的最优解是一项困难的工作，其挑战来自三个方面。首先，对于排序和预约调度问题，即使是单阶段服务系统，也很难做出排序决策，因为一般的排序问题是非确定性多项式（non-deterministic polynomial，NP）完全的。其次，多阶段服务系统比单阶段服务系统复杂得多，因为不同阶段之间的性能指标（即等待时间和空闲时间）是相互依赖和交互作用的。这给分析最优解的性质带来了更多的困难。最后，随机服务时间和爽约的存在也给解决问题带来了一些障碍。第 5 章将详细分析多阶段预约系统的排序和预约调度问题，通过建立数学优化模型，对问题进行分析，从而提出有效的算法来得到调度方案。更详细的探讨，感兴趣的读者请查阅相关文献，如 Zhou 和 Yue（2022）的文献。

1.3 多服务提供者预约调度理论与方法

在服务行业，通常会有多个服务提供者提供服务。由于服务提供者本身的专业技能存在差异，不同类型的顾客与服务提供者会有不同的匹配程度，甚至有些顾客只能在特定的服务提供者处接受服务。例如，在耳鼻喉科中，专科医疗医师（specialty care physician，SCP）诊断和治疗耳、鼻和喉区域周围的各种疾病。如果顾客选择的服务提供者不具备正确的专业知识，则可能无法提供有效的治疗。

因此，针对多服务提供者的预约调度问题，其中一个重要的决策就是顾客与服务提供者的匹配问题。由于服务提供者的资源稀缺性，以及顾客自身的偏好，如何合理、有效地匹配顾客与服务提供者来提升运营效率是一个值得研究的问题。例如，在专科医疗诊所中，诊所中的专家有相关的教育背景且接受过全面的培训，但同一个诊所也有不同的专业方向。例如，在实践中，顾客通过其医疗科医师（primary care physician，PCP）的推荐或自己选择来找到合适的 SCP。另外，SCP 更愿意看到更多的顾客属于他们的临床专业领域，这样他们接受的医疗培训和教育就可以得到实际运用。因此，在专科医疗中为顾客匹配有能力的服务提供者是非常关键的，这样可以在一定程度上保证治疗质量。

除了匹配（分配）之外，为了提升运营效率，预约调度是一个必要且有效的方式。通过合理的预约调度安排，可以最大限度地提高服务提供者的时间效用，并通过缩短等待时间来提高顾客的满意度。因此，多服务提供者的预约调度问题面临两层决策：一个是顾客的分配问题，即分配哪些顾客给每一个服务提供者；另一个是针对每个服务提供者所服务的顾客的预约调度问题。本书第 6 章将详细阐述针对该问题的建模与分析，并提出有效的算法来得到合理的分配及预约调度方案。更详细的探讨，感兴趣的读者请查阅相关文献，如 Zhou 等（2021b）的文献。

与此同时，多服务提供者的预约调度问题同样存在异质顾客，因此，针对每一个服务提供者所服务的顾客，如何合理安排其服务顺序显得尤为重要。服务排序决策也在提高系统性能方面起着关键作用。这是因为一个顾客的服务过程会受到他前面的顾客的影响，前面顾客的服务时间和到达时间与预定的时间差异越大，后面顾客的开始时间就越有可能受到影响。将排序决策纳入预约调度管理可以显著提高系统性能。服务顺序决策的加入，使预约调度问题变得更为复杂。除此之外，顾客的不守时行为也大大增加了预约系统管理的复杂性。有研究表明，大多数顾客或早或晚于他们预定的服务开始时间到达。如果管理不当，这种顾客的不守时行为可能会对预约系统的性能产生负面影响。以医疗领域为例，一方面，这是因为早到的患者可能会导致候诊室的拥堵，或者如果服务提供者决定在预定时间之前为早到的患者提供服务，则将会导致下一个准时的患者的服务延迟开始。另一方面，患者迟到也可能导致后续患者的等待时间增加或直接导致预约取消，从而导致服务提供者的空闲甚至导致一些不好的结果的出现。因此，在管理预约系统时，应当将顾客的不守时行为考虑在内，这对于提高预约系统的性能具有至关重要的意义。本书将在第 7 章详细阐述考虑顾客不守时的多服务提供者排序及预约调度问题，建立数学优化模型，并提出有效的算法来得到合理、有效的分配及调度安排。更详细的探讨，感兴趣的读者请查阅相关文献，如 Wu 和 Zhou（2022）的文献。

1.4　鲁棒预约调度模型理论与方法

在预约调度的研究中，大部分研究通常假设决策者知道服务持续时间的概率分布，从而从期望的角度来对预约调度问题建模，寻找出使期望成本最小化的调度方案。在许多情况下，这是一个有效的假设，因为有足够的可用数据，因此可以有效拟合出分布。然而，有证据表明，由于缺乏数据，在某些情况下很难估计服务持续时间的概率分布。例如，有研究指出，在 Fletcher Allen 医疗中心（一家服务于佛蒙特州和纽约州北部的医疗中心），每种手术类型平均只有 21 个数据点可用。由于拟合随机规划的分布需要大量的数据，而少量的数据使拟合准确的概率分布变得很困难，在这种情况下，从期望角度建立数学优化模型来得到预约调度方案变得困难。这是因为一方面，由于缺乏数据，很难精确地估计不确定性的概率分布；另一方面，不确定性因素的概率分布可能在服务过程中呈现出不同的模式。例如，有研究指出，肠镜检查的过程与术前肠道准备质量有关，但这种准备质量却可能遵循两种不同的概率分布。

为了解决缺失不确定性的确切分布信息的预约调度问题，学者提出了一种替代方法——分布式鲁棒（distributional robust，DR）优化方法，用以替代需要完整分布信息的随机规划模型。与随机规划模型相比，DR 模型仅需要较少的不确定性分布信息，如均值和支撑集。此外，DR 模型还考虑了决策者的风险厌恶特性，因为它旨在找到一个最优解，以便在所有可能的不确定情况下都能表现良好，并且其通过最小化最坏情况下的期望成本来对冲不确定分布（被定义为模糊集）中的最坏情况，而随机规划模型则优化了所有潜在情景下的系统性能的期望。

针对单阶段有限信息的预约调度问题，第 8 章将详细阐述鲁棒预约调度优化模型的建立，以及相应的最优调度方案，并将结果应用在两种常见的鲁棒模型上。同时还给出温和条件下鲁棒问题的最优调度顺序。更详细的探讨，感兴趣的读者请查阅相关文献，如 Mak 等（2015）的文献。在多阶段服务系统中，获得不确定性的精确概率分布是更加困难的，鉴于此，本书将在第 9 章进一步在多阶段预约调度问题中考虑有限分布信息，并建立鲁棒优化模型。针对提出的鲁棒优化模型进行分析，提出有效的求解算法来得到最优的调度方案。更详细的探讨，感兴趣的读者请查阅相关文献，如 Zhou 和 Yue（2021）的文献。

参 考 文 献

Cayirli T，Veral E. 2003. Outpatient scheduling in health care：A review of literature[J]. Production and Operations Management，12（4）：519-549.

Klassen K J，Yoogalingam R. 2009. Improving performance in outpatient appointment services with a simulation optimization approach[J]. Production and Operations Management，18（4）：447-458.

Mak H Y，Rong Y，Zhang J W. 2015. Appointment scheduling with limited distributional information[J]. Management Science，61（2）：316-334.

Wu X Q，Zhou S H. 2022. Sequencing and scheduling appointments on multiple servers with stochastic service durations and customer arrivals[J]. Omega，106：102523.

Zhou S H，Ding Y C，Huh W T，et al. 2021a. Constant job-allowance policies for appointment scheduling：Performance bounds and numerical analysis[J]. Production and Operations Management，30（7）：2211-2231.

Zhou S H，Li D B，Yin Y. 2021b. Coordinated appointment scheduling with multiple providers and patient-and-physician matching cost in specialty care[J]. Omega，101：102285.

Zhou S H，Yue Q. 2019. Appointment scheduling for multi-stage sequential service systems with stochastic service durations[J]. Computers & Operations Research，112：104757.

Zhou S H，Yue Q. 2021. Appointment scheduling for multi-stage sequential service systems with limited distributional information[J]. Computers & Operations Research，132：105287.

Zhou S H，Yue Q. 2022. Sequencing and scheduling appointments for multi-stage service systems with stochastic service durations and no-shows[J]. International Journal of Production Research，60（5）：1500-1519.

第 2 章 经典预约调度模型与方法

2.1 引 言

预约调度通常应用于服务行业中，如门诊护理、公证服务、税务咨询等。许多服务行业都使用预约系统来提高资源利用率，使服务需求量与服务能力相匹配，从而高效地为顾客提供服务。决策者面临的一个常见问题是当每项服务的持续时间不确定时，如何确定它们的预定开始时间。这个问题在本质上不同于机器调度问题（Forst，1993），因为一旦设定了时间点，即使服务提供者在更早的时间空闲，顾客也无法在预定的开始时间之前接受服务。因此，选择较早的开始时间会提高服务提供者的利用率，代价是增加顾客的等待时间，而较晚的开始时间会减少顾客的等待时间，代价是增加服务提供者的空闲时间。本章提出的模型可以找到在与服务提供者空闲、顾客等待和延迟相关的不同成本结构下的最佳调度时间，即计划开始时间。

本章将预约调度问题（appointment scheduling problem，ASP）表述为一个两阶段随机线性规划（2-stochastic linear programming，2-SLP）问题。本章将展示如何使用基于分解的方法来利用问题结构解决大规模确定性等价问题。接下来，本章提出与分布类型和成本参数无关的一般上界，这样 L-shaped 算法就能利用这些上界并获得 ε 最优解。由于服务持续时间的可变性是资源利用效率低的主要原因，在固定服务持续时间均值的前提下，本章还进一步分析了服务持续时间方差对服务系统总期望成本的影响。

本章的结构安排如下：2.2 节讨论预约调度系统的不同性能标准，并介绍用于确定个人预约时间的 SLP 模型；2.3 节介绍算法及其性能界限；2.4 节提供说明该模型实际重要性的分析见解和数值示例；2.5 节提出另一种常见的建模方式，构建优化模型并提出最优调度的性质；2.6 节总结本章的研究，并讨论未来的研究方向。

2.2 问题描述与建模

考虑一个常见的具有一个服务提供者的服务系统，这个服务系统需要事先总共安排 J 个顾客的到达时间（预约服务时长），然后 J 个顾客按照先到先服务规则进行剩余阶段的服务。对于每位顾客来说，其服务时间都是一个独立的但不一定是同分布的随机变量。由于服务系统中服务时间的随机性，可能会出现顾客的等待和服务提供者的空闲。因此，对于服务系统中的决策者来说，有必要谨慎确定每个顾客预约的调度时长，以在空闲时间成本和等待时间成本之间取得平衡。总之，在本章的预约调度问题中，目标是决定每个顾客预约的调度时长（到达时间），以最大限度地减少顾客等待时间和服务提供者空闲时间的总期望加权成本。

在不失一般性的情况下，本章假设顾客准时到达服务系统，并且 J 个顾客已经提前排序，并通过 $j=1,2,\cdots,J$ 进行索引。对于第一个顾客，其在第一阶段 0 时刻开始接受服务，在其余阶段则无须等待即可开始接受服务。此外，每个阶段的服务提供者都可以在 0 时刻提供服务。

为了对本章研究的问题进行建模，本章首先定义了一些必要的符号如下：

（1）问题参数，包括 $\boldsymbol{d}$ ——矩阵 $\{d_j\}_{j=1,2,\cdots,J}$，其中 d_j 为顾客 j 的服务时间；c_I ——服务提供者空闲时的单位成本；c_W ——正在等待的顾客的单位成本。

（2）决策变量，即 $\boldsymbol{a}$ ——向量（$a_1,a_2,\cdots,a_{J-1}$），其中 a_j 表示第 j 个预约的调度时长（注意，第一阶段第 j 个顾客的预定开始时间由 $\sum_{s=1}^{j-1}a_s$ 给出）。

（3）性能指标。对于给定的调度时长 $\boldsymbol{a}$，本章定义了以下绩效指标：$\boldsymbol{W}$ ——矩阵 $\left\{W_j\right\}_{j=1,2,\cdots,J}$，其中 W_j 是第 j 个顾客的等待时间；$\boldsymbol{I}$ ——矩阵 $\left\{I_j\right\}_{j=1,2,\cdots,J}$，其中 I_j 是服务提供者在处理第 j 个顾客之前的空闲时间。

（4）附加符号，即 $\left\{C_j\right\}_{j=1,2,\cdots,J}$ ——第 j 个顾客的完成时间。

设 $f(\boldsymbol{a})$ 表示本章所研究的具有给定顾客允许量的多阶段顺序预约调度问题的目标函数，然后用上面定义的符号，目标函数 $f(\boldsymbol{a})$ 可以表示为

$$f(\boldsymbol{a})=\sum_{j=1}^{J}\left[c_W E\left[W_j(\boldsymbol{a})\right]+c_I E\left[I_j(\boldsymbol{a})\right]\right]$$

对于本章研究的问题，给定一个调度和随机服务时间 $\boldsymbol{d}$ 的实现，可以通过迭代实现每个顾客和每个服务提供者相应的等待时间和空闲时间。假设第一个顾客在第一阶段（$t=1$）在 0 时刻开始服务，第一个顾客的等待时间为 0，即 $W_1(\boldsymbol{a})=0$。

注意到顾客 j 的预定开始时间是 $\sum_{s=1}^{j-1}a_s$，顾客 $j-1$ 的完成时间是 C_{j-1}。由于顾客 j 不能在服务提供者完成服务顾客 $j-1$ 之前启动他的服务，所以顾客 j 的实际开始时间等于 $\max\left\{C_{j-1},\sum_{s=1}^{j-1}a_s\right\}$。因此，顾客 j（$j=1,2,\cdots,J$）的完成时间可以表示为

$$C_1(\boldsymbol{a})=d_1,\quad j=1 \tag{2-1}$$

$$C_j(\boldsymbol{a}) = \max\left\{C_{j-1}(\boldsymbol{a}), \sum_{s=1}^{j-1} a_s\right\} + d_j, \quad j = 2,3,\cdots,J \tag{2-2}$$

接下来计算顾客等待时间和服务提供者空闲时间，根据现有的研究（Begen et al.，2012；Denton and Gupta，2003；Mak et al.，2014），第 $j+1$ 个顾客的等待时间和服务提供者在处理第 $j+1$ 个顾客之前的空闲时间可计算如下：

$$\begin{aligned} W_{j+1}(\boldsymbol{a}) &= \left[W_j(\boldsymbol{a}) + d_j - a_j\right]^+, \quad j = 1,2,\cdots,J-1 \\ I_{j+1}(\boldsymbol{a}) &= \left[W_j(\boldsymbol{a}) + d_j - a_j\right]^-, \quad j = 1,2,\cdots,J-1 \\ & W_1(\boldsymbol{a}) = 0 \end{aligned} \tag{2-3}$$

式中，$[x]^+ = \max\{0, x\}$ 和 $[x]^- = -\min\{0, x\}$ 分别表示 x 的正、负部分的绝对值。

设 μ_j 表示服务时间 d_j 的平均值。根据式（2-3），对于任意给定的 $\boldsymbol{a}$ 和 $\boldsymbol{d}$，目标函数 $f(\boldsymbol{a})$ 等价于

$$f(\boldsymbol{a}) = \sum_{j=1}^{J}\left[c_W E\left[W_j(\boldsymbol{a})\right] + c_I E\left[I_j(\boldsymbol{a})\right]\right] \tag{2-4}$$

因此，经典的预约调度问题为解决以下优化问题（P0）：

$$\begin{aligned} &(\text{P0}) \quad \min_{\boldsymbol{a}} f(\boldsymbol{a}) \\ &\text{s.t.} \quad 式(2\text{-}1)\sim式(2\text{-}3) \end{aligned} \tag{2-5}$$

2.3　求 解 算 法

对于问题（P0），非线性约束进一步加大了其求解难度，使其难以直接调用求解器求解。为了更有效地求解该优化模型，本章尝试对模型进行一些变换，并研究变换后的模型的性质。本节首先建立性能指标（即等待时间和空闲时间）的关系，然后将本章所研究的问题重新建模为一个基于这些关系的两阶段随机线性规划。在此基础上，分析第二阶段程序中最优解的性质，并在此基础上提出一种有效的 L-shaped 算法来求解该问题。

需要注意的是，在任意给定的调度时长 $\boldsymbol{a}$ 下都可以得到式（2-1）~式（2-4）的结果，因此为了简单起见，本节省略了 $\boldsymbol{a}$。

2.3.1　模型重构

图 2-1 展示了性能指标之间的关系。在图 2-1 中，Δ_j 表示顾客 j 的计划开始时间到顾客 $j+1$ 的实际开始时间之间的时间间隔。根据等待时间和空闲时间的定义，本章有两个等价的 Δ_j 表达式：

$$\Delta_j = a_j + W_{j+1}$$
$$\Delta_j = W_j + d_j + I_{j+1}$$

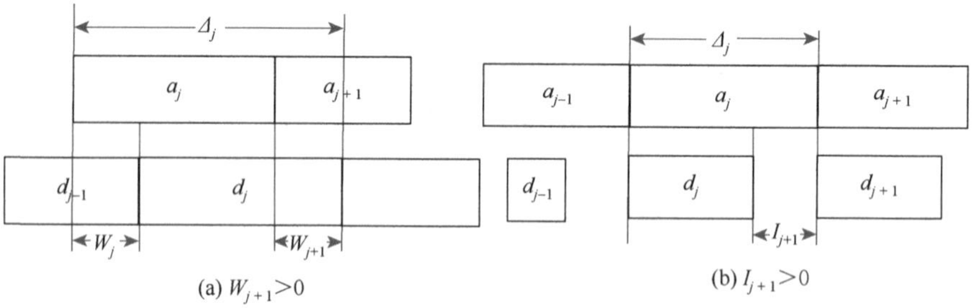

图 2-1　等待时间与空闲时间之间的关系

根据 Δ_j 的定义，并假设每个阶段的服务提供者可以在 0 时刻提供服务，则式（2-2）可以转换为式（2-6）。由此产生的关系也可以在关于单阶段预约调度问题的文献中找到（Denton and Gupta，2003）。

$$\begin{aligned} W_{j+1} - I_{j+1} = W_j + d_j - a_j,\quad j = 1,2,\cdots,J-1 \\ W_j \geqslant 0,\quad j = 1,2,\cdots,J \\ I_j \geqslant 0,\quad j = 1,2,\cdots,J \\ W_1 = 0 \end{aligned} \tag{2-6}$$

根据式（2-6）所示的等待时间和空闲时间之间的线性关系，问题（P0）可以转化为下面的随机线性规划：

$$(\text{P1})\quad \min_{\boldsymbol{a}} \sum_{j=2}^{J} E\left[c_W W_j + c_I I_j\right]$$

$$\text{s.t.}\quad W_{j+1,\omega} - W_{j,\omega} - I_{j+1,\omega} = d_{j,\omega} - a_j,\quad j = 1,2,\cdots,J-1; \omega = 1,2,\cdots,\Omega \tag{2-7}$$
$$W_1 = 0$$

式中，$d_{j,\omega}$ 表示在第 ω 个场景下的第 j 个顾客的服务时间；变量 $W_{j,\omega}$ 和 $I_{j+1,\omega}$ 分别表示第 ω 个场景下（第 j 个顾客/第 $j+1$ 个顾客）的等待时间和空闲时间。其中，随机线性规划的约束是线性的。

由于式（2-7）中的服务时间 $\boldsymbol{d}$ 是随机的，本章通常可以利用 SAA 方法用一些优化软件进行直接求解得到相应的近似解。具体来说，给定服务时间 $\boldsymbol{d}$ 的分布，本章随机生成 Ω 个独立同分布情景，然后使用 SAA 方法，可以用以下确定性线性规划（deterministic linear programming，DLP）来近似式（2-7）：

$$
\begin{aligned}
&\min_{\boldsymbol{a},\boldsymbol{W},\boldsymbol{I}} \frac{1}{\Omega}\sum_{\omega=1}^{\Omega}\sum_{j=2}^{J}\left(c_W W_{j,\omega}+c_I I_{j,\omega}\right)\\
&\text{s.t.}\quad W_{j+1,\omega}-W_{j,\omega}-I_{j+1,\omega}=d_{j,\omega}-a_j,\quad j=1,2,\cdots,J-1;\omega=1,2,\cdots,\Omega \qquad (2\text{-}8)\\
&\qquad W_{1,\omega}=0,\quad \omega=1,2,\cdots,\Omega
\end{aligned}
$$

第一个约束表示$W_{j,\omega}$和$I_{j,\omega}$之间的关系，最后一个约束确保第一个顾客等待时间为0。

为了获得一个精确的结果，SAA 方法需要较大的样本量（Begen et al.，2012）。因此，通过一些优化软件直接求解式（2-8）可能需要大量的计算时间。为了更有效地求解式（2-8），本章首先将式（2-8）表示为两阶段规划，并分析第二阶段问题的结构性质，然后利用得到的性质构造 L-shaped 算法。基于所分析得到的性质，可以加速 L-shaped 算法中最优性切割约束的产生，这有助于提高 L-shaped 算法的效率。

基于 SAA 方法的式（2-8），可转化为如下的两阶段规划问题：

$$
\min_{\boldsymbol{a}} \mathbb{Q}(\boldsymbol{a}) \qquad (2\text{-}9)
$$

式中

$$
\begin{aligned}
&\mathbb{Q}(\boldsymbol{a})=E[Q(\boldsymbol{a})]=\frac{1}{\Omega}\sum_{\omega=1}^{\Omega}Q'(\boldsymbol{a},\boldsymbol{d}_\omega)\\
&Q'(\boldsymbol{a},\boldsymbol{d}_\omega)=\min_{\boldsymbol{W}_\omega,\boldsymbol{I}_\omega}\sum_{j=2}^{J}\left(c_W W_{j,\omega}+c_I I_{j,\omega}\right)\\
\text{s.t.}\quad &W_{j+1,\omega}-W_{j,\omega}-I_{j+1,\omega}=d_{j,\omega}-a_j,\quad j=1,2,\cdots,J-1 \qquad (2\text{-}10)\\
&W_{1,\omega}=0
\end{aligned}
$$

$\boldsymbol{d}_\omega$、$\boldsymbol{W}_\omega$、$\boldsymbol{I}_\omega$分别表示第ω个场景下的服务时间、等待时间和空闲时间的实现值。

在式（2-9）中，第一阶段问题对应于带有决策向量$\boldsymbol{a}$的外部最小化问题，第二阶段问题对应于带有决策向量$\boldsymbol{W}$和$\boldsymbol{I}$的内部最小化问题，本章分别称它们为主问题［记为（MP）］和子问题［记为（SP）］。

2.3.2　子问题（SP）的最优性质

本节将分析子问题（SP）的最优性质，从而提出一个有效的算法来解决本章所研究的多阶段顺序预约调度问题。分析子问题（SP）的最优性质的思路如下：由于目标函数和约束条件是线性的，对于任意给定的时间调度$\boldsymbol{a}$和服务持续时间$\boldsymbol{d}$的实现，$\boldsymbol{W}$和$\boldsymbol{I}$的最优解可以通过计算等待时间成本和空闲时间成本的分段线性函数和求解相应的对偶问题递归推导出来。

注意到任意两个连续的顾客j和$j+1$，本章有以下两种情况：一是如果顾客j

的等待时间不为 0，那么顾客 j 的等待时间的增加将导致顾客 $j+1$ 的等待时间的后续增加；二是如果顾客 j 的等待时间为 0，那么服务提供者在服务顾客 j 之前将被闲置，而顾客 j 将在预定的时间开始他的服务。基于以上观察结果，本章可以递推出 $t=1$ 阶段的等待时间和空闲时间：

$$
\begin{aligned}
&W_{j+1}=\begin{cases}W_i+d_j-a_j, & W_j+d_j-a_j>0\\ 0 & \text{其他}\end{cases}, j=1,2,\cdots,J-1\\
&I_{j+1}=\begin{cases}-(W_j+d_j-a_j), & W_j+d_j-a_j<0\\ 0 & \text{其他}\end{cases}, j=1,2,\cdots,J-1\\
&W_{1,1}=0
\end{aligned}
\tag{2-11}
$$

下面描述该子问题的对偶问题，并分析该对偶问题的最优解的性质。设 α_j（$j=1,2,\cdots,J-1$）为子问题（SP）的对偶决策变量，然后可以将子问题（SP）的对偶问题表示为如下的确定性线性规划问题：

$$
\begin{aligned}
&\max_{\boldsymbol{\alpha},\boldsymbol{\beta}}\sum_{j=1}^{J-1}(d_{1,j}-a_j)\alpha_j\\
\text{s.t.}\quad &\alpha_j-\alpha_{j+1}\leqslant c_W,\quad j=1,2,\cdots,J-2\\
&\alpha_{J-1}\leqslant c_W\\
&-\alpha_j\leqslant c_I,\quad j=1,2,\cdots,J-2
\end{aligned}
\tag{2-12}
$$

从式（2-12）开始，很容易看出，对于任意给定的（$\boldsymbol{a},\boldsymbol{d}$），式（2-12）的可行区域是固定的。这意味着式（2-12）的可行区域对于所有（$\boldsymbol{a},\boldsymbol{d}$）都是相同的，而且是紧凑的。通过强对偶定理，本章可以知道式（2-12）的约束的拉格朗日乘子等于原问题（SP）的决策变量（$\boldsymbol{W},\boldsymbol{I}$）。因此，给定任意（$\boldsymbol{a},\boldsymbol{d}$），式（2-12）的最优解满足：

$$
\begin{aligned}
&W_{j+1}\cdot(\alpha_j-\alpha_{j+1}-c_W)=0,\quad j=1,2,\cdots,J-2\\
&W_J\cdot(\alpha_{J-1}-c_W)=0\\
&I_{j+1}\cdot(-\alpha_j-c_I)=0,\quad j=1,2,\cdots,J-1
\end{aligned}
\tag{2-13}
$$

在式（2-13）中，应该注意 $W_{t,j}>0$ 意味着 $I_{t,j}=0$， $j=1,2,\cdots,J$ 。利用寻找原始问题（SP）的最优解的类似思路，给定任意（$\boldsymbol{a},\boldsymbol{d}$），可以递归地推导出式（2-12）的最优解如下：

$$
\begin{aligned}
&\alpha_j=\begin{cases}\alpha_{j+1}+c_W, & W_{j+1}>0\\ -c_I, & W_{j+1}=0\end{cases},\quad j=1,2,\cdots,J-2\\
&\alpha_{J-1}=\begin{cases}c_W, & W_J>0\\ -c_I, & W_J=0\end{cases}
\end{aligned}
\tag{2-14}
$$

2.3.3 L-shaped 算法

本节基于 2.3.2 节中分析的性质，提出了一种 L-shaped 算法，以有效地求解两阶段规划问题，即式（2-9）。关于 L-shaped 算法的全面知识，请感兴趣的读者参考 Birge 和 Louveaux（2011）的研究。按照一般 L-shaped 算法，针对两阶段随机规划（P1），本章提出的 L-shaped 算法的核心步骤如下。

（1）通过引入一个新的决策变量 θ（$\theta \geqslant 0$）来松弛主问题（MP）的 $\mathbb{Q}(\boldsymbol{a})$。通过公式为主问题（MP）找到一个可行的 $\boldsymbol{a}$ 并将其发送到子问题（SP）。

（2）评估在主问题（MP）中得到的解是否违反了最优性。如果是，则在（MP）中添加一个最优性切割约束，然后返回步骤（1），求解新的主问题（MP）；否则，将找到一个最优解。

（3）重复步骤（1）和（2），直到找到最优解，并结束算法。

下面正式提出本章所研究的多阶段顺序预约调度问题的 L-shaped 算法。

算法 2-1　L-shaped 算法

输入：$\boldsymbol{d}$，c_I，c_W

输出：精确解决方案 $\boldsymbol{a}$

初始化：设置 $v = 0$。

1. 设置 $v = v + 1$，并求解以下线性规划，并设（$\boldsymbol{a}^v, \theta^v$）为最优解：

$$\text{(P2)} \quad \min_{\theta,\boldsymbol{a}} \theta \tag{2-15}$$

$$\theta \geqslant r^l - \boldsymbol{R}^l \boldsymbol{a}, \quad l = 1,2,\cdots,v-1 \tag{2-16}$$

$$\boldsymbol{a} \geqslant \boldsymbol{0} \tag{2-17}$$

$$\theta \geqslant 0 \tag{2-18}$$

2. 对于 $\omega = 1,2,\cdots,\Omega$，用式（2-3）计算等待时间和空闲时间。设 $\boldsymbol{\alpha}_\omega^v$ 是在第 ω 个场景下与式（2-10）的最优解相关联的单纯形乘子，那么本章可以利用式（2-14）推导出 $\boldsymbol{\alpha}_\omega^v$ 的值。阐明：

$$\begin{aligned} \boldsymbol{R}^v &= \frac{1}{\Omega}\sum_{\omega=1}^{\Omega}\left(\boldsymbol{\alpha}_\omega^v\right)^{\mathrm{T}} \\ r^v &= \frac{1}{\Omega}\sum_{\omega=1}^{\Omega}\sum_{j=1}^{J-1}\alpha_{j,\omega}^v d_{j,\omega} \end{aligned} \tag{2-19}$$

令 $z^v = r^v - \boldsymbol{R}^v \boldsymbol{a}^v$，然后转到步骤 3。

3. 如果$\theta^v \geqslant z^v$，则停止，$\boldsymbol{a}^v$是最优解；否则，在式（2-16）中添加包含r^v和$\boldsymbol{R}^v$的约束即式（2-19）到线性规划（P2），然后返回到步骤 1。

2.4 数值分析

本节将进行数值实验来评估本章提出的 L-shaped 算法的性能，检验最优调度的结构性质，并研究不同参数对最优调度的影响，如成本参数和阶段数，并分析性能指标。为了在合理的运行时间和精确的结果之间进行权衡，根据本章初步的测试结果，将$|\Omega|$设为$|\Omega|=5000$。

2.4.1 L-shaped 算法的性能

在本节的数值实验中，直接用 CPLEX 软件求解式（2-8），并使用相应的结果作为基准。然后，通过比较 L-shaped 算法与基准运行时间来说明本章所开发的 L-shaped 算法的优越性。

在本章研究的问题中，以下参数是输入：①顾客数（J）；②服务时间的分布；③空闲时间的单位成本（c_I）；④等待时间的单位成本（c_W）。对于所有顾客的服务时间，本章假设它们遵循两种分布类型：正态分布和指数分布。这两种分布在文献中常用（Denton and Gupta，2003；Hassin and Mendel，2008）。此外，本章假设所有J个顾客的服务时间具有相同的分布。因为根据一些初步测试结果，本章发现服务时间的分布对本章提出的 L-shaped 算法的效率没有显著影响。针对不同的问题实例，本节使用不同的参数J、服务时间分布$\boldsymbol{d}$的组合，但对于参数c_I和c_W，本章使用c_I / c_W来表示。

本章的参数设置如下。

（1）顾客数为$J \in \{10, 12, 14\}$。

（2）两种服务时间分布为N（20, 16）和 Exp（20）。

（3）c_I / c_W的比值为$c_I / c_W \in \{0.2, 0.4, 0.6, 0.8, 1, 1.5, 2, 2.5, 3\}$。

对于J和服务时间分布$\boldsymbol{d}$的每个组合，随机生成 10 个具有不同c_I / c_W的问题实例。所有实例都是通过在 MATLAB R2015b 上调用 CPLEX 12.6 来解决的，该系统在联想 Y430p 笔记本电脑上运行，该笔记本电脑配备英特尔酷睿 i7-4710MQ 处理器和 8GB 内存。在计算实验中，本章将计算时间的限制设置为 2h（即 7200s）。

为了展示本章开发的 L-shaped 算法的性能，在计算实验中，本章记录了 L-shaped 算法和式（2-8）在不同参数配置下对每个问题实例的计算时间，然后计算平均、最短和最长的计算时间。详细的计算结果如表 2-1 所示。

表 2-1　L-shaped 算法与式（2-8）方法计算时间比较

分布	J	L-shaped			式（2-8）		
		最短时间/s	平均时间/s	最长时间/s	最短时间/s	平均时间/s	最长时间/s
正态分布	10	29.12	33.65	45.52	76.09	89.46	124.07
	12	53.57	63.91	87.63	66.90	74.84	87.56
	14	76.53	89.81	113.98	120.68	137.65	165.83
指数分布	10	66.90	74.84	87.56	102.68	121.02	159.14
	12	76.09	89.46	124.07	171.80	195.33	237.15
	14	120.68	137.65	165.83	260.10	307.58	373.50
总体均值		70.48	81.55	104.10	133.04	154.31	191.21

从表 2-1 中可以很容易地观察到以下事实。首先，L-shaped 算法和式（2-8）的方法的计算时间大多随着顾客数的增加而增加。其次，J 较大时，式（2-8）的方法的计算时间显然长于 L-shaped 算法，意味着更大的时间成本，而本章的 L-shaped 算法可以在合理的计算时间内将所有问题实例求解到最优，效率显著提升。最后，随着规模的扩大，式（2-8）的方法的计算时间的增加幅度更大，相较之下 L-shaped 算法时间仅有少许增加，当问题的规模（顾客数）更大时，L-shaped 算法的优越性将更加明显。这些事实表明，本章提出的 L-shaped 算法确实比基准的方法即式（2-8）更有效。这是因为本章提出的 L-shaped 算法充分利用了子问题的性质，从而加快了算法的速度。

2.4.2　最优调度分析

对于只涉及单阶段服务系统的传统预约调度问题，现有的数值研究表明，当服务时间为独立同分布时，最优调度总是呈现“圆顶”形状，“圆顶”形状随顾客等待时间和服务提供者空闲时间的成本参数的不同而变化。因此，本节拟探讨单阶段顺序预约调度问题的最优调度是否仍然存在“圆顶”形状，以及最优调度如何随参数的不同而变化。

为了避免混淆，本章尝试通过计算实验来研究和回答以下问题。

（1）本章所研究的单阶段顺序预约调度问题的最优调度性质如何？

（2）服务时间的分布如何影响最优调度？

（3）最优调度如何随成本参数的变化而变化？

本章从第二个问题开始，为了了解最优计划与各阶段服务时间分布之间的关系，将顾客数量 J 、单位等待时间成本 c_W 和单位空闲时间成本 c_I 分别设为 $J=10$ 、

$c_W = 1$ 和 $c_I = 1$（本书中的调度时长、成本等参数均无单位）。详细的参数设置总结在表 2-2 中，数值结果如图 2-2 所示。

表 2-2　参数设置 1

分布	J	c_W	c_I
N（20, 16）、Exp（20）	10	1	1

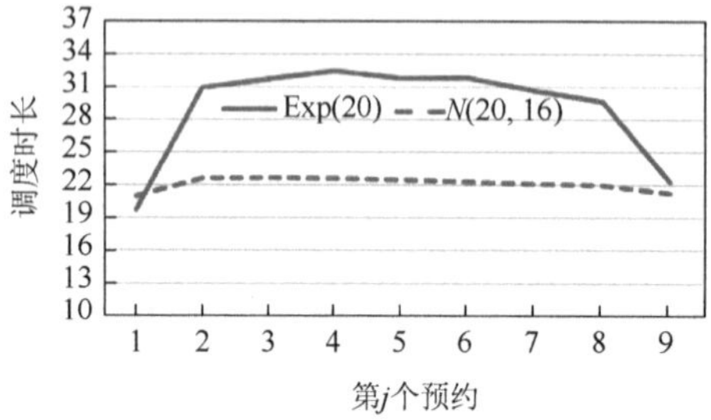

(a) 式（2-8）方法

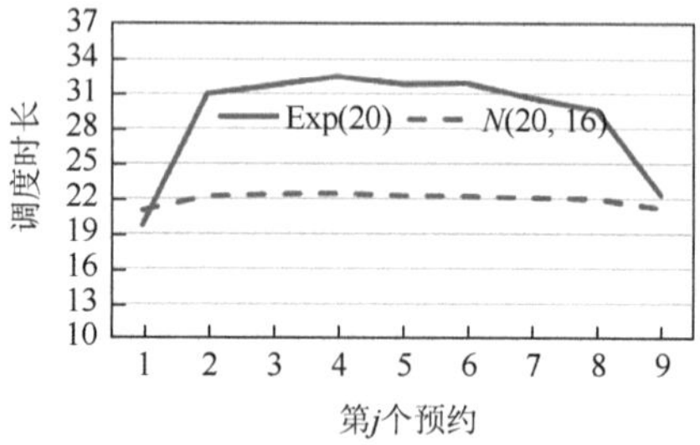

(b) L-shaped算法

图 2-2　各阶段不同服务时间分布下的最优调度

如图 2-2 所示，关于最优计划，本章有以下两个发现。

（1）无论顾客的服务时间遵循什么分布，最佳时间表都显示出一个“圆顶”形状。换句话说，服务时间的分布对最优计划的总体形状没有显著影响。因此，本章可以得出结论，当顾客是同质的时，他们的服务时间遵循相同的分布，决策者应该在实践中遵循“圆顶”形状的模式来确定调度时长。

（2）服务时间的不同分布影响了“圆顶”形状的平滑度。具体来说，我们可以看到：指数分布下最优调度的实线曲线比正态分布下的虚线曲线陡，服务时间服从指数分布的顾客自身的波动性较大，会在设计系统时给决策者带来更多的挑战。以上观察结果表明，在多阶段服务系统中，决策者应该关注顾客的类型，特别是其服务时间的分布模式，从而提高系统性能。

当然，不可否认，上述发现中所反映的在指数分布下得到的最优调度时长大于正态分布中得到的最优调度时长，可能是由于两种时间成本参数相等，而没有引起任何偏好，仅考虑了分布自身存在的波动。接下来本章将进一步研究，当成本参数变化（即比值变化）时，不同分布下得到的最优调度是否还出现类似现象。

此外，本节进一步比较了不同成本参数比值下最优调度时长的变化，详细的比较结果呈现在图 2-3～图 2-5 中。可以明显看出，随着成本参数比值增大，正态分布下得到的最优调度在变化趋势上没有明显区别，说明该分布下各顾客所需的服务时间的波动较小，整体平稳，可以对其需要的调度时间做出较准确的预测，所以最优调度呈现平滑的近似“直线”。但是在指数分布下，虽然最优调度的值大部分依旧大于正态分布下得到的值，但是随着成本参数比值增大，最优调度的值迅速减小，且首尾两端的变化格外明显。对于第一个顾客来说，此时系统中并不存在拥挤的现象，指数分布的波动性也会导致服务时间小于正态分布的情况，所以会安排一个更短的调度时间。随着顾客的逐渐到达，指数分布下的服务时间可

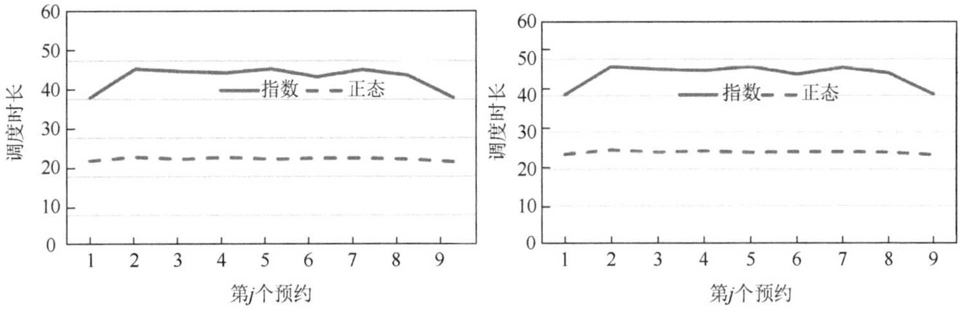

(a) 式（2-8）　　(b) L-shaped

图 2-3　$c_I / c_W = 0.2$ 时在不同方法、不同分布下得到的最优调度

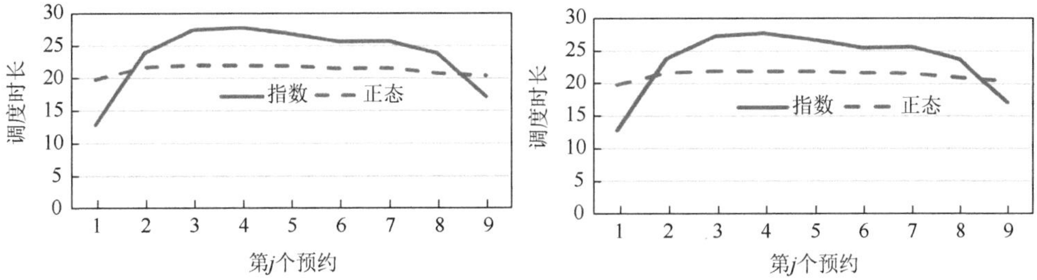

(a) 式（2-8）　　(b) L-shaped

图 2-4　$c_I / c_W = 2$ 时在不同方法、不同分布下得到的最优调度

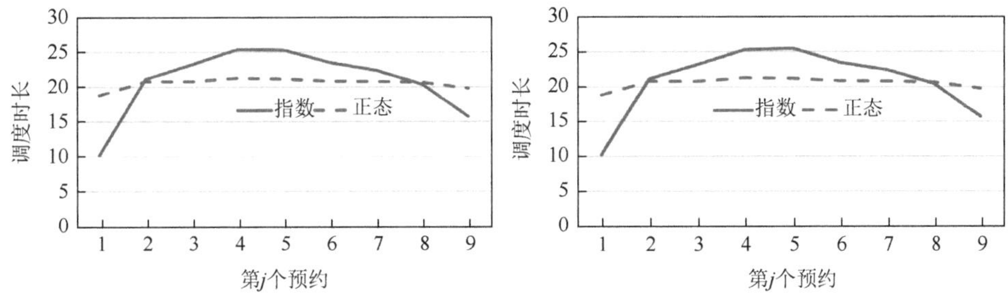

(a) 式（2-8）　　(b) L-shaped

图 2-5　$c_I / c_W = 3$ 时在不同方法、不同分布下得到的最优调度

能更不稳定，所以为了适当地进行缓冲，将会设置更长的调度时间。对于最后的顾客，此时决策者可以预见后续不会新增顾客，拥挤会逐渐消失，所以为了降低服务提供者空闲时间的成本，将再次缩短调度时间。最终在指数分布下，最优调度呈现明显的“圆顶”形状。综上所述，由于服务时间分布自身的差异，当成本参数变化时，将会有不同的反应，因此，在调度系统的设置中，需要考虑不同分布下的实际情况。尤其是单一分布下成本参数变化对最优调度的具体影响，我们将会在接下来的其他实验中进行更详细的讨论，这里就不做过多分析了。

以上研究都是在固定方法下研究分布和成本参数变化带来的影响，但是都是分别展示两种方法的结果，那么我们自然而然会产生一个疑问：不同方法对结果存在影响吗？所以接下来，本章将要考虑在相同条件下不同方法是否存在差异性。

从图 2-6 和图 2-7 中可以明显看到，无论在哪一种成本参数比值和服务时间状态分布条件下，两种算法得到的最优调度结果都基本一致，得到的曲线基本重合，其差距可以忽略。也就是说，通过 SAA 方法，本章对目标函数的期望值进行了充分的近似，该结果与通过启发式 L-shaped 算法得到的结果相同。这也从另一方面证明了，在足够多的样本下，SAA 方法遵循大数定律，是对目标函数的一种

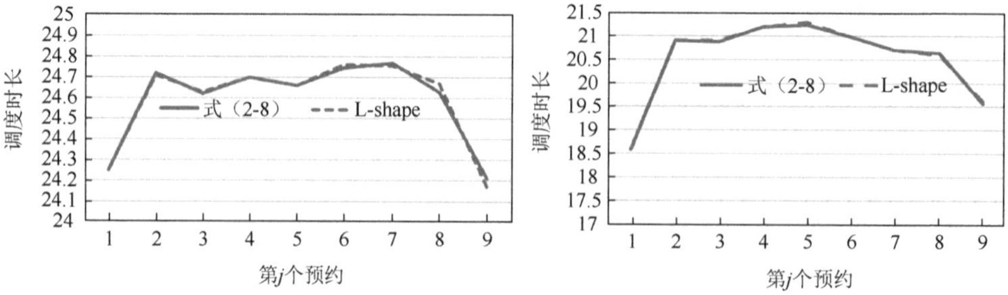

(a) $c_I/c_W = 0.2$　　(b) $c_I/c_W = 2$

图 2-6　在服务时间为正态分布、不同方法和参数比值条件下的最优调度

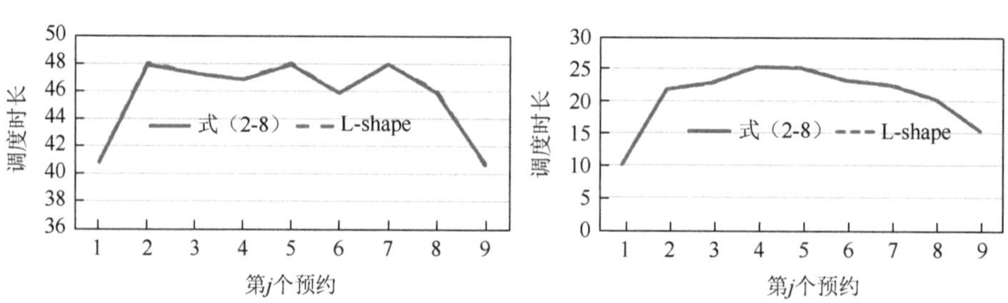

(a) $c_I/c_W = 0.2$　　(b) $c_I/c_W = 2$

图 2-7　在服务时间为指数分布、不同方法和参数比值条件下的最优调度

无偏近似，同时结合 2.4.1 节所体现的 L-shaped 算法的优越性，也给后续研究提供了一定启示。可以在测试所研究的启发式算法的同时，以 SAA 方法作为比较，既能体现启发式算法的效率与精确度，又能反映 SAA 方法的无偏估计，二者相辅相成。在之后的分析中，因二者无明显差异，出于简化考虑，本章仅展示 L-shaped 算法得到的结果。

以上已经研究了分布和方法与最优调度之间的关系。现在，我们把目光转向第三个问题。分析最优调度和成本参数之间的关系，本章设置顾客的数量 J 为 10，并考虑在不同阶段使用不同的服务时间分布，例如，N（20, 16）和 Exp（20）。对于成本参数，本章将等待时间的单位成本归一化为 1，即 $c_W=1$，并测试了空闲时间 c_I 的单位成本的几种情景。具体的参数设置如表 2-3 所示，数值结果如图 2-8 所示。

表 2-3　参数设置 2

分布	J	c_W	c_I
N（20, 16）、Exp（20）	10	1	0.2，0.6，1，2，3

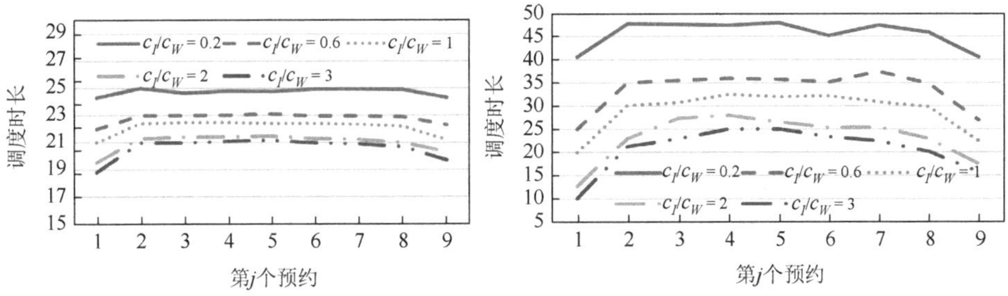

(a) 正态分布　(b) 指数分布

图 2-8　不同单位成本下的最优计划

从图 2-8 中可以找到最优调度的四个明显特征。

（1）在正态分布和指数分布及所有成本参数组合的情况下，最优调度也显示出一个“圆顶”形状。

（2）对于正态分布和指数分布，随着空闲时间的单位成本与等待时间的单位成本之比的降低，“圆顶”形状变成了“平原-圆顶”形状，我们推断此时在安排最优调度时将重点考虑顾客的实际体验。“圆顶”形状意味着设计调度时间时为了节省成本而出现了“缩水”，在一定程度上会带来拥挤，这时将会导致计划之外的等待时间，降低顾客满意度。尤其是当等待时间成本更大时，这一问题是决策者不愿意看到的。为了避免系统设计得过于拥挤，需适当地增加调度时间，特别需要在首端和末端适当增加调度时间，因此最优调度将会向“平原-圆顶”形状演变。

这两个观察结果与单阶段预约调度问题的最优调度的数值结果一致（Denton and Gupta，2003；Hassin and Mendel，2008）。

（3）从 c_I值的变化角度来看，指数分布下的最优调度时长曲线大部分依旧大于正态分布曲线。这与本章所调查的第二个问题的结果是一致的。指数分布下最优调度曲线下降更快，这与图 2-2～图 2-5 所反映的现象相一致，图 2-8 更为直观地体现了该情况。

（4）随着空闲时间单位成本与等待时间单位成本比值的降低，最优调度时长增加。这一结果和第二点发现类似，当顾客的等待时间比服务提供者的空闲时间更有价值时，决策者应该为这些顾客安排大量的调度时长，即相邻的两个顾客的到达时间间隔增加，留出了更多的时间来缓冲服务时间的不确定性，提高顾客满意度，从而降低系统总体成本。在实际生活中，某些 VIP 顾客更加注重服务体验感，可能会发生上述情况。

2.4.3 绩效指标分析

本节将研究在指定的最优计划中的性能指标（即等待时间和空闲时间）的值，以回答性能指标在不同参数下如何变化的问题。下面将进行两部分的计算实验。具体来说，本节首先检查平均预期等待时间和空闲时间，然后通过一个示例显示更多的细节。在计算实验的第一部分，本节设置顾客数量的值为 $J=10$，考虑 9 种空闲时间成本与等待时间成本的比值：$c_I / c_W \in \{0.2, 0.4, 0.6, 0.8, 1, 1.5, 2, 2.5, 3\}$，本章还假设所有顾客的服务时间具有相同的分布，并测试两个分布，即 N(20, 16）和 Exp（20）。表 2-4 给出了总预期等待时间和空闲时间。

表 2-4 总预期等待时间和空闲时间

c_I / c_W	正态分布		指数分布	
	$E[W]$	$E[I]$	$E[W]$	$E[I]$
0.2	2.45	37.62	26.52	212.66
0.4	4.91	29.25	46.55	153.28
0.6	6.94	24.45	64.09	124.22
0.8	9.13	21.15	77.85	104.16
1	11.04	19.02	91.46	89.86
1.5	15.40	15.39	122.70	68.66
2	19.34	12.80	145.34	53.63
2.5	22.52	11.21	172.83	45.14
3	26.41	9.63	188.35	38.82

可以看到，表 2-4 显示了一些有趣的发现。首先，对于任意给定的成本参数比值，即 c_I / c_W，服务时间的分布将不会影响总的预期等待时间和空闲时间的变化趋势，但是从数据中显然可以看出，无论是预期等待时间还是期望空闲时间，在指数分布状态下其值均大于在正态分布状态下的对应值，且差距达到了 7～10 倍的跨度。这个现象从另一个角度说明了具有指数分布服务时间的顾客存在着较大的不确定性，为了安排更合适的时间表，应对其给予更多的关注，与图 2-2 所反映的现实问题相呼应。其次，随着成本参数比值的增大，即空闲时间成本的增大，相对应的预期空闲时间将逐渐缩短，而预期等待时间将增加，说明此时决策者在设计系统时会将更多的重心放在服务提供者的角度，通过适当地缩短调度时间，避免系统过于松散而造成服务提供者空闲时间过长。预期等待时间的比重较低，意味着即使此时较短的调度时间造成了顾客将会面临更长的等待时间，从而导致满意度降低，但这一现象也无法得到过多关注。这一类现象往往出现于顾客数量较大而医疗承载能力有限且医疗资源价值较高的情境中，与图 2-3～图 2-5 总体所反映的现象相符合。反之，如果预期等待时间成本较高，重心也必然转移到顾客的角度。以上结果与实际高度符合，在设计系统和安排最优调度的实践操作中具有重要的借鉴意义。

综上所述，进一步考虑阶段数以及在不同阶段顾客是否具有相同分布对该预期等待时间和空闲时间的具体影响将会成为未来研究的主要方向之一。

2.5 拓展模型分析

前面没有考虑顾客爽约的情景，在考虑顾客爽约时，可以对之前的模型进行拓展。此外，考虑爽约的情景还存在另一种建模的方式。该方式是将总的工作时长 T 划分为相等的若干个时间间隙（time slot）。在本节中，为了方便起见，假设一共有 T 个时间间隙，顾客的服务时间为一单位时间间隙。优化问题的目标函数仍然是最小化加权期望等待时间成本、空闲时间成本，以及加班时间成本。

假设一共有 N（$N > T$）个顾客需要安排在 T 个时间间隙，每一个顾客都有一个同质的爽约概率 $1-p$。定义 n_t 为预约在第 t（$t=1,2,\cdots,T$）个时间间隙的顾客数量。用 I 表示在时间 T 之前服务提供者的空闲时间；W 表示所有顾客的期望等待时间；O 表示服务提供者的期望加班时间。

接下来详细阐述如何计算上述三类时间，定义如下变量。

$b(k \mid z,q)$：二项分布的概率质量函数，若 $k \leqslant z$，则 $b(k \mid z,q) = C_k^z q^k (1-q)^{z-k}$，否则 $b(k \mid z,q) = 0$。

$\pi_t(k)$：在时间间隙 t 中有 k 个顾客的概率。

z_t：时间间隙 t 中可能存在的顾客数量，$z_t=[z_{t-1}-1]^+ + n_t$。其中，如果 $z_{t-1}-1\geqslant 0$，$[z_{t-1}-1]^+ = z_{t-1}-1$；否则 $[z_{t-1}-1]^+ = 0$。

基于上述定义，可以递归地求出状态概率 $\pi_t(k)$ 如下：

$$\pi_t(k)=b(k\mid n_t,1-p)\pi_{t-1}(0)+\sum_{j=[k+1-z_{t-1}]^+}^{\min\{n_t,k\}} b(j\mid n_t,1-p)\pi_{t-1}(k+1-j)$$

基于此，定义服务提供者的期望工作时长 D 为

$$D=t_{\max}-1+\sum_{k=0}^{z_{t_{\max}}} k\pi_{t_{\max}}(k)$$

则服务提供者的平均空闲时间可以通过如下等式计算：

$$I=D-N(1-p)=t_{\max}-1+\sum_{k=0}^{z_{t_{\max}}} k\pi_{t_{\max}}(k)-N(1-p)$$

服务提供者的期望加班时间可以通过如下等式计算：

$$O=\begin{cases}0, & t_{\max}\leqslant T-z_{t_{\max}}\\ \displaystyle\sum_{k=1}^{t_{\max}+z_{\max}-T-1} k\cdot\pi_{t_{\max}}(k+T+1-t_{\max}), & T-z_{t_{\max}}+1\leqslant t_{\max}\leqslant T\\ D-T, & t_{\max}\geqslant T+1\end{cases}$$

顾客总的期望等待时间为

$$W=\sum_{t=1}^{t_{\max}}\sum_{k=1}^{z_t}(k-1)\pi_t(k)+\frac{1}{2}\sum_{k=1}^{z_{t_{\max}}}(k-2)(k-1)\pi_{t_{\max}}(k)$$

因此，优化问题为

$$\min\ c_W W+c_I I+c_O O$$

针对上述优化模型，有如下性质（Robinson and Chen，2010）。

命题 2-1 存在一个最优调度如下，如果对于一些时间间隙 k，有 $n_k^*\geqslant 1$，则对于时间间隙 $t<k$，有 $n_t^*\geqslant 1$。

上述性质称为不间断（no-hole）性质，此性质使得在寻找最优调度时能够大大减少枚举的数量。此外，最优调度还存在如下性质（Robinson and Chen，2010）。

命题 2-2 在 $c_I=1$ 的条件下，当且仅当下列条件成立时，最优调度是每一个时间间隙预约一个顾客，直到把顾客安排完为止：

$$c_W\geqslant\frac{p}{(1-p)^2}\begin{cases}1+c_O, & T\leqslant N-2\\ 1+(1-p)c_O, & T=N-1\\ 1, & T\geqslant N\end{cases}$$

当不满足上述条件时，可以通过枚举方式来得到最优的预约调度安排，然而，

这种方式是极为耗时的。因此，可以通过对问题的性质进行分析，从而提出有效的调度算法和策略，本章不对其进行深入阐述。

2.6 本章小结

本章分析了经典的预约调度问题，其中决策者必须事先确定每个预约的调度时长（到达时间），以最小化顾客等待时间和服务提供者的总期望加权成本。在这个问题中，本章假设顾客的服务时间是随机的，顾客准时到达服务系统。对于所研究的问题，本章首先提出了一个数学模型，并建立绩效指标之间的关系，在此基础上对所建立的模型进行了转换。其次，本章分析了转换后问题的性质，并提出了一个有效的 L-shaped 算法来求解它。最后，本章进行了计算实验来评估提出的算法的效率，并检验了最优调度的性质。本章的研究主要表明以下几点。

（1）在各阶段服务时间均为独立同分布的情况下，最优调度计划呈现“圆顶”形状。

（2）等待时间成本越大，最优调度越平稳。

（3）不同方法之间没有明显差异，但是分布自身的特性可能会给结果带来一定的影响，需要在研究和实际应用中加以考虑。

本章分析了最经典的预约调度问题，近年来的预约调度问题往往从以下几个方面进行拓展：①考虑顾客爽约的情景；②考虑顾客不守时行为；③考虑不预约顾客（即 walk-ins）的扰动；④考虑多服务提供者的预约调度问题；⑤考虑多阶段的预约调度问题。本书的后续章节分别涵盖了不守时行为、多服务提供者情景，以及多阶段情景。

本章还通过另外一种建模方式构造了调度优化模型，即考虑将工作时间平均划分为若干个时间间隙，顾客的服务时间为一单位时间间隙，决策是为每一个时间间隙预约多少顾客，从而最小化整个系统的期望等待时间成本、空闲时间成本，以及加班时间成本，此模型可以有效地处理顾客爽约的情景。本章提出了这种模型下的最优调度性质。

参考文献

Begen M A，Levi R，Queyranne M. 2012. A sampling-based approach to appointment scheduling[J]. Operations Research，60（3）：675-681.

Birge J R，Louveaux F. 2011. Introduction to Stochastic Programming[M]. Berlin：Springer Science & Business Media.

Denton B，Gupta D. 2003. A sequential bounding approach for optimal appointment scheduling[J]. IIE Transactions，35（11）：1003-1016.

Forst F G. 1993. Stochastic sequencing on one machine with earliness and tardiness penalties[J]. Probability in the

Engineering and Informational Sciences，7（2）：291-300.

Hassin R，Mendel S. 2008. Scheduling arrivals to queues：A single-server model with No-shows[J]. Management Science，54（3）：565-572.

Mak H Y，Rong Y，Zhang J W. 2014. Sequencing appointments for service systems using inventory approximations[J]. Manufacturing & Service Operations Management，16（2）：251-262.

Robinson L W，Chen R R. 2010. A comparison of traditional and open-access policies for appointment scheduling[J]. Manufacturing & Service Operations Management，12（2）：330-346.

第 3 章　经典预约调度策略分析

3.1　引　　言

预约调度广泛应用于个人咨询、汽车维修和医疗服务中，例如，计算机断层扫描（computed tomography，CT）、核磁共振成像（magnetic resonance imaging，MRI）以及门诊。在预约流程的起始阶段，我们需要确定每个预约时段的开始时间，或者确定每位顾客所需的服务时长。这一问题在学术文献中被称为预约调度（Denton and Gupta，2003；Hassin and Mendel，2008），其目的是在最大化服务提供者利用率的同时，尽量减少顾客的等待时间。

通常情况下，求解预约调度问题的最优解是一项非常棘手的任务（Robinson and Chen，2003）。即使采用 SAA 方法这样高效的解决方案，所需的样本数量也会随着预约数量和准确度水平呈多项式增长（Begen et al.，2012）。因此，研究者往往通过研究分析最优调度的性质，从而设计有效的调度规则和策略应用于实践。本章将分别介绍平坦-圆顶预约调度策略、常数时长预约调度策略、分段常数时长预约调度策略，以及其他预约调度策略。其中，针对常数时长预约调度策略以及分段常数时长预约调度策略，本章给出了其理论性能表现，以确保在实际使用过程中的绩效。

本章的结构安排如下：3.2 节分析探讨平坦-圆顶预约调度策略；基于此，3.3 节及 3.4 节分别探讨分析常数时长预约调度策略和分段常数时长预约调度策略；3.5 节进一步探讨常见的其他预约调度策略；3.6 节对本章研究的预约调度策略进行总结。

3.2　平坦-圆顶预约调度策略

本节对第 2 章中的经典的预约调度模型进行适当的调整，即不考虑服务总时长和加班时间成本。同样地，用 a_j 来表示决策变量，即为第 j 个预约安排的调度时长，$\boldsymbol{a}=(a_1,a_2,\cdots,a_J)$ 表示决策向量；用 W_{j+1} 和 I_{j+1} 表示第 $j+1$ 个顾客的等待时间和第 $j+1$ 个服务提供者的空闲时间。目标函数则退化为最小化期望加权等待时间成本和空闲时间成本。此时，简化的模型如下：

$$
\begin{aligned}
&\min v(\boldsymbol{a}) = E\left[\sum_{j=1}^{J}(c_W \cdot W_{j+1}(\boldsymbol{a}) + c_I \cdot I_{j+1}(\boldsymbol{a}))\right] \\
&\text{s.t.}\quad \begin{aligned} W_{j+1} &= [W_j + d_j - a_j]^+ \\ I_{j+1} &= [W_j + d_j - a_j]^- \end{aligned}
\end{aligned}
\tag{3-1}
$$

针对上述优化模型，可以采用第 2 章的 L-shaped 算法进行求解。通过数值实验分析发现，当服务时间是独立且同分布时，最优调度呈现“圆顶”形状（Denton and Gupta，2003；Hassin and Mendel，2008；Klassen and Yoogalingam，2009）。“圆顶”形状意味着调度时长在前几个预约中急剧增加，随后缓慢上升，在达到峰值之后缓慢下降，在最后几个预约中迅速下降。图 3-1（服务时间是均值为 20、方差为 16 的正态分布，单位空闲时间成本为 3，单位等待时间成本为 1）绘制了使空闲成本和等待成本之和最小化的最优调度。曲线呈“圆顶”形，纵坐标是每个预约的调度时长。

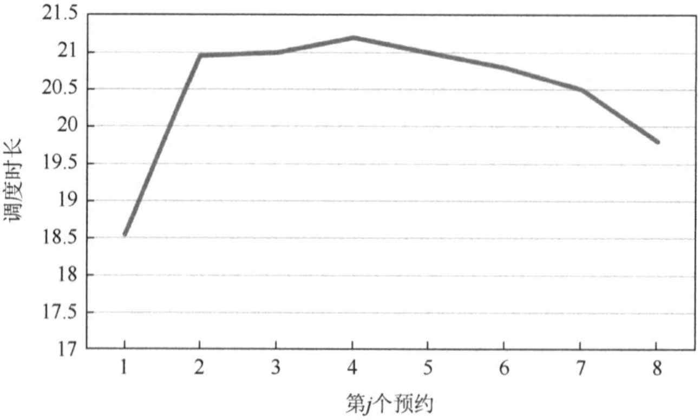

图 3-1　最优调度的“圆顶”结构

最优调度时长呈现“圆顶”形状可能有以下原因：决策者会给前几个预约分配相对较短的调度时长，因为在一天开始的时候，没有积压的工作，服务提供者空闲的风险很高。随着预约个数逐渐增加，空闲的可能性随着累计到达人数的增加而降低。在一天的中间时段，排队动态是静止的，有理由认为期望调度时间接近一个常数。在一天结束的时候，积压的工作不会对未来产生同样程度的连锁影响，所以调度时长会减少。

基于上述分析，为了得到更加易于实施的调度策略，同时又保留部分最优调度的性质，Klassen 和 Yoogalingam（2009）提出了一个简单的策略，即平坦-圆顶预约调度策略，在这个策略中，一天中间的调度时长都被限制为相等的。此时的优化模型只需要在上述模型中增加如下约束：$a_j = a_{j+1}$，$1 < j < J-1$。通过增加

这个约束，可以使中间预约的调度时长能够保持一致。Klassen 和 Yoogalingam（2009）通过数值实验表明，该策略在各种参数设置下都具有良好的鲁棒性。

3.3 常数时长预约调度策略

虽然平坦-圆顶预约调度策略接近最优的调度模式，并且易于实施，但是，其理论性能如何却是未知的。为了进一步简化调度策略，本节提出了常数时长预约调度策略。在这种策略下，限制所有调度时长都相等，即在上述模型中加入如下约束：$a_j = a_{j+1}$，$j = 1,2,\cdots,J-1$。同样地，简化后的模型可以通过第 2 章的 L-shaped 算法进行求解。但是，由于此时决策变量是一维变量，因此，可以通过一维搜索的方式来找到最优解。

针对此策略，我们更加关心的是其理论性能。为了得到理论结果，本章需要进一步引入一些符号。定义：

$$v(\boldsymbol{a}) = E\left[\sum_{j=1}^{J}(c_W \cdot W_{j+1}(\boldsymbol{a}) + c_I \cdot I_{j+1}(\boldsymbol{a}))\right] \tag{3-2}$$

式中，c_W 和 c_I 分别代表单位等待时间成本和空闲时间成本。本章使用符号 $W_{j+1}(\boldsymbol{a})$ 和 $I_{j+1}(\boldsymbol{a})$ 来突出它们与调度时间向量 $\boldsymbol{a}$ 的关系。

此外，考虑独立同分布服务时间的情景，即 d_j 相互独立且与 d 服从同样的分布。令 F 表示服务时间 d 的累积分布函数。令 ζ 表示随机服务时间 d 的偏度，并将 τ 定义为 ζ 和两个成本参数 c_W 和 c_I 的函数：

$$\tau = \left(8\left(3\zeta + \sqrt{\frac{2c_I}{c_W}} + \sqrt{\left(\frac{c_I}{2c_W}\right)^3}\right)\right)^2,\quad \zeta = \frac{E\left[\left|\hat{a}-\mu\right|^3\right]}{\sigma^3} \tag{3-3}$$

根据 τ 的定义，服务时间分布的偏度较大或比值 c_I / c_W 较大将导致 τ 的值较大。对于固定的 r，用随机变量 η_r^∞ 表示随机游走第一次到达最大值的时刻。在随机游走中，每个时段 j 的增量是 $d_e - r$。对于每个 $j \in \{0,1,2,\cdots\}$，有以下随机变量：

$$\eta_j^r = \min\left\{s^* \in \{0,1,\cdots,j\} \mid \sum_{e=1}^{s^*}(d_e - r) = \max_{s\in\{0,1,\cdots,j\}}\sum_{e=1}^{s}(d_e - r)\right\} \tag{3-4}$$

在不失一般性的情况下，本章中对于 $0 \leqslant k < l$，定义 $\sum_{i=l}^{k} \cdot = 0$，即从大于 k 的下标 l 开始连续累加到下标 k，累加值为 0。由于上述方程中的和呈现出随机游走的形式，在 Andersen（1954）的定理 1 中给出了一个关于 η_j^r 的概率分布的具体表达式。对于每一个 $J > 1$，本章定义：

$$\varepsilon_J(r) := \frac{c_W r E\left[\left(\eta_J^r\right)^2 - \eta_J^r\right]}{Jg} + \frac{c_I \sigma^2}{2Jg(r-\mu)} \tag{3-5}$$

接下来正式分析常数时长预约调度策略的理论性能。分别使用$v(r)$和v^*表示在常数时长预约调度策略r下和最优预约调度策略（最优预约调度策略可能不是常数时长预约调度策略）下的期望总成本，r^*表示最优常数时长预约调度策略下的调度时长，因此$r^* = \arg\min\{v(r) \mid r \geqslant 0\}$。本章使用向量$\boldsymbol{a}^*$表示在最优预约调度策略下的调度时间向量，其中$a_j^*$表示第$j$个预约的最优调度时间。本章用$\overline{a}^*$表示最优预约调度策略下的平均调度时间，即

$$\overline{a}^* = \frac{1}{J}\sum_{j=1}^{J} a_j^* \tag{3-6}$$

定理 3-1　假设下列条件中至少有一个成立。

条件 1：$F(\mu) < c_W/(c_W + c_I)$。

条件 2：$J > \max\{2\tau, 6\tau^{\frac{3}{2}}\sigma^{-1}(d-\underline{a})\}$。

则有$\overline{a}^* \geqslant \mu$，且

$$v^* \leqslant v(r^*) \leqslant v(\overline{a}^*) \leqslant (1+\varepsilon_J(\overline{a}^*))v^* \tag{3-7}$$

进一步有

$$\varepsilon_J(\overline{a}^*) \leqslant \frac{2c_W \overline{a}^* \varphi_{\overline{a}^*}^2}{Jg(1-\varphi_{\overline{a}^*})^2} + \frac{c_I \sigma^2}{Jg(\overline{a}^* - \mu)} \to 0, \quad J \to \infty \tag{3-8}$$

对这个定理进行如下讨论。

讨论 3-1　式（3-7）中的关系可以写为$0 \leqslant v(\overline{a}^*)/v^* - 1 \leqslant \varepsilon_J(\overline{a}^*)$。本章将比率$v(\overline{a}^*)/v^* - 1$视为常数时长预约调度策略$r$的相对最优性差距（optimality gap）。定理3-1提供了相对最优性差距的两个上界：一个是在式（3-5）的右侧关于$\varepsilon_J(\overline{a}^*)$的表达式；另一个在式（3-8）中。仅当$d_j$遵循给定的连续分布（例如，正态分布）时，才可以计算第一个上界。第二个上界比第一个弱，但是它却有更好的可解释的性质。例如，第二个上界随J增加而单调减小，表明当预约数较大时，常数时长预约调度策略具有更好的性能保证。式（3-8）中出现的极限性质表明简单的常数时长预约调度策略$\overline{a}^*$是渐近最优的。

讨论 3-2　对于一般常数时长预约调度策略r，最优性差距指的是差值$v(r) - v(\boldsymbol{a}^*)$，其在不知道最优调度$\boldsymbol{a}^*$的情况下，不能推导出解析表达式。然而通过选择$r = \overline{a}^*$，相对最优性差距可以由式（3-8）的右侧推导出上界，其随着$n \to \infty$收敛到0。事实上，由于最优常数时长预约调度策略r^*总是优于常数时长预约调度策略r，因此本章预期差距$v(r^*) - v(\boldsymbol{a}^*)$可以更小。本章的数值实验表明，$r^*$和$\overline{a}^*$的值非常接近，这意味着本章在分析常数时长预约调度策略时选择$\overline{a}^*$而不是

r^* 并不会对理论结果造成很大的影响。然而对于实际应用，本章总是用 r^* 代替 $\overline{a}^*$，因为 r^* 可以通过一维搜索有效地计算得到，而 $\overline{a}^*$ 的计算需要知道最优调度 $\boldsymbol{a}^*$ 并且涉及很多其他方面。

本章对定理 3-1 中使用的条件 1 和条件 2 进行讨论。它们二者都为式（3-6）中给出的 $\overline{a}^* = \sum_{j=1}^{J} a_j^* / J$ 提供了充分的条件，使 $\overline{a}^* > \mu$。这确保了 $\overline{a}^*$ 充分大，使等待时间表达式的随机游走出现负漂移，意味着 η_∞^r 有着有限的期望值。

定理 3-1 中的潜在假设是所有顾客都会接受服务。当顾客存在爽约情形时，可以通过引入一个随机二进制变量 $z_j = \{0,1\}$ 来表示序列中的第 j 个顾客在预约中出现（$z_j = 1$）或爽约（$z_j = 0$）。此时需要假设 z_j 的分布是独立的，并且具有平均出现概率。在此假设下，仍然可以得到类似定理 3-1 的结论。

定理 3-1 的成立依赖于其中两个条件，然而，即使不满足定理 3-1 中的任一条件，常数时长预约调度策略仍然表现良好。通过数值实验来分析最优性差距 $(v(r_{\text{SAA}}) - v(\boldsymbol{a}_{\text{SAA}}))/v(\boldsymbol{a}_{\text{SAA}})$，结果如表 3-1（Zhou et al.，2021）所示。

表 3-1 不同服务时间分布和参数比例下最优性差距：独立同分布情景

分布	期望 μ	方差 σ	最优性差距/%										
			$c_I/c_W=0.2$	$c_I/c_W=0.4$	$c_I/c_W=0.6$	$c_I/c_W=0.8$	$c_I/c_W=1$	$c_I/c_W=1.5$	$c_I/c_W=2$	$c_I/c_W=2.5$	$c_I/c_W=3$	$c_I/c_W=10$	$c_I/c_W=100$
正态分布	20	4	0.15	0.25	0.43	0.56	0.68	1.03	1.14	1.77	1.89	4.48	25.15
	20	8	0.18	0.33	0.59	0.67	0.79	1.51	1.87	7.98	2.16	5.06	25.45
指数分布	20	20	0.43	0.83	1.00	1.27	1.45	2.18	2.63	2.78	3.12	6.48	25.63
对数正态分布	20	4	0.09	0.38	0.42	0.54	0.86	1.23	1.54	1.9	2.09	4.87	25.21

表 3-1 提供了以下几点管理见解。

（1）常数时长预约调度策略在 c_I/c_W 和服务时间分布的各种组合下通常表现良好。当 $c_I/c_W \leqslant 3$ 时，最差组合下的相对最优性差距 $<4\%$（当分布为指数分布，且 $c_I/c_W = 3$ 时，最优性差距为 3.12%）。因此，即使对于小规模的问题（$J=16$），常数时长预约调度策略也能够接近最优调度，只要空闲成本相比等待成本不是太大。然而，如果空闲成本太大，那么常数时长预约调度策略可能会失去最优调度。在 J 较小时，本章在定理 3-1 中推导出的理论上界 $\varepsilon_J(\overline{a}^*)$ 可以比实际的最优性差距大得多。然而，这对进一步缩小理论上界提出了一个挑战。

（2）当服务时间服从标准差较小的正态分布时，常数时长预约调度策略的性能最好，而当服务时间服从指数分布时，常数时长预约调度策略的性能最差。当服务时间具有较小的变异系数 σ/μ 时，常数时长预约调度策略表现良好。这并不奇怪，因为如果所有服务时间都是确定的，那么常数时长预约调度策略的调度时间是最佳的。

（3）对于每种类型的服务时间分布，相对最优性差距随着 c_I/c_W 变小表现出明显的减小且向 0 接近的趋势。这一观察结果与 Denton 和 Gupta（2003）、Hassin 和 Mendel（2008）的研究中所给出的结论一致——在最佳时间表下的调度时间曲线尽管仍然具有“圆顶”形状，但当单位空闲成本相对较小时，曲线更加平坦。

3.4 分段常数时长预约调度策略

3.2 节和 3.3 节提出的两种预约调度策略都是针对单一预约类型的调度策略，然而现实中往往存在多种类型的顾客，其服务时长并不是独立同分布的。在本节中进一步通过考虑预约被分类为 $M \geqslant 2$ 种类型的场景来放松同类型顾客的假设，即服务时间独立同分布的假设。该分类标准可以基于顾客的生理属性、时间偏好（如上午或下午）、第一次访问或重新访问等因素来对顾客进行分类。本节考虑如下场景：同一天的预约按以下方式排序，第 1 类预约被安排到前 J^1 个位置，即第一个区块；第 2 类预约被安排到 $J^1+1 \sim J^1+J^2$ 的位置，即第二个区块，以此类推。决策者预先知道相同类型的预约遵循相同的服务时间分布。令

$$J^m = q^m J$$

式中，m 为预约顾客的类别数量；J 为所有类型的顾客的总数；q^m 为 m 类预约占全部预约的比例。类似地，令 $F^m(\cdot)$ 表示 m 类预约服务时间的累积分布函数，其均值和标准差分别用 μ^m 和 σ^m 表示。此处假设相同类型的预约具有独立同分布的服务时间。

本节针对多类顾客的预约，提出了分段常数时长预约调度策略，即为所有相同类型的预约安排相同的调度时长。本章表明在上述假设下，该策略仍然有良好的理论结果。为了便于讨论，本节使用上标 m 和下标 j 分别代表区块序号和顾客在该区块中的位置。例如，d_j^m 代表第 m 个区块中第 j 个顾客的随机服务时间。设 a_j^{m*} 表示最优调度下第 m 个区块中第 j 个顾客的最优调度时间，令

$$\overline{a}^{m*} = \frac{1}{J^m}\sum_{j=1}^{J^m} a_j^{m*} \tag{3-9}$$

表示最优调度下 m 类预约的平均调度时间。本章考虑分段常数时长预约调度策略 $\overline{\boldsymbol{a}}^* = (\overline{a}^{1*}, \overline{a}^{2*}, \cdots, \overline{a}^{M*})$，其中，$\overline{\boldsymbol{a}}^*$ 被加粗以表示它是分段常数时长预约调度策略的

向量。与 3.3 节一致，本章也使用 $v(\overline{\boldsymbol{a}}^*)$ 和 v^* 分别表示分段常数时长预约调度策略 $\overline{\boldsymbol{a}}^*$ 和最优调度下的期望总成本。

本节使用的符号与 3.3 节中一种类型的顾客组成的系统类似。因为每一个区块 m 下顾客的服务时间是独立同分布的，因此，用 d^m 表示 d_j^m 的同分布。对于 $m\in\{1,2,\cdots,M\}$，定义 $\underline{a}^m$ 和 g^m，即报童问题取得最小值时的 $\underline{a}^m$ 和与之相对应的最小值 g^m：

$$\underline{a}^m=\arg\min_{a\geqslant 0} c_W\cdot E\left[d^m-a\right]^+ + c_I\cdot E\left[d^m-a\right]^- \tag{3-10}$$

$$g^m=\min_{a\geqslant 0} c_W\cdot E\left[d^m-a\right]^+ + c_I\cdot E\left[d^m-a\right]^- \tag{3-11}$$

式中，d^m 为 m 类预约的独立同分布的服务时间。将 τ^m 定义为 d^m 的偏斜度，并将 ζ^m 定义为 τ^m 的函数：

$$\tau^m=\left(8\left(3\zeta^m+\sqrt{\frac{2c_I}{c_W}}+\sqrt{\left(\frac{c_I}{2c_W}\right)^3}\right)\right)^2,\quad \zeta^m=\frac{E\left[\left|\hat{a}^m-\mu^m\right|^3\right]}{(\sigma^m)^3}$$

定义 $\rho^m=\mu^m/\overline{a}^{m*}$，可以推导出 $\overline{a}^{m*}>\mu^m$，有

$$\varphi_{\overline{a}^{m*}}^m=\inf_{\psi\geqslant 0}\phi_{\overline{a}^{m*}}^m(\psi)\text{ 且 }\psi_{\overline{a}^{m*}}^m=\arg\inf_{\psi\geqslant 0}\phi_{\overline{a}^{m*}}^m(\psi),\quad \phi_{\overline{a}^{m*}}^m(\psi)=E\left[\exp\left(\psi(A^m-\overline{a}^{m*})\right)\right] \tag{3-12}$$

类似地，本章可以为不同的常数策略 $\overline{r}^m$ 定义 $\phi_{\overline{r}^m}^m(\psi)$、$\psi_{\overline{r}^m}^m$、$\varphi_{\overline{r}^m}^m$，其中：

$$\overline{r}^m=\overline{a}^{m*}-\frac{1}{\overline{H}^m},\quad \overline{H}^m=\frac{2}{\overline{a}^{m*}-\mu^m}$$

本章定义 $\eta_j^{m,\overline{a}^{m*}}$ 为随机游走 $\sum_{s=1}^{j}(d_s^m-\overline{a}^{m*})$ 达到其最大值时的第一个索引：

$$\eta_j^{m,\overline{a}^{m*}}=\min\left\{s^*\in\{0,1,\cdots,j\}\mid\sum_{e=1}^{s^*}\left(d_e^m-\overline{a}^{m*}\right)=\max_{s\in\{0,1,\cdots,j\}}\sum_{e=1}^{s}\left(d_e^m-\overline{a}^{m*}\right)\right\}$$

进一步，令 $\eta_\infty^{m,\overline{a}^{m*}}$ 是 $\eta_j^{m,\overline{a}^{m*}}$ 在 $j\to\infty$ 时的分布极限，定义：

$$\overline{\varUpsilon}_1^m=\frac{(\sigma^m)^2}{2\overline{a}^{m*}(1-\rho^m)}\text{和}\overline{\varUpsilon}_2^m=\frac{4}{\mathrm{e}^2\left(\psi_{\overline{a}^{m*}}^m\right)^2}\lg\frac{1}{1-\varphi_{\overline{a}^{m*}}^m}+\left(\frac{(\sigma^m)^2}{2\overline{a}^{m*}(1-\rho^m)}\right)^2$$

同时定义：

$$\varOmega^m=(m-1)\overline{H}^m\sum_{h=1}^{m-1}\overline{\varUpsilon}_2^h+\frac{\tilde{\varphi}}{1-\tilde{\varphi}}\sum_{h=1}^{m-1}\overline{\varUpsilon}_1^h \tag{3-13}$$

式中

$$\tilde{\varphi}=\max_{m\in\{1,2,\cdots,M\}}\varphi_{\overline{r}^m}^m \tag{3-14}$$

最后，本章定义：

$$\varepsilon_J(\overline{\boldsymbol{a}}^*)=\frac{c_W\sum_{m=1}^{M}\left\{\overline{a}^{m*}E\left[(\eta_J^{m,\overline{a}^{m*}})^2-\eta_J^{m,\overline{a}^{m*}}\right]+\Omega^m\right\}+c_I\sum_{m=1}^{M}\overline{\Upsilon}_1^m}{\sum_{m=1}^{M}J^m g^m} \tag{3-15}$$

定理 3-2　对于任意 $m\in\{1,2,\cdots,M\}$，假设以下两个条件中至少有一个成立。

条件 1′： $F^m(\mu^m)<c_W/(c_W+c_I)$。

条件 2′： $J^m>\max\{2(\tau^m),6(\tau^m)^{\frac{3}{2}}(\sigma^m)^{-1}(d-\underline{a}^m)\}$。

令 $J^m>1$ 对任意 $m\in\{1,2,\cdots,M\}$ 成立。之后，本章得到：对于任意 $m\in\{1,2,\cdots,M\}$，有 $\overline{a}^{m*}>\mu_m$，且 $v^*\leqslant v(\overline{\boldsymbol{a}}^*)\leqslant(1+\varepsilon_J(\overline{\boldsymbol{a}}^*))v^*$。进而，当 $J\to\infty$ 时：

$$\varepsilon_J(\overline{\boldsymbol{a}}^*)=\frac{c_W\sum_{m=1}^{M}\left\{\overline{a}^{m*}E\left[(\eta_J^{m,\overline{a}^{m*}})^2-\eta_J^{m,\overline{a}^{m*}}\right]+\Omega^m\right\}+c_I\sum_{m=1}^{M}\overline{\Upsilon}_1^m}{\sum_{m=1}^{M}J^m g^m}\to 0 \tag{3-16}$$

与定理 3-1 类似，定理 3-2 也给出了相对最优性差距 $v(\overline{\boldsymbol{a}}^*)/v^*-1$ 的两个上界。第一个上界，即 $\varepsilon_J(\cdot)$ 本身在式（3-15）中给出，仅当服务时间 d_j^m 遵循某些确定性分布（如正态分布）时才可以计算。第二个上界在式（3-16）中给出，是 $\varepsilon_J(\cdot)$ 的上界，并且当 $J\to\infty$ 时收敛到零，这证明了分段常数时长预约调试策略 $\overline{\boldsymbol{a}}^*$ 的渐近最优性。

类似地，即使定理 3-2 中的条件不满足，分段常数时长预约调度策略仍然表现良好，如表 3-2 所示（Zhou et al.，2021）。

表 3-2　不同服务时间分布和参数比例下最优性差距：分段独立同分布情景

类型 1			类型 2			最优性差距/%								
分布	期望 μ	方差 σ	分布	期望 μ	方差 σ	$c_I/c_W=0.2$	$c_I/c_W=0.4$	$c_I/c_W=0.6$	$c_I/c_W=0.8$	$c_I/c_W=1$	$c_I/c_W=1.5$	$c_I/c_W=2$	$c_I/c_W=2.5$	$c_I/c_W=3$
正态分布	20	4	正态分布	20	8	0.2	0.23	0.26	0.41	0.59	0.86	0.93	0.99	1.06
正态分布	20	8	正态分布	20	4	0.34	0.67	0.9	1.37	1.86	2.25	2.72	2.88	3.01
指数分布	4	4	指数分布	20	20	0.4	0.49	0.83	0.94	1.09	1.29	1.79	1.9	1.93
指数分布	20	20	指数分布	4	4	3.41	3.67	3.9	4.45	5.57	6.02	7.09	7.92	8.65
正态分布	20	4	指数分布	20	20	0.37	0.53	0.88	1.01	1.22	1.5	1.56	1.63	1.71
指数分布	20	20	正态分布	20	4	1.08	4.65	4.89	5.05	5.25	5.55	6.91	7.12	7.5
对数正态分布	20	4	指数分布	20	20	0.23	0.72	0.92	0.94	1.28	1.32	1.39	1.65	1.87
指数分布	20	20	对数正态分布	20	4	2.42	3.53	4.72	5.07	6.05	6.21	6.47	7.12	8.68

从表 3-2 中可以观察到分段常数时长预约调度策略的相对最优性差距对于所有组合都小于 9%（当分布为指数分布和对数正态分布的组合，且 $c_I/c_W=3$ 时，最优性差距为 8.68%）。还观察到，分段常数时长预约调度策略在 c_I/c_W 较小时表现得更好，与独立同分布服务时间情况类似。

3.5　其他预约调度策略

本节将进一步讨论其他预约调度策略，通常可以用以下三个变量来定义预约调度策略（Cayirli and Veral，2003）。

（1）区块大小（n_i）：预约安排到第 i 个区块的顾客数量。顾客可以单独叫号，按固定大小的组叫号，或按可变区块大小叫号。

（2）开始区块（n_1）：也称为初始区块，是在服务开始时被安排在同一时间段的顾客数量。

（3）预约间隔（a_i）：两个连续预约时间之间的间隔，即预约安排的调度时长（job allowance）。预约间隔可以是恒定的或可变的。常见做法是将其设定为某种函数形式的平均值（有时还有标准差）的咨询时间，或者通过优化模型与方法来得到。这三个变量（n_i、n_1、a_i）的任何组合都是可能的预约策略。

基于上述定义，常见的预约调度策略有以下几种。

单一区块策略：将所有顾客安排在诊所开始时到达。例如，所有早晨的顾客都被安排在上午 9:00，他们按先到先得的顺序接受会诊。这是最原始的预约系统形式，其中顾客被预约在某一天，而不是具体的预约时段。显然，单一区块策略会导致顾客等待时间过长，同时确保服务提供者不产生空闲。在 20 世纪 50 年代，大多数诊所在研究门诊预约时使用这种做法。因此，早期研究大多赞扬个人预约的优点，开创了从单一区块系统向个人区块系统的转变。单一区块系统仍然在使用，主要是在公共诊所中。

个体区块/固定间隔策略：给每位顾客分配唯一的预约时间，这些时间在整个诊所时段内等距分布。本章提出的常数时长预约调度策略即属于此类。

个体区块/固定间隔策略与初始区块：这是前一策略的组合，在诊所开始时安排一个初始的 n_1 顾客组（$n_1>1$），目的是保持顾客的库存，以便在第一个顾客迟到或未出现时，将服务提供者空闲的风险降到最低。剩余的顾客按平均咨询时间 mu 间隔安排（$n_1=2$，$n_i=1$，$a_i=\text{mu}$）。

多区块/固定间隔策略：将 m 个顾客分配到每个预约时段，保持预约间隔不变。例如，Soriano（1966）研究了一个顾客两两叫号，间隔等于两倍平均咨询时间（$n_i=2$）的预约系统。有研究发现，多区块策略在特定环境中表现良好。同时，有研究指出，当平均咨询时间较短时，区块预约可能更适用，这样，安排在同一时间区块的顾客不会经历过长的等待时间。此外，在给顾客分配“整点”预约时间方面也有一些实际优势，例如，每 15min 叫四名顾客，而不是每 3.75min 叫一名顾客。

多区块/固定间隔策略与初始区块：这只是上述系统的一个变体，具有一个初始区块（$n_1 > m$）。

可变区块/固定间隔策略：允许在诊所时段内有不同的区块大小，同时保持预约间隔不变。

个体区块/可变间隔策略：顾客按可变预约间隔单独安排。有研究发现，服务后期增加预约间隔能显著提高系统性能。一些最近的分析研究表明，对于独立同分布的服务时间和所有顾客的平均等待成本，最优预约间隔表现出一种共同模式，最初向会诊中间部分增加，然后减少，这被称为“穹顶”形态，本章提出的平坦-圆顶预约调度策略即属于此类预约调度策略。

3.6 本 章 小 结

通过合理安排预约时间，服务机构可以显著减少顾客的等待时间，提升服务效率，确保服务提供者的工作时间得到充分利用。此外，灵活的调度策略（如可变区块和间隔）可以根据顾客的需求和实际情况进行调整，从而减少服务提供者的空闲时间和顾客的等待时间。本章分别介绍了平坦-圆顶预约调度策略、常数时长预约调度策略、分段常数时长预约调度策略，以及其他预约调度策略。这些预约调度策略分别适用于不同的情景，能够极大限度地提升资源利用率，从而进一步保证服务的连续性和可靠性。

参 考 文 献

Andersen E S. 1954. On the fluctuations of sums of random variables II[J]. Mathematica Scandinavica，2：194.

Begen M A，Levi R，Queyranne M. 2012. A sampling-based approach to appointment scheduling[J]. Operations Research，60（3）：675-681.

Cayirli T，Veral E. 2003. Outpatient scheduling in health care：A review of literature[J]. Production and Operations Management，12（4）：519-549.

Denton B，Gupta D. 2003. A sequential bounding approach for optimal appointment scheduling[J]. IIE Transactions，35（11）：1003-1016.

Hassin R，Mendel S. 2008. Scheduling arrivals to queues：A single-server model with no-shows[J]. Management Science，54（3）：565-572.

Klassen K J，Yoogalingam R. 2009. Improving performance in outpatient appointment services with a simulation optimization approach[J]. Production and Operations Management，18（4）：447-458.

Robinson L W，Chen R R. 2003. Scheduling doctors' appointments：Optimal and empirically-based heuristic policies[J]. IIE Transactions，35（3）：295-307.

Soriano A. 1966. Comparison of two scheduling systems[J]. Operations Research，14（3）：388-397.

Zhou S H，Ding Y C，Huh W T，et al. 2021. Constant job-allowance policies for appointment scheduling：Performance bounds and numerical analysis[J]. Production and Operations Management，30（7）：2211-2231.

第4章　多阶段顺序服务系统的预约调度

4.1　引　　言

预约调度通常应用于服务行业，如门诊护理、公证服务、税务咨询等。对于服务行业来说，预约调度的好处有两点：一方面，服务提供者可以通过事先为顾客制订服务计划，即预约调度，实现其有限工作时间的最大利用；另一方面，它可以减少顾客在接受服务前的等待时间，从而提高顾客满意度。由于上述两个方面都可以提高服务系统的效率，服务系统中的预约调度问题在实践和学术界越来越受到重视。

在服务系统中，顾客可能一次只经历一个服务过程，也可能经历多个服务过程，这给服务系统的决策者带来不同的挑战。根据顾客在服务系统中经历的服务过程的数量，服务系统可以分为两种类型。一种是只涉及一个服务过程的单阶段服务系统。例如，当本科生与大学中的某位就业辅导员见面时，或者当员工去找公司里的某位专家讨论个人职业规划时，他们只需要接受指定服务提供者或专家提供的服务。更多的例子可以在医疗领域找到（Gupta and Denton，2008）。另一种是多阶段的服务系统，顾客需要经历多个服务过程。在多阶段服务系统中，有时顾客会根据他们的偏好或其他因素，以不同的顺序经历多个服务过程。例如，当做体检时，可能会按不同的顺序经过CT、外科检查、内科检查、眼科检查和其他检查。有时顾客可能在同一顺序中经历多个服务过程。例如，在申请签证时，申请者需要依次经过安全检查、个人信息检查和拍照，以及签证面谈三个阶段。其他的例子还有眼镜配制、身份证申请等。对于第二种多阶段服务系统，顾客会在同一序列中经历多个服务流程，顾客通常根据他们的预约时间到达第一阶段，并以先到先服务的规则经历其余流程。为了简单起见，在本章中这种服务系统被称为多阶段顺序服务系统。

现有的关于预约调度问题的研究主要集中在单阶段的服务系统上。关于决策者的单阶段预约调度的一个经典问题是为每个顾客确定一个到达时间（换句话说，分配的服务时间），以最大限度地提高资源利用率（即服务提供者的工作时间）和最小化顾客的等待时间，并假定所有顾客在预定时间准时到达。鉴于多阶段顺序服务系统在服务行业中普遍存在，研究多阶段的预约调度问题确实很有价值和必要。然而，现有的对多阶段顺序服务系统中的预约调度问题的研究是有限的。鉴于此，本章聚焦多阶段预约调度问题。

在一个多阶段顺序服务系统中，每个预约的实际服务时间通常是不确定的，这使得计划进度和实际进度往往不能完全匹配，甚至经常出现匹配不良的情况。由于匹配不良，总是会产生效率损失，包括服务提供者的空闲和顾客的等待。具体来说，在一个多阶段顺序服务系统中：①当顾客在某个阶段准备好接受服务时，如果该阶段的服务提供者忙于为前面的其他顾客服务，顾客可能需要等待；②当服务提供者在某个阶段为当前的顾客服务完毕后，如果该阶段预约的下一个顾客还没有到来，服务提供者可能会被闲置。很明显，上述的效率损失会降低多阶段顺序服务系统的性能，如降低顾客满意度和造成系统资源浪费。此外，对于一个多阶段顺序服务系统来说，前面阶段的工作处理进度对后面阶段的工作处理进度有着至关重要的影响。换句话说，多个阶段的效率是相互依赖和相互关联的。因此，在多阶段顺序服务系统中，决策者面临的一个自然而然的重要问题是谨慎地确定每个顾客的调度时长，以便在顾客的等待时间成本和多个阶段的服务提供者的空闲时间成本之间取得平衡。

总而言之，在这项研究中，本章考虑了多阶段顺序服务系统中具有随机服务时间的预约调度问题。其目标是在第一阶段为每个顾客确定一个调度时长，从而使顾客的等待时间和服务提供者的空闲时间在多个阶段的总期望加权成本最小。在多阶段顺序服务系统中，顾客只需要在第一阶段进行预约，然后按先到先服务规则走完其余阶段，这种现象很常见。有两个原因也可以解释这一点。首先，在许多实际情况中，很难分析不同阶段的等待时间和空闲时间的相互关系，从而确定每个阶段的预约时间。其次，先到先服务规则在实践中应用起来很简单，对顾客来说似乎也很公平。此外，这种现象在多阶段顺序预约调度问题中也较为普及（Kuiper and Mandjes，2015；Saremi et al.，2013）。

在多阶段顺序服务系统中，更普遍的情况是每个阶段都有多个服务提供者提供服务。然而，在本章研究的问题中，考虑的情况是每个阶段只有一个服务提供者提供服务。实际上，本章所考虑的情况在现实的多阶段顺序服务系统中是很常见的，尤其是在小公司、单位和部门。本章将提供两个实际的例子来说明这种情况。在中国，预约拔牙就是通过这样的服务系统进行预约的。对于拔牙的过程，患者首先需要与牙医见面，确认拔牙的原因，然后做血液检查，了解拔牙的难度，最后接受拔牙治疗。要接受上述多阶段的服务，患者只需提前与牙医预约，根据患者的要求，决策者会为患者推荐指定的服务时间。然后患者需要在预约时间到达医院接受服务。另一个例子是社区医院的儿童疫苗接种。在进行儿童疫苗接种时，儿童必须依次经历以下两个阶段，包括登记和预检（如体温测量）以及接种疫苗。在社区医院，服务人员通常来自不同的部门，每个阶段只有一名服务人员提供服务。在上述两个例子中，由于顾客的身体状况和治疗的复杂程度不同，对顾客的服务时间往往是不同的，而且无法事先确定。因此，会产生顾客等待和服务空闲时间，这对服务系统来说是有代价的。因此，决策者需要优化的一个问题是确定每个顾客的调度时长（即到达时间），使顾客的等待时间和服务提供者的空闲时间所产生的总期望加权成本最小。

除了本章研究的问题在现实中很常见这一原因之外，本章进行这项研究还有两个原因：一个是 Kuiper 和 Mandjes（2015）提到了一个两阶段顺序服务系统中的类似问题，而该问题在文献中没有得到充分的探讨和分析；另一个是这项研究是本章研究一般的多阶段顺序预约调度问题的初步尝试，目标是最小化多个阶段的等待时间和空闲时间产生的总预期加权成本。通过研究，我们可以更好地理解现有的单阶段预约调度问题和多阶段预约调度问题之间的最优解性质的异同。此外，本章的工作还可以为将来研究更多的一般情况的多阶段预约调度问题打下坚实的基础，即在服务系统中加入其他因素或行为，如顾客爽约和迟到的情况。

为了有效地解决本章所研究的多阶段顺序预约调度问题，本章首先将其建模为一个随机规划。然后，建立不同阶段的等待时间和空闲时间之间的线性关系，并将其简化。在此基础上，本章应用 SAA 方法将随机规划转化为两阶段规划问题，并分析第二阶段问题的特性。最后，本章应用分析得到的性质提出一种高效的 L-shaped 算法，以获得高质量的调度方案。

本章的研究对新兴的多阶段预约调度理论与方法做出了以下贡献。本章对 Kuiper 和 Mandjes（2015）的研究进行了扩展，研究了一个两阶段的顺序服务系统。本章的研究也适用于其他一般的多阶段顺序服务系统。从方法论的角度来看，本章建立了空闲时间和等待时间的线性关系，分析了最优解的性质，并在此基础上提出了 L-shaped 算法来解决问题。据我们所知，本章是使用基于最优解性质的 L-shaped 算法来解决多阶段顺序预约调度问题的先驱。在现有的多阶段顺序预约调度著作中，最优解的属性往往被忽视，问题通常由禁忌搜索算法（Saremi et al.，2013）、进化方法（Chien et al.，2008）、随机在线算法（Pérez et al.，2013）和队列模型（Kuiper and Mandjes，2015）等解决。

本章的其余部分安排如下：4.2 节描述本章要研究的问题并将其建模为一个数学模型；4.3 节将该问题建模为一个两阶段的随机规划，研究第二阶段程序的特性，并提出一个有效的 L-shaped 算法；4.4 节进行数值分析，以评估 L-shaped 算法的性能，并研究最佳时间调度的一些有趣的特性；4.5 节总结本章内容，并讨论未来可以研究的课题。

4.2　问题描述与建模

考虑一个具有 T 个连续服务阶段的服务系统，每个阶段都有一个服务提供者来提供服务。在服务系统中，在第一阶段总共需要安排 J 个顾客的到达时间（预约服务时长），然后 J 个顾客按照先到先服务规则进行剩余阶段的服务。对于每个顾客来说，每个阶段的服务时间都是一个独立的但不一定是同分布的随机变量。由于多阶段顺序服务系统中服务时间的随机性，可能会出现顾客的等待和服务提供者的空闲。因此，对于多级服务系统中的决策者来说，有必要谨慎确定每个顾客预约的调度时长，以在空闲时间成本和等待时间成本之间取得平衡。总之，在本章的预约调度问题中，目标是决定每个顾客在第一阶段预约的调度时长（到达时间），以最大限度地减少多个阶段的等待时间和空闲时间的总期望加权成本。

在不失一般性的情况下，本章假设顾客准时到达服务系统，并且 J 个顾客已经提前排序，并通过 $j=1,2,\cdots,J$ 进行索引。对于第一个顾客，其在第一阶段 0 时刻开始接受服务，在其余阶段则无须等待即可开始接受服务。此外，每个阶段的服务提供者都可以在 0 时刻提供服务。

为了对本章研究的问题进行建模，本章首先定义了一些必要的符号如下。

（1）问题参数：$\boldsymbol{d}$ ——矩阵 $\{d_{t,j}\}_{t=1,2,\cdots,T;j=1,2,\cdots,J}$，其中 $d_{t,j}$ 为 t 阶段顾客 j 的服务时间；c_I ——服务提供者空闲时的单位成本；c_W ——正在等待的顾客的单位成本。

（2）决策变量：$\boldsymbol{a}$ ——向量（$a_1,a_2,\cdots,a_{J-1}$），其中 a_j 表示第 j 个预约的调度时长（注意，第一阶段第 j 个顾客的预定开始时间由 $\sum_{s=1}^{j-1}a_s$ 给出）。

（3）性能指标，对于给定的调度时长 $\boldsymbol{a}$，本章定义了以下绩效指标：$\boldsymbol{W}$ ——矩阵 $\left\{W_{t,j}\right\}_{t=1,2,\cdots,T;j=1,2,\cdots,J}$，其中 $W_{t,j}$ 是 t 阶段第 j 个顾客的等待时间；$\boldsymbol{I}$ ——矩阵 $\left\{I_{t,j}\right\}_{t=1,2,\cdots,T;j=1,2,\cdots,J}$，其中，$I_{t,j}$ 是服务提供者在处理阶段 t 中的第 j 个顾客之前的空闲时间。

（4）附加符号：$\left\{C_{t,j}\right\}_{t=1,2,\cdots,T;j=1,2,\cdots,J}$ —— t 阶段第 j 个顾客的完成时间。

设 $f(\boldsymbol{a})$ 表示本章所研究的具有给定顾客允许量的多阶段顺序预约调度问题的目标函数，然后用上面定义的符号，目标函数 $f(\boldsymbol{a})$ 可以表示为

$$f(\boldsymbol{a})=\sum_{t=1}^{T}\sum_{j=1}^{J}\left[c_W E\left[W_{t,j}(\boldsymbol{a})\right]+c_I E\left[I_{t,j}(\boldsymbol{a})\right]\right]$$

对于本章研究的问题，给定一个调度和随机服务时间 $\boldsymbol{d}$ 的实现，可以通过迭代实现每个顾客和每个服务提供者相应的等待时间和空闲时间。假设第一个顾客在第一阶段（$t=1$）在 0 时刻开始接受服务，在阶段 t（$t=2,3,\cdots,T$），本章可以知道每个阶段第一个顾客的等待时间为 0，即 $W_{t,1}(\boldsymbol{a})=0$ 且 $t=1,2,\cdots,T$。因此，每个阶段第一个顾客的完成时间可以表示为

$$C_{t,1}(\boldsymbol{a})=\sum_{s=1}^{t}d_{s,1},\quad t=1,2,\cdots,T \tag{4-1}$$

现在计算阶段$t=1$中剩余顾客的完成时间。请注意，在阶段$t=1$中，顾客j的预定开始时间是$\sum_{s=1}^{j-1}a_s$，顾客$j-1$的完成时间是$C_{1,j-1}$。由于顾客j不能在服务提供者服务完顾客$j-1$之前启动服务，所以顾客j的实际开始时间等于$\max\left\{C_{1,j-1},\sum_{s=1}^{j-1}a_s\right\}$。因此，$t=1$阶段，顾客$j$（$j=2,3,\cdots,J$）的完成时间为

$$C_{1,j}(\boldsymbol{a})=\max\left\{C_{1,j-1}(\boldsymbol{a}),\sum_{s=1}^{j-1}a_s\right\}+d_{1,j},\quad j=2,3,\cdots,J \tag{4-2}$$

同样地，对于t阶段中的顾客j（$j\geqslant 2$，$t\geqslant 2$），只有当他在阶段$t-1$中的服务完成，并且阶段t中的顾客$j-1$的服务完成时，才能开始他的服务。这意味着，在阶段t中，顾客j的实际开始时间等于$\max\left\{C_{t-1,j}(\boldsymbol{a}),C_{t,j-1}(\boldsymbol{a})\right\}$。因此，在$t$阶段的顾客$j$的完成时间可以表示为

$$C_{t,j}(\boldsymbol{a})=\max\left\{C_{t-1,j}(\boldsymbol{a}),C_{t,j-1}(\boldsymbol{a})\right\}+d_{t,j},\quad j=2,3,\cdots,J;t=2,3,\cdots,T \tag{4-3}$$

为了计算式（4-2）和式（4-3），需要先计算出每个顾客的等待时间和每个服务提供者的空闲时间。对于阶段$t=1$，可以借鉴单阶段预约调度问题来计算多阶段中每个顾客和服务提供者的等待时间（Begen et al.，2012；Denton and Gupta，2003；Mak et al.，2014）。根据现有的研究，在$t=1$阶段，第$j+1$个顾客的等待时间和服务提供者在处理第$j+1$个顾客之前的空闲时间可计算如下：

$$\begin{gathered}W_{1,j+1}(\boldsymbol{a})=\left[W_{1,j}(\boldsymbol{a})+d_{1,j}-a_j\right]^+,\quad j=1,2,\cdots,J-1\\ I_{1,j+1}(\boldsymbol{a})=\left[W_{1,j}(\boldsymbol{a})+d_{1,j}-a_j\right]^-,\quad j=1,2,\cdots,J-1\\ W_{1,1}(\boldsymbol{a})=0\end{gathered} \tag{4-4}$$

对于阶段t（$t=2,3,\cdots,T$），根据式（4-2）和式（4-3）中推导出的每个顾客在每个阶段的完成时间，基于等待时间和空闲时间的定义，即等待时间$W_{t,j}$和空闲时间$I_{t,j}$，可以递归计算出性能指标如下：

$$\begin{gathered}W_{t,j}(\boldsymbol{a})=\left[C_{t,j-1}(\boldsymbol{a})-C_{t-1,j}(\boldsymbol{a})\right]^+,\quad j=2,3,\cdots,J;t=2,3,\cdots,T\\ I_{t,j}(\boldsymbol{a})=\left[C_{t,j-1}(\boldsymbol{a})-C_{t-1,j}(\boldsymbol{a},\boldsymbol{d})\right]^-,\quad j=2,3,\cdots,J;t=2,3,\cdots,T\\ W_{t,1}(\boldsymbol{a})=0,\quad t=2,3,\cdots,T\\ I_{t,1}(\boldsymbol{a})=\sum_{s=1}^{t-1}d_{s,1},\quad t=2,3,\cdots,T\end{gathered} \tag{4-5}$$

设 $\mu_{t,j}$ 表示服务时间 $d_{t,j}$ 的平均值。根据式（4-4）和式（4-5），对于任何给定的 $\boldsymbol{a}$ 和 $\boldsymbol{d}$，目标函数 $f(\boldsymbol{a})$ 等价于

$$\begin{aligned} f(\boldsymbol{a}) &= \sum_{t=1}^{T}\sum_{j=1}^{J}\left[c_W E\left[W_{t,j}(\boldsymbol{a})\right] + c_I E\left[I_{t,j}(\boldsymbol{a})\right]\right] \\ &= \sum_{t=1}^{T}\sum_{j=2}^{J}\left[c_W E\left[W_{t,j}(\boldsymbol{a})\right] + c_I E\left[I_{t,j}(\boldsymbol{a})\right]\right] + c_I E\left[\sum_{t=1}^{T}\sum_{s=1}^{t-1} d_{s,1}\right] \\ &= \hat{f}(\boldsymbol{a}) + c_I \sum_{t=1}^{T}\sum_{s=1}^{t-1}\mu_{s,1} \end{aligned} \tag{4-6}$$

第一项 $\hat{f}(\boldsymbol{a})$ 被定义为 $\hat{f}(\boldsymbol{a}) = \sum_{t=1}^{T}\sum_{j=2}^{J}\left[c_W E\left[W_{t,j}(\boldsymbol{a})\right] + c_I E\left[I_{t,j}(\boldsymbol{a})\right]\right]$，最后一项 $c_I \sum_{t=1}^{T}\sum_{s=1}^{t-1}\mu_{s,1}$ 是一个常数。

伴随式（4-1）～式（4-6），在本章所研究的多阶段顺序预约调度问题中，通过解决以下问题（P0），可以实现每个预约在第一阶段的最佳调度时长：

$$\begin{aligned} &(\text{P0}) \quad \min_{\boldsymbol{a}} \quad \hat{f}(\boldsymbol{a}) \\ &\text{s.t.} \quad \text{式(4-1)～式(4-5)} \end{aligned} \tag{4-7}$$

4.3 求解算法

对于问题（P0），非线性约束使其难以解决。为了更有效地求解该优化模型，本章尝试对模型进行一些变换，并研究变换后的模型的性质。在本节中，首先建立在不同阶段的性能指标（即等待时间和空闲时间）的关系，然后将本章所研究的问题重新建模为一个基于这些关系的两阶段随机线性规划。在此基础上，分析第二阶段程序中最优解的性质，并在此基础上提出一种有效的 L-shaped 算法来求解该问题。

需要注意的是，在任意给定的调度时长 $\boldsymbol{a}$ 下都可以得到本章推导的公式，因此为了简单起见，本节省略了 $\boldsymbol{a}$。

4.3.1 模型重构

本节通过图 4-1 展示第一阶段（$t=1$）中性能指标之间的关系。在图 4-1 中，Δ_j 表示阶段 $t=1$ 中顾客 j 的计划开始时间到顾客 $j+1$ 的实际开始时间的时间间隔。根据等待时间和空闲时间的定义，有两个等价的 Δ_j 表达式：

$$\varDelta_j = a_j + W_{1,j+1}$$
$$\varDelta_j = W_{1,j} + d_{1,j} + I_{1,j+1}$$

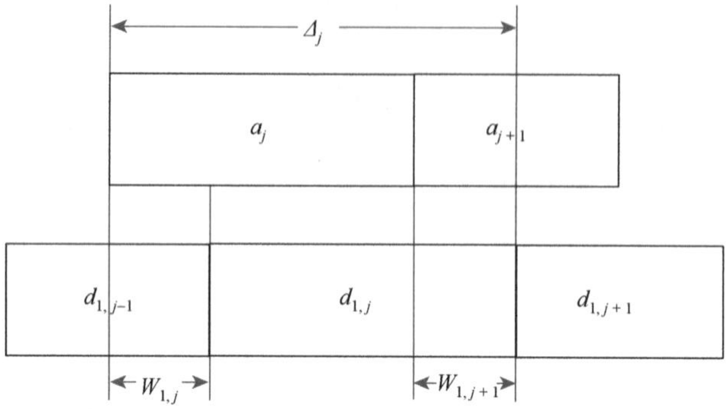

(a) $W_{j+1}>0$

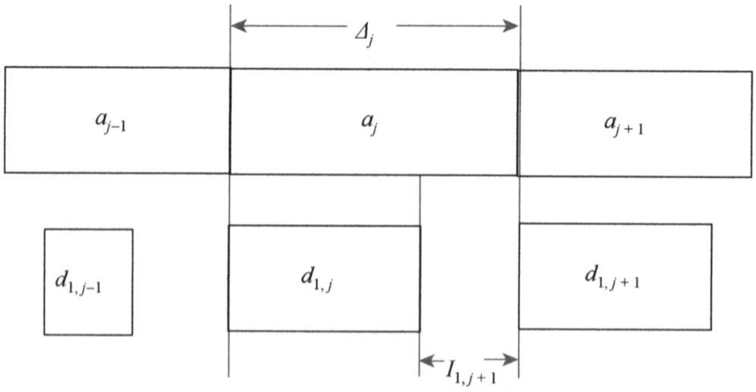

(b) $I_{j+1}>0$

图 4-1　在第一阶段的等待时间与空闲时间之间的关系

根据 $\varDelta_j$ 的定义，假设每个阶段的服务提供者可以在 0 时刻提供服务，则式（4-4）可以转换为式（4-8）。由此产生的关系也可以在关于单阶段预约调度问题的文献中找到（Denton and Gupta，2003；Jiang et al.，2017）。

$$\begin{aligned} & W_{1,j+1} - I_{1,j+1} = W_{1,j} + d_{1,j} - a_j, \quad j = 1,2,\cdots,J-1 \\ & W_{1,j} \geqslant 0, \quad j = 1,2,\cdots,J \\ & I_{1,j} \geqslant 0, \quad j = 1,2,\cdots,J \\ & W_{1,1} = 0 \end{aligned} \tag{4-8}$$

接下来，本节在任意两个连续阶段的等待时间和空闲时间之间建立线性关系。对于给定的调度时长 $\boldsymbol{a}$ 和随机服务时间 $\boldsymbol{d}$ 的实现值，本章的问题类似于具有给定顾客序列的确定性流车间（flow-shop）调度问题。Pinedo（2012）对确定性流车间调度问题进行了详细的研究。因此，本章根据 Pinedo（2012）的研究中的思想，建立了任意两个连续阶段的等待时间和空闲时间之间的线性关系。设 $\Delta_{t,j}$ 表示阶段 t 中顾客 j 的实际完成时间与阶段 $t+1$ 中顾客 $j+1$ 的实际开始时间之间的时间间隔。对于 $\Delta_{t,j}$，可以得到两个等价的表达式：

$$\Delta_{t,j} = I_{t,j+1} + d_{t,j+1} + W_{t+1,j+1}$$

$$\Delta_{t,j} = W_{t+1,j} + d_{t+1,j} + I_{t+1,j+1}$$

为了进一步阐释任意两个连续阶段中的等待时间和空闲时间之间的关系，本节提供了一个如图 4-2 所示的图形说明。请注意，图 4-2（a）中的 $I_{t+1,j+1}=0$，图 4-2（b）中的 $W_{t+1,j+1}=0$。图 4-2 可以显示，任意两个连续阶段的等待时间和空闲时间之间的关系可以用式（4-9）表示：

$$\begin{aligned} & I_{t,j+1} + d_{t,j+1} + W_{t+1,j+1} = W_{t+1,j} + d_{t+1,j} + I_{t+1,j+1}, j=1,2,\cdots,J-1; t=1,2,\cdots,T-1 \\ & W_{t,j} \geqslant 0, \quad j=1,2,\cdots,J; t=1,2,\cdots,T \\ & I_{t,j} \geqslant 0, \quad j=1,2,\cdots,J; t=1,2,\cdots,T \\ & W_{t,1}=0, \quad t=1,2,\cdots,T \end{aligned} \tag{4-9}$$

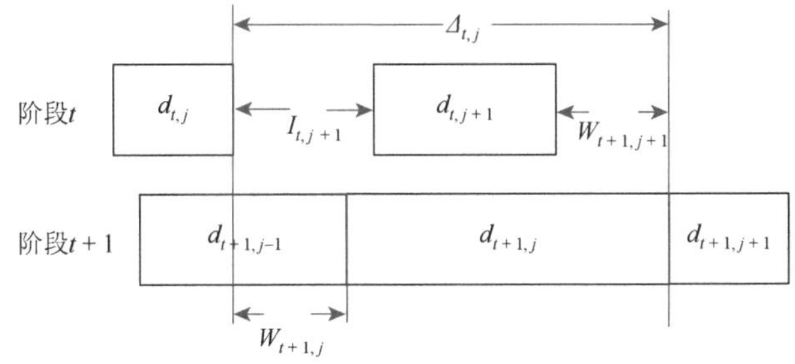

(a) $W_{t+1,j+1}>0$

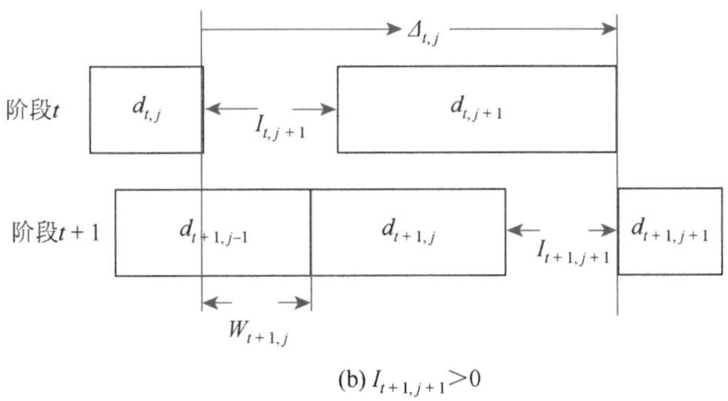

(b) $I_{t+1,j+1}>0$

图 4-2　在任意两个连续阶段中的等待时间和空闲时间之间的关系

根据式（4-8）和式（4-9）所示的等待时间和空闲时间之间的线性关系，问题（P0）可以转化为下面的随机线性规划：

$$
\min_{\boldsymbol{a}} \sum_{t=1}^{T}\sum_{j=2}^{J} E\left[c_W W_{t,j} + c_I I_{t,j}\right]
$$

$$
\text{s.t.}\begin{cases} W_{1,j+1} - W_{1,j} - I_{1,j+1} = d_{1,j} - a_j, \quad j = 1,2,\cdots,J-1 \\ W_{t+1,j+1} - W_{t+1,j} + I_{t,j+1} - I_{t+1,j+1} \\ = d_{t+1,j} - d_{t,j+1}, \quad j = 1,2,\cdots,J-1; t = 1,2,\cdots,T-1 \\ W_{t,1} = 0, \quad t = 1,2,\cdots,T \end{cases} \tag{4-10}
$$

式（4-10）中的约束是线性的。

由于式（4-10）中的服务时间 $\boldsymbol{d}$ 是随机的，通常可以利用 SAA 方法（Kleywegt et al.，2002），用一些优化软件进行近似并得到相应的解。具体来说，给定服务时间 $\boldsymbol{d}$ 的分布，本章随机生成 $\varOmega$ 个独立同分布情景，然后使用 SAA 方法，可以用以下确定性线性规划来近似式（4-10）：

$$
\min_{\boldsymbol{a},\boldsymbol{W},\boldsymbol{I}} \frac{1}{\varOmega}\sum_{\omega=1}^{\varOmega}\left(\sum_{t=1}^{T}\sum_{j=2}^{J}\left(c_W W_{t,j,\omega} + c_I I_{t,j,\omega}\right)\right)
$$

$$
\text{s.t.}\begin{cases} W_{1,j+1,\omega} - W_{1,j,\omega} - I_{1,j+1,\omega} = d_{1,j,\omega} - a_j, \quad j = 1,2,\cdots,J-1;\ \omega = 1,2,\cdots,\varOmega \\ W_{t+1,j+1,\omega} - W_{t+1,j,\omega} + I_{t,j+1,\omega} - I_{t+1,j+1,\omega} \\ = d_{t+1,j,\omega} - d_{t,j+1,\omega}, \quad j = 1,2,\cdots,J-1; t = 1,2,\cdots,T-1;\ \omega = 1,2,\cdots,\varOmega \\ W_{t,1,\omega} = 0, \quad t = 1,2,\cdots,T; \omega = 1,2,\cdots,\varOmega \end{cases} \tag{4-11}
$$

式中，$d_{t,j,\omega}$ 表示在第 ω 个场景下的第 j 个顾客在第 t 阶段的服务时间；$W_{t,j,\omega}$ 和 $I_{t,j,\omega}$ 分别表示在第 ω 个场景下第 t 阶段对应的等待时间和空闲时间，第一个约束表示在 $t=1$ 阶段 $W_{1,j,\omega}$ 和 $I_{1,j,\omega}$ 之间的关系，第二个约束表示任意两个连续阶段的等待时间和空闲时间之间的关系，最后一个约束确保第一个顾客等待时间为 0。

为了获得一个精确的结果，SAA 方法需要一个较大的样本量（Begen et al.，2012）。因此，通过一些优化软件直接求解式（4-11）可能需要大量的计算时间。为了更有效地求解式（4-11），本章首先将式（4-11）表示为两阶段规划，并分析第二阶段问题的结构性质，然后利用得到的性质构造 L-shaped 算法。所分析的特性可以加快 L-shaped 算法的最优性切割约束的生成，这有助于提高 L-shaped 算法的效率。

对于基于 SAA 的式（4-11），可转化为如下两阶段规划问题：

$$
\text{(P1)}\quad \min_{\boldsymbol{a}} \mathbb{Q}(\boldsymbol{a}) \tag{4-12}
$$

式中

$$
\mathbb{Q}(\boldsymbol{a}) = E[Q(\boldsymbol{a})] = \frac{1}{\varOmega}\sum_{\omega=1}^{\varOmega} Q'\left(\boldsymbol{a}, \boldsymbol{d}_{\omega}\right)
$$

$$Q'(\boldsymbol{a},\boldsymbol{d}_\omega)=\min_{\boldsymbol{W}_\omega,\boldsymbol{I}_\omega}\sum_{t=1}^{T}\sum_{i=2}^{n}\left(c_W W_{t,j,\omega}+c_I I_{t,j,\omega}\right)$$

$$\text{s.t.}\quad \begin{aligned} & W_{1,j+1,\omega}-W_{1,j,\omega}-I_{1,j+1,\omega}=d_{1,j,\omega}-a_j,\quad j=1,2,\cdots,J-1 \\ & W_{t+1,j+1,\omega}-W_{t+1,j,\omega}+I_{t,j+1,\omega}-I_{t+1,j+1,\omega} \\ & =d_{t+1,j,\omega}-d_{t,j+1,\omega},\quad j=1,2,\cdots,J-1;\quad t=1,2,\cdots,T-1 \\ & W_{t,1,\omega}=0,\quad t=1,2,\cdots,T \end{aligned} \tag{4-13}$$

式中，$\boldsymbol{d}_\omega$、$\boldsymbol{W}_\omega$、$\boldsymbol{I}_\omega$ 分别表示第 ω 个场景下的服务时间、等待时间和空闲时间的实现值。

在式（4-12）中，第一阶段问题对应于带有决策向量 $\boldsymbol{a}$ 的外部最小化问题，第二阶段问题对应于带有决策向量 $\boldsymbol{W}$ 和 $\boldsymbol{I}$ 的内部最小化问题，本章分别称它们为主问题（MP）和子问题（SP）。

4.3.2　子问题（SP）的最优性质

本节分析子问题（SP）的最优性质，从而提出一个有效的算法来解决本章所研究的多阶段顺序预约调度问题。分析子问题（SP）的最优性质的思路如下：由于式（4-13）中（SP）问题的目标函数和约束条件是线性的，对于任意给定的时间调度 $\boldsymbol{a}$ 和服务持续时间 $\boldsymbol{d}$ 的实现，$\boldsymbol{W}$ 和 $\boldsymbol{I}$ 的最优解是简单的，可以通过计算等待时间成本和空闲时间成本的分段线性函数和求解相应的对偶问题递归推导出来。许多文献中的优化问题（Denton and Gupta，2003；Kong et al.，2013；Mak et al.，2015）也提到了类似的想法和性质。下面展示用给定的子问题（SP）的（$\boldsymbol{a},\boldsymbol{d}$）推导最优 $\boldsymbol{W}$ 和 $\boldsymbol{I}$ 的细节。

首先开始推导第一阶段即 $t=1$ 时的最优 $\boldsymbol{W}$ 和 $\boldsymbol{I}$。对于 $t=1$ 阶段中的任意两个连续的顾客 j 和 $j+1$，有以下两个事实：一是如果顾客 j 的等待时间不为 0，那么顾客 j 的等待时间的增加将导致顾客 $j+1$ 的等待时间的后续增加；二是如果顾客 j 的等待时间为 0，那么服务提供者在服务顾客 j 之前将被闲置，而顾客 j 将在预定的时间开始他的服务。基于以上观察结果，我们可以递推出 $t=1$ 阶段的等待时间和空闲时间：

$$\begin{aligned} & W_{1,j+1}=\begin{cases} W_{1,i}+d_{1,j}-a_j, & W_{1,j}+d_{1,j}-a_j>0 \\ 0, & \text{其他} \end{cases},j=1,2,\cdots,J-1 \\ & I_{1,j+1}=\begin{cases} -(W_{1,j}+d_{1,j}-a_j), & W_{1,j}+d_{1,j}-a_j<0 \\ 0, & \text{其他} \end{cases},j=1,2,\cdots,J-1 \\ & W_{1,1}=0 \end{aligned} \tag{4-14}$$

现在考虑在任意两个连续阶段中等待时间和空闲时间的交叉影响。注意，对于任意两个连续的阶段 t 和 $t+1$，阶段 $t+1$ 的等待时间可以通过前一阶段 t 中的空闲时间来缓解，即阶段 t 的空闲时间可以减少阶段 $t+1$ 的等待时间。对于任意顾客 $j+1$，式（4-9）意味着在阶段 $t+1$，等待时间 $W_{t+1,j+1}$ 和空闲时间 $I_{t+1,j+1}$ 不能同时严格为正，因此，本章可以递推出 $j=1,2,\cdots,J-1;t=1,2,\cdots,T-1$ 时的等待时间 $W_{t+1,j+1}$ 和空闲时间 $I_{t+1,j+1}$：

$$W_{t+1,j+1}=\begin{cases}W_{t+1,j}-I_{t,j+1}+d_{t+1,j}-d_{t,j+1}, & W_{t+1,j}-I_{t,j+1}+d_{t+1,j}-d_{t,j+1}>0\\0, & \text{其他}\end{cases}$$

$$I_{t+1,j+1}=\begin{cases}-\left(W_{t+1,j}-I_{t,j+1}+d_{t+1,j}-d_{t,j+1}\right), & W_{t+1,j}-I_{t,j+1}+d_{t+1,j}-d_{t,j+1}<0\\0, & \text{其他}\end{cases} \tag{4-15}$$

$$W_{t+1,1}=0,\quad t=1,2,\cdots,T-1$$

下面描述该子问题（SP）的对偶问题，并分析该对偶问题的最优解的性质。设 α_j（$j=1,2,\cdots,J-1$）和 $\beta_{t,j}$（$t=1,2,\cdots,T-1;j=1,2,\cdots,J-1$）分别为子问题（SP）的对偶决策变量，可以将子问题（SP）的对偶问题表示为如下问题：

$$\max_{\boldsymbol{\alpha},\boldsymbol{\beta}}\sum_{j=1}^{J-1}\left(d_{1,j}-a_j\right)\alpha_j+\sum_{t=1}^{T-1}\sum_{j=1}^{J-1}\left(d_{t+1,j}-d_{t,j+1}\right)\beta_{t,j}$$

$$\text{s.t.}\quad\begin{aligned}&\alpha_j-\alpha_{j+1}\leqslant c_W,\quad j=1,2,\cdots,J-2\\&\alpha_{J-1}\leqslant c_W\\&\beta_{1,j}-\alpha_j\leqslant c_I,\quad j=1,2,\cdots,J-1\\&\beta_{t,j}-\beta_{t,j+1}\leqslant c_W,\quad j=1,2,\cdots,J-2;t=1,2,\cdots,T-1\\&\beta_{t,J-1}\leqslant c_W,\quad t=1,2,\cdots,T-1\\&\beta_{t+1,j}-\beta_{t,j}\leqslant c_I,\quad j=1,2,\cdots,J-1;t=1,2,\cdots,T-2\\&-\beta_{T-1,j}\leqslant c_I,\quad j=1,2,\cdots,J-1\end{aligned} \tag{4-16}$$

从式（4-16）很容易看出，对于任意给定的（$\boldsymbol{a},\boldsymbol{d}$），式（4-16）的可行区域是固定的。这意味着式（4-16）的可行区域对于所有（$\boldsymbol{a},\boldsymbol{d}$）都是相同的，而且是紧凑的。通过强对偶定理，可以知道式（4-16）的约束的拉格朗日乘子等于子问题（SP）的决策变量（$\boldsymbol{W},\boldsymbol{I}$）。因此，给定任意（$\boldsymbol{a},\boldsymbol{d}$），式（4-16）的最优解满足：

$$\begin{aligned}&W_{1,j+1}\cdot(\alpha_j-\alpha_{j+1}-c_W)=0,\quad j=1,2,\cdots,J-2\\&W_{1,J}\cdot(\alpha_{J-1}-c_W)=0\\&I_{1,j+1}\cdot(\beta_{1,j}-\alpha_j-c_I)=0,\quad j=1,2,\cdots,J-1\\&W_{t+1,j+1}\cdot(\beta_{t,j}-\beta_{t,j+1}-c_W)=0,\quad j=1,2,\cdots,J-2;\quad t=1,2,\cdots,T-1\\&W_{t+1,J}\cdot(\beta_{t,J-1}-c_W)=0,\quad t=1,2,\cdots,T-1\\&I_{t+1,j+1}\cdot(\beta_{t+1,j}-\beta_{t,j}-c_I)=0,\quad j=1,2,\cdots,J-1;\quad t=1,2,\cdots,T-2\\&I_{T,j+1}\cdot(\beta_{T-1,j}+c_I)=0,\quad j=1,2,\cdots,J-1\end{aligned} \tag{4-17}$$

在式（4-17）中，应该注意$W_{t,j}>0$意味着$I_{t,j}=0$（$j=1,2,\cdots,J;t=1,2,\cdots,T$）。利用寻找原始问题（SP）的最优解的类似思路，给定任意（$\boldsymbol{a},\boldsymbol{d}$），可以递归地推导出式（4-16）的最优解如下：

$$\alpha_j=\begin{cases}\alpha_{j+1}+c_W, & W_{1,j+1}>0\\ \beta_{1,j}-c_I, & W_{1,j+1}=0\end{cases},\quad j=1,2,\cdots,J-2$$
$$\alpha_{J-1}=\begin{cases}c_W, & W_{1,J}>0\\ \beta_{1,J-1}-c_I, & W_{1,J}=0\end{cases}\tag{4-18}$$

$$\beta_{T-1,J-1}=\begin{cases}c_W, & W_{T,J}>0\\ -c_I, & W_{T,J}=0\end{cases}$$
$$\beta_{T-1,j}=\begin{cases}\beta_{T-1,j+1}+c_W, & W_{T,j+1}>0\\ -c_I, & W_{T,j+1}=0\end{cases},\quad j=1,2,\cdots,J-2$$
$$\beta_{t,J-1}=\begin{cases}c_W, & W_{t+1,J}>0\\ \beta_{t+1,J-1}-c_I, & W_{t+1,J}=0\end{cases},\quad t=1,2,\cdots,T-2\tag{4-19}$$
$$\beta_{t,j}=\begin{cases}\beta_{t,j+1}+c_W, & W_{t+1,j+1}>0\\ \beta_{t+1,j}-c_I, & W_{t+1,j+1}=0\end{cases},\quad j=1,2,\cdots,J-2;t=1,2,\cdots,T-2$$

4.3.3　L-shaped 算法

本节基于 4.3.2 节中分析的性质，提出一种 L-shaped 算法，以有效地求解两阶段规划问题，即式（4-12）。关于 L-shaped 算法的全面知识，请感兴趣的读者参考 Birge 和 Louveaux（2011）的研究。按照一般 L-shaped 算法，针对两阶段随机规划（P1），本章提出的 L-shaped 算法的核心步骤如下。

（1）放松主问题（MP）的$\mathbb{Q}(\boldsymbol{a})$，在子问题（SP）中定义一个新的决策变量$\theta$（$\theta\geqslant 0$）来代替$\mathbb{Q}(\boldsymbol{a})$。通过公式为主问题（MP）找到一个可行的$\boldsymbol{a}$并将其发送到子问题（SP）。

（2）评估在主问题（MP）中得到的解是否违反了最优性。如果是，则在主问题（MP）中添加一个最优性切割约束，然后返回步骤（1），求解新的主问题（MP）；否则，将找到一个最优解。

（3）重复（1）和（2）中的步骤，直到找到最优解，并结束算法。

对于本章的 L-shaped 算法的核心过程中的$\mathbb{Q}(\boldsymbol{a})$，其值取决于服务时间。正如本章在 4.3.1 节中所讨论的，利用 SAA 方法来近似随机服务时间。根据 4.3.2 节中所分析的结果，应该注意到，给定任意时间计划$\boldsymbol{a}$和服务持续时间$\boldsymbol{d}$，子问题（SP）及其对偶问题［式（4-16）］的最优解可以在不求解线性规划的情况下直接计算出来。

在采用 L-shaped 算法时，通常需要考虑两种切割约束，包括可行性切割约束和最优性切割约束。对于本章所采用的 L-shaped 算法，需要确定主问题（MP）的解对子问题（SP）是否可行。正如本章在 4.3.2 节中所讨论的，对于主问题（MP）的任意给定解，子问题（SP）的可行区域是非空的。因此，本章的两阶段随机规划具有完全的搜索空间，不需要考虑可行性切割，而关键的过程是基于子问题（SP）的最优解来寻找最优性切割约束。幸运的是，正如在 4.3.2 节中所讨论的，由于子问题（SP）的特殊结构性质，可以很容易地找到子问题（SP）的最优解。

下面正式给出本章所研究的多阶段顺序预约调度问题的 L-shaped 算法。

算法 4-1　L-shaped 算法

输入：$\boldsymbol{d}$，c_I，c_W

输出：精确解决方案 $\boldsymbol{a}$

---

0. 设置 $v=0$。

1. 设置 $v=v+1$，并求解以下线性规划，并设（$\boldsymbol{a}^v$，θ^v）为最优解。

$$\text{(P2)}\quad \min_{\theta,\boldsymbol{a}} \theta \tag{4-20}$$

$$\theta \geqslant r^l - \boldsymbol{R}^l\boldsymbol{a},\quad l=1,2,\cdots,v-1 \tag{4-21}$$

$$\boldsymbol{a} \geqslant \boldsymbol{0} \tag{4-22}$$

$$\theta \geqslant 0 \tag{4-23}$$

2. 对于 $\omega=1,2,\cdots,\Omega$，用式（4-4）和式（4-5）计算等待时间和空闲时间。设 $\boldsymbol{\alpha}_\omega^v$ 和 $\boldsymbol{\beta}_\omega^v$ 是在第 ω 个场景下与式（4-13）的最优解相关联的单纯形乘子，那么可以利用式（4-18）和式（4-19）推导出 $\boldsymbol{\alpha}_\omega^v$ 和 $\boldsymbol{\beta}_\omega^v$ 的值。阐明：

$$\begin{aligned} \boldsymbol{R}^v &= \frac{1}{\Omega}\sum_{\omega=1}^{\Omega}\left(\boldsymbol{\alpha}_\omega^v\right)^{\mathrm{T}} \\ r^v &= \frac{1}{\Omega}\sum_{\omega=1}^{\Omega}\left(\sum_{j=1}^{J-1}\alpha_{j,\omega}^v d_{1,j,\omega} + \sum_{t=1}^{T-1}\sum_{j=1}^{J-1}\beta_{t,j,\omega}^v\left(d_{t+1,j,\omega} - d_{t,j+1,\omega}\right)\right) \end{aligned} \tag{4-24}$$

令 $z^v = r^v - \boldsymbol{R}^v\boldsymbol{a}^v$，然后转到步骤 3。

3. 如果 $\theta^v \geqslant z^v$，则停止，$\boldsymbol{a}^v$ 是最优解；否则，在式（4-24）中添加包含 r^v 和 $\boldsymbol{R}^v$ 的约束即式（4-21）到问题（P2），然后返回到步骤 1。

4.4　数 值 分 析

本节将进行数值实验来评估本章提出的 L-shaped 算法的性能，检验最优调度的结构性质，并研究不同参数对最优调度的影响，如成本参数和阶段数，并分析性能指标。

为了集中评价所提出的L-shaped算法的性能，并研究多阶段顺序预约调度问题的一些结构性质，本章假设在整个计算实验中，每个阶段的服务时间都遵循相同的分布。这一假设在现有运营管理文献中被广泛应用（Klassen and Yoogalingam，2019；Kuiper et al.，2015）。注意，正如本章在4.3节中提到的，对于本章的两阶段随机规划中的子问题（SP），使用SAA方法来近似随机服务时间。在数值实验中，对于给定的服务时间分布，本章随机生成Ω个独立同分布的场景。为了在合理的运行时间和精确的结果之间进行权衡，根据本章初步的测试结果，将$|\Omega|$设为5000。

4.4.1　L-shaped算法的性能

本节进行数值实验来研究本章所提出的L-shaped算法的性能。为此，我们直接用CPLEX求解式（4-11），称为DLP方法并使用相应的结果作为基准。然后，通过比较L-shaped算法与基准DLP的运行时间来说明本章所开发的L-shaped算法的优越性。

在本章研究的问题中，以下参数是输入：①顾客数（J）；②服务时间的分布；③阶段数（T）；④空闲时间的单位成本（c_I）；⑤等待时间的单位成本（c_W）。对于所有顾客的服务时间，本章假设它们遵循两种分布类型：正态分布和指数分布。这两种分布在文献中常用（Denton and Gupta，2003；Hassin and Mendel，2008）。此外，本章假设T阶段所有J个顾客的服务时间具有相同的分布。因为根据一些初步的测试结果，我们发现服务时间的分布对L-shaped算法的效率没有显著影响。为了生成问题实例，本章使用参数J、服务时间分布$\boldsymbol{d}$的组合，但对于参数c_I和c_W，使用c_I/c_W来表示。

本章的参数设置如下。

（1）顾客数为$J\in\{10, 12, 14\}$。

（2）阶段数为$T\in\{2, 3, 4\}$。

（3）两种服务时间分布为N（20, 16）和Exp（20）。

（4）c_I/c_W的比值为$c_I/c_W\in\{0.1, 0.2, 0.4, 0.6, 0.8, 1, 1.5, 2, 2.5, 3\}$。

对于J、T和服务时间分布$\boldsymbol{d}$的每个组合，随机生成10个具有不同c_I/c_W的问题实例，则在计算实验中共有180个问题实例。所有实例都是通过在MATLAB R2015b上调用CPLEX 12.6来解决的，该系统在联想Y430p笔记本电脑上运行，该笔记本电脑的处理器为英特尔i7-4710MQ CPU和8GB内存。在计算实验中，本章将计算时间的限制设置为2h（即7200s）。

为了展示本章开发的 L-shaped 算法的性能，在计算实验中，我们记录了 L-shaped 算法和 DLP 方法在不同参数配置下对每个问题实例的计算时间，然后计算平均、最小和最大的计算时间。详细的计算结果如表 4-1 所示。

表 4-1 L-shaped 算法与 DLP 方法计算时间比较

分布	J	T	DLP 方法			L-shaped 算法		
			最小时间/s	平均时间/s	最大时间/s	最小时间/s	平均时间/s	最大时间/s
正态分布	10	2	1803	1850	1944	170	250	278
		3	5083	5202	5577	240	295	341
		4	7200	7200	7200	431	476	515
	12	2	2427	2597	2751	267	318	385
		3	6535	6807	7200	346	414	524
		4	7200	7200	7200	668	779	881
	14	2	4355	4496	4728	411	498	554
		3	7200	7200	7200	438	540	619
		4	7200	7200	7200	820	875	1015
指数分布	10	2	1562	1729	1855	290	306	324
		3	4558	4705	4854	294	319	358
		4	7200	7200	7200	309	361	411
	12	2	2298	2468	2664	302	383	426
		3	6530	6702	7020	372	450	479
		4	7200	7200	7200	592	723	892
	14	2	4423	4711	5035	749	846	1125
		3	7200	7200	7200	754	927	1059
		4	7200	7200	7200	1006	1138	1311
总体均值			5399	5493	5624	470	550	639

从表 4-1 中，可以很容易地观察到以下事实。首先，L-shaped 算法和 DLP 方法的计算时间都随着顾客数和阶段数的增加而增加。其次，J 和 T 较大时，DLP 方法无法在达到时间限制之前得到最优解（使用平均时间 = 7200s），而本章的 L-shaped 算法可以在合理的计算时间内使所有问题实例求解到最优。最后，本章所提出的 L-shaped 算法的平均运行时间几乎是 DLP 的 1/10。这些事实表明，本章提出的 L-shaped 算法确实比基准的 DLP 方法更有效。这是因为本章提出的 L-shaped 算法充分利用了子问题的性质，从而加快了算法的速度。

4.4.2　最优调度分析

对于只涉及单阶段服务系统的传统预约调度问题，现有的数值研究表明，当服务时间为独立同分布时，最优调度总是呈现“圆顶”形状，“圆顶”形状随顾客等待时间和服务提供者空闲时间的成本参数不同而变化。因此，我们想知道上述最优调度的性质是否在本章研究中的多阶段顺序预约调度问题中仍然存在，以及最优调度如何随参数的不同而变化。

为了避免混淆，本章尝试通过计算实验来研究和回答以下问题。

(1)本章所研究的多阶段顺序预约调度问题的最优调度是否也呈现出这种“圆顶”形状？

(2) 各阶段的服务时间分布如何影响最优调度？

(3) 最优调度如何随成本参数的变化而变化？

(4) 最优调度如何随阶段数量的变化而变化？

本章从第二个问题开始，为了了解最优计划与各阶段服务时间分布之间的关系，将顾客数量 J 、阶段数量 T 、单位等待时间成本 c_W 和单位空闲时间成本 c_I 分别设为 $J=10$ 、 $T=2$ 、 $c_W=1$ 和 $c_I=1$ 。根据在计算实验开始时所做的假设，本章得到了在同一阶段的服务时间具有相同的分布。然而，对于处于不同阶段的顾客，本章认为他们的服务时间可能遵循不同的分布。具体来说，本章测试了在 4.4.1 节中使用的两个服务时间分布，即 N（20, 16）和 Exp（20）。因此，对于一个两阶段的服务系统，有四种在不同阶段的服务时间分配的可用情况。详细的参数设置总结在表 4-2 中（注意，表 4-2 中的 A + B 表示，第一阶段和第二阶段的服务时间分别遵循 A 分布和 B 分布），数值结果如图 4-3 所示。

表 4-2　参数设置 1

分布	J	T	c_W	c_I
N（20, 16） + N（20, 16） Exp（20） + Exp（20） N（20, 16） + Exp（20） Exp（20） + N（20, 16）	10	2	1	1

如图 4-3 所示，关于最优计划本章有两个发现。首先，无论顾客的服务时间在每个阶段遵循什么分布，最佳时间表都显示出一个“圆顶”形状。换句话说，每个阶段的服务时间的分布对最优计划的总体形状没有显著影响。因此，我们可以得出结论，当顾客是同质的时，换句话说，他们的服务时间在每个阶段遵循相同的分布，决策者应该在实践中遵循“圆顶”形状的模式来确定调度时长。

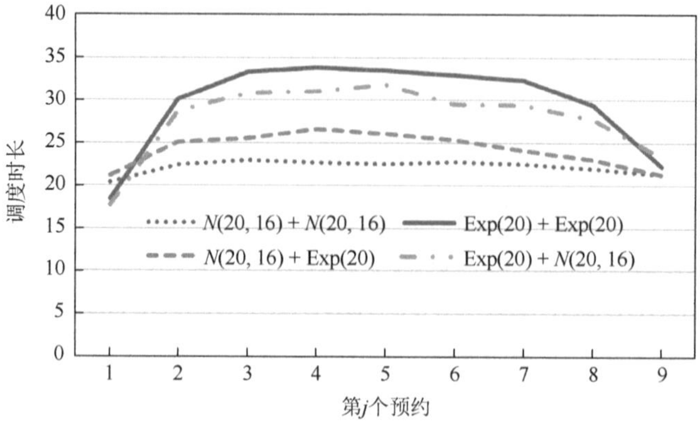

图 4-3　各阶段不同服务时间分布下的最优调度

其次，各阶段服务时间的不同分布影响了“圆顶”形状的平滑度。具体来说，我们可以看到：①当两个阶段服务时间的分布相同时，指数分布下最优调度的线条比正态分布下的线条陡；②给出第一（第二）阶段服务时间的分布时，第二（第一）阶段指数分布曲线比第二（第一）阶段正态分布曲线陡。例如，当第一阶段的服务时间遵循正态分布时，N（20, 16）+ Exp（20）曲线比 N（20, 16）+ N（20, 16）曲线更陡。以上观察结果表明，在多阶段顺序服务系统中，决策者应该关注顾客的类型，特别是其服务时间的分布模式，从而提高系统性能。

根据上述测试结果，在下面的数值研究中，本章做出了与 4.4.1 节相同的假设，即所有阶段的所有顾客的服务时间都遵循相同的分布。

现在，我们把目光转向第三个问题，分析最优调度和成本参数之间的关系，我们设置顾客的数量 J 和阶段的数量 T 的值分别为 $J=10$ 和 $T=4$，并在所有阶段考虑两个可用的服务时间分布，例如，N（20, 16）和 Exp（20）。对于成本参数，我们将等待时间的单位成本归一化为 1，即 $c_W=1$，并测试了空闲时间 c_I 的单位成本的几种情景。具体的参数设置如表 4-3 所示，数值结果如图 4-4 所示。

表 4-3　参数设置 2

分布	J	T	c_W	c_I
N（20, 16）和 Exp（20）	10	2, 4, 6	1	0.1, 0.4, 1, 3, 10

从图 4-4 中可以得到最优调度的四个明显特征。首先，在正态分布和指数分布及所有成本参数组合的情况下，最优调度也显示出一个“圆顶”形状。其次，对于正态分布和指数分布，随着空闲时间的单位成本与等待时间的单位成本之比的降低，“圆顶”形状变成了“平原-圆顶”形状。这两个观察结果与单阶段预约

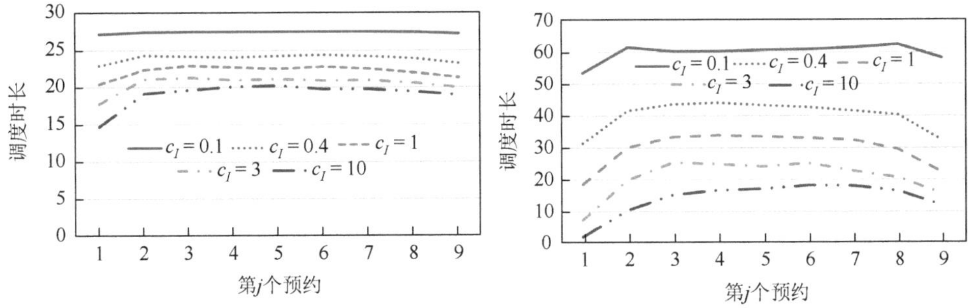

(a) 正态分布　　(b) 指数分布

图 4-4　不同单位成本下的最优计划

调度问题的最优调度的数值结果一致（Denton and Gupta，2003；Hassin and Mendel，2008）。再次，根据 c_I 值，指数分布下的最优调度曲线大于正态分布曲线，指数分布下的最优调度时长曲线大于正态分布曲线。这与本章所调查的第二个问题的结果是一致的。最后，随着空闲时间单位成本与等待时间单位成本比值的降低，最优调度时长增加。这一结果意味着，当顾客的等待时间比服务提供者的空闲时间更有价值时，决策者应该为这些顾客安排大量的调度时长。某些 VIP 顾客可能会发生上述情况。

接下来，本节研究不同成本参数比值下的最优调度与阶段数之间的关系，以回答第四个问题。为此，本章设置顾客数量的值为 $J=10$，考虑所有顾客的服务时间的两个可用分布，即 N（20, 16）和 Exp（20），并检查两种成本参数的比值，即 $c_I / c_W = 0.1,1$。对于阶段 T 的数量，本章测试了几个条件。参数设置汇总见表 4-4，数值结果如图 4-5～图 4-6 所示。

表 4-4　参数设置 3

分布	J	T	c_W	c_I
N（20, 16）和 Exp（20）	10	2, 4, 6	1	0.1, 1

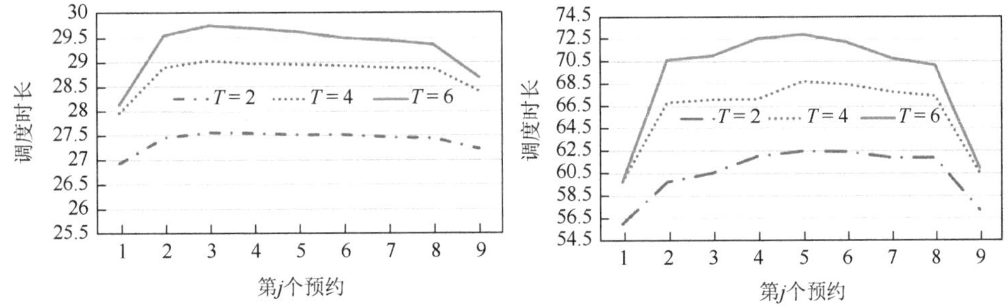

(a) 正态分布　　(b) 指数分布

图 4-5　不同阶段数下的最优调度（$c_I / c_W = 0.1$）

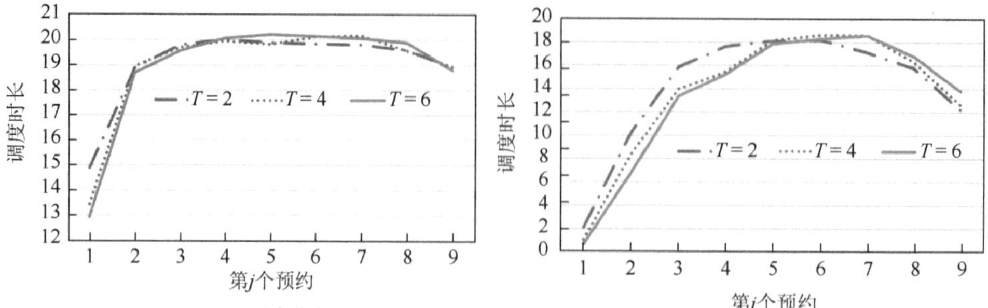

(a) 正态分布　　(b) 指数分布

图 4-6　不同阶段数下的最优调度（$c_I / c_W = 1$）

从图 4-5 和图 4-6 中可以看到，对于 $c_I / c_W = 0.1,1$，最优调度在每种情况下都呈现一个“圆顶”形状。此外，当给出阶段数和成本参数的比值时，指数分布下的最优调度时长大于正态分布下的最优调度时长。

然而，图 4-5 和图 4-6 存在着一些差异。在图 4-5 中，当 $c_I / c_W = 0.1$ 时，最优调度时长随着阶段数 T 的增加而呈增加趋势。其潜在的原因可能如下：阶段数越多，它越有可能导致每个顾客的等待时间越长，因此，如果顾客的等待时间比服务提供者的空闲时间更有价值，那么当阶段数增加时，决策者应该为每个顾客分配更大的调度时长，以减少顾客等待时间所产生的成本。对于图 4-6 中的 $c_I / c_W = 1$，最优调度时长首先随着阶段数 T 的增加呈下降趋势，然后随着阶段数的增加而增加。其根本原因和见解如下：由于阶段数越多，顾客的等待时间会变得更长，特别是在给定序列后面的顾客，决策者应该为他们分配更大的调度时长，以减少等待时间的成本。然而，当服务提供者的空闲时间很有价值时，决策者也应该尝试减少空闲时间，这更有可能发生在服务提供者在给定的顺序中服务于前几个顾客时，因此决策者应该为前几个顾客分配较小的调度时长，并随着阶段数的增加而有可能分配到更大的调度时长。

根据上述计算实验结果，本章对所研究的多阶段顺序预约调度问题的最优调度得出了以下结论。首先，最优调度也呈现出“圆顶”的形状，这与传统的单阶段预约调度问题中的最优调度相同。其次，不同的参数对最优调度的具体形状有不同的影响，但它们不影响最优调度的总体形状。

4.4.3　绩效指标分析

本节将研究在给定的最优调度中的性能指标（即等待时间和空闲时间）的值，以回答性能指标在不同参数下如何变化的问题。下面将进行两部分的计算实验。

具体来说，首先检查所有阶段的总预期等待时间和空闲时间，以及单个阶段的平均预期等待时间和空闲时间，然后通过一个示例显示更多的细节。

在计算实验的第一部分，设置顾客数量的值为 $J=10$，考虑五种空闲时间成本与等待时间成本的比值，即 $c_I / c_W = 0.1, 0.4, 1, 3, 10$，检查三种情况的阶段数，即 $T=2,3,4$，本节还假设所有阶段的所有顾客的服务时间具有相同的分布，并测试两个分布，即 N（20, 16）和 Exp（20）。表 4-5 给出了所有阶段的总预期等待时间和空闲时间，以及单个阶段的平均预期等待时间和空闲时间。其中，$\Sigma E[W]$和$\Sigma E[I]$分别表示总的期望等待时间和总的期望空闲时间。

表 4-5　平均总预期等待时间和空闲时间

T	c_I / c_W	正态分布				指数分布			
		$E[W]$	$\Sigma E[W]$	$E[I]$	$\Sigma E[I]$	$E[W]$	$\Sigma E[W]$	$E[I]$	$\Sigma E[I]$
2	0.1	2.6	5.2	67.2	134.3	18	35.9	362.2	724.4
	0.4	8.8	17.7	37	74	53.2	106.3	192.3	384.6
	1	18	36	23.1	46.1	104.5	209	110.8	221.6
	3	35.9	71.9	12.8	25.6	199.8	399.6	55.5	111
	10	64	127.9	7.5	14.9	322.6	645.2	31.2	62.4
3	0.1	3.4	10.3	74.6	223.7	19.7	59.2	395.7	1187.1
	0.4	10.6	31.8	39.3	118	59.8	179.5	204.6	613.9
	1	19.9	59.8	24.9	74.7	111	333	122	366
	3	36.8	110.4	14.9	44.7	201.5	604.5	66.6	199.7
	10	58.2	174.7	10.8	32.4	291.7	875.1	49.5	148.5
4	0.1	4	16.1	79.4	317.6	20.6	82.3	425	1700
	0.4	11.6	46.6	41.2	164.7	63.4	253.5	214.4	857.7
	1	20.9	83.7	26.5	105.9	116.5	466.2	130.8	523.3
	3	36.3	145.2	17.2	68.8	199.6	798.3	79.7	318.6
	10	52.6	210.5	14	55.9	262.7	1050.9	65.5	262.2

可以看到，表 4-5 显示了本章的一些有趣的发现。首先，对于任意给定的成本参数比值，即 c_I / c_W，总的预期等待时间和空闲时间以及单个阶段的平均期望等待时间和空闲时间都随着阶段数量的增加而呈增加趋势。其次，对于任意给定的阶段T，总期望等待时间和平均期望等待时间随着成本参数比值的增加呈现增加趋势，而总期望空闲时间和平均期望空闲时间则呈现相反的趋势。以上结果在实际操作中都有意义。

在计算实验的第二部分中，我们研究了一个特定例子下每个阶段的平均预期等待时间和空闲时间。为此，我们将顾客数 J 和阶段数 T 的值设置为 $J=10$ 和 $T=4$，并测试不同的成本参数比值，即 $c_I/c_W=0.1,0.4,1,3,10$。本节测试了两个服务时间分布 N（20, 16）和 Exp（20）。各阶段的平均预期等待时间和空闲时间见表 4-6。

表 4-6 各阶段的平均预期等待时间和空闲时间

分布	c_I/c_W	预期等待时间				预期空闲时间			
		第一阶段	第二阶段	第三阶段	第四阶段	第一阶段	第二阶段	第三阶段	第四阶段
正态分布	0.1	0.2	3.2	5.8	6.9	78.5	79	79.6	80.5
	0.4	3.8	12.3	14.7	15.8	38.3	40	42.2	44.1
	1	13.1	23	24.3	23.4	21.4	24.8	28.2	31.6
	3	39.5	40.8	35.1	29.9	8.4	14.8	20.3	25.3
	10	82.4	54.9	40.5	32.7	2.6	11.4	18.2	23.7
指数分布	0.1	7.5	17.2	25.1	32.4	419.7	423.1	426.8	430.4
	0.4	36	60.3	75.2	81.9	198.6	209.3	218.8	231.1
	1	90.1	123	128.3	124.7	99.7	121.1	141.4	161.1
	3	226.5	221.1	188.3	162.4	30.5	66.3	97.4	124.4
	10	398.6	271.5	208.5	172.4	6.8	52.3	87.1	116

从表 4-6 中可以得出以下几个结果。首先，在正态分布和指数分布下，各阶段的期望等待时间均随 c_I/c_W 值的增加而呈增加趋势，而期望空闲时间则呈现相反的趋势。这个结果是因为当空闲时间（等待时间）的单位成本增加时，空闲时间（等待时间）的减少可以降低总成本。其次，在正态分布和指数分布下，各阶段期望等待时间的变化趋势与 c_I/c_W 值有关。具体来说，当 $c_I/c_W<1$ 时，后期的期望等待时间大于前一阶段；当 $c_I/c_W=1$ 时，期望等待时间先增加后减少，当 $c_I/c_W>1$ 时，后期的期望等待时间小于指数分布阶段。最后，在正态分布和指数分布下，无论 c_I/c_W 的值如何，后一阶段的期望空闲时间都大于前一阶段。第二个结果和第三个结果都显示了在早期阶段会增加一定的等待时间和空闲时间。这可能是由于服务时间的随机性。为了平衡各阶段的加权等待时间和空闲时间，可以在前几个阶段故意设置较长的等待时间或空闲时间。因此，从一开始就牺牲一些等待时间或空闲时间，以减轻随机服务时间的不利影响，可能是有价值的。

上述结果有助于决策者识别多阶段顺序服务系统中预约调度的瓶颈，从而根据不同的参数设置采用不同的策略来提高预约系统的性能。

4.5　本章小结

本章考虑了多阶段顺序服务系统中的预约调度问题，其中决策者必须在第一阶段确定每个预约的调度时长（到达时间），以最小化顾客等待时间和服务提供者在多个阶段的总期望加权成本。在这个问题中，本章假设顾客的服务时间是随机的，顾客准时到达服务系统。对于本章所研究的问题，首先提出了一个数学模型，并建立了不同阶段的等待时间和空闲时间之间的关系，并在此基础上对所建立的模型进行了变换。其次，本章分析了转换后问题的性质，并提出了一个有效的 L-shaped 算法来求解它。最后，本章进行了计算实验来评估提出的算法的效率，并检验了最优调度的性质。

本章的研究主要表明：①不同阶段的等待时间和空闲时间之间的关系可以用线性方程表示；②多阶段预约调度问题可以表述为两阶段随机规划；③在各阶段服务时间均为独立同分布的情况下，最优调度计划呈现"圆顶"形状，且随参数的变化而变化。

本章的研究可以从多个方面进行扩展。首先，考虑多阶段顺序服务系统中的顾客行为是有意义的，因为顾客行为如爽约行为和准时到达行为，对调度安排有至关重要的影响。其次，在这项研究中，本章假定顾客事先按给定的顺序排列，但对于非独立同分布的服务时间，顺序决策会对预约调度决策产生影响，并增加问题的计算复杂度。因此，对于非独立同分布的服务时间，涉及顺序决策的预约调度问题可能是一个有趣的课题。再次，由于不同阶段的服务时间分布可能不同，如何确定每个阶段的服务提供者数量值得进一步研究。最后，收集真实数据并验证本章提出的算法的效率也会很有趣。

参考文献

Begen M A，Levi R，Queyranne M. 2012. A sampling-based approach to appointment scheduling[J]. Operations Research，60（3）：675-681.

Birge J R，Louveaux F. 2011. Introduction to Stochastic Programming[M]. Berlin：Springer Science & Business Media.

Chien C F，Tseng F P，Chen C H. 2008. An evolutionary approach to rehabilitation patient scheduling：A case study[J]. European Journal of Operational Research，189（3）：1234-1253.

Denton B，Gupta D. 2003. A sequential bounding approach for optimal appointment scheduling[J]. IIE Transactions，35（11）：1003-1016.

Gupta D，Denton B. 2008. Appointment scheduling in health care：Challenges and opportunities[J]. IIE Transactions，40（9）：800-819.

Hassin R，Mendel S. 2008. Scheduling arrivals to queues：A single-server model with no-shows[J]. Management Science，54（3）：565-572.

Jiang R W，Shen S Q，Zhang Y L. 2017. Integer programming approaches for appointment scheduling with random No-shows and service durations[J]. Operations Research，65（6）：1638-1656.

Klassen K J，Yoogalingam R. 2019. Appointment scheduling in multi-stage outpatient clinics[J]. Health Care Management Science，22（2）：229-244.

Kleywegt A J，Shapiro A，Homem-de-Mello T. 2002. The sample average approximation method for stochastic discrete optimization[J]. SIAM Journal on Optimization，12（2）：479-502.

Kong Q X，Lee C Y，Teo C P，et al. 2013. Scheduling arrivals to a stochastic service delivery system using copositive cones[J]. Operations Research，61（3）：711-726.

Kuiper A，Kemper B，Mandjes M. 2015. A computational approach to optimized appointment scheduling[J]. Queueing Systems，79（1）：5-36.

Kuiper A，Mandjes M. 2015. Appointment scheduling in tandem-type service systems[J]. Omega，57：145-156.

Mak H Y，Rong Y，Zhang J W. 2014. Sequencing appointments for service systems using inventory approximations[J]. Manufacturing & Service Operations Management，16（2）：251-262.

Mak H Y，Rong Y，Zhang J W. 2015. Appointment scheduling with limited distributional information[J]. Management Science，61（2）：316-334.

Pérez E，Ntaimo L，Malavé C O，et al. 2013. Stochastic online appointment scheduling of multi-step sequential procedures in nuclear medicine[J]. Health Care Management Science，16（4）：281-299.

Pinedo M L. 2012. Scheduling：Theory，Algorithms，and Systems[M]. Berlin：Springer.

Saremi A，Jula P，ElMekkawy T，et al. 2013. Appointment scheduling of outpatient surgical services in a multistage operating room department[J]. International Journal of Production Economics，141（2）：646-658.

第5章　多阶段顺序服务系统的排序及预约调度

5.1　引　　言

由于资源有限，预约调度成为各种服务系统中的一个重要问题，特别是在医疗领域。对于服务业来说，通过精心的预约调度安排，服务提供者可以充分利用其工作时间，顾客也可以在不需要长时间等待的情况下获得其所需的服务。在预约调度中，一个典型的问题（Mak et al.，2014；Chen and Robinson，2014；Mancilla and Storer，2012）是确定单阶段服务系统中每个顾客的开始时间。在这个问题中，需要做出两层决策：排序决策和预约调度。前一个决策是指确定顾客的服务顺序，后一个决策是指为给定顺序的每个顾客确定提供服务的时间间隔（调度时长）。上述两种类型的决策在服务系统中都是常见且重要的。例如，在医疗部门，当门诊存在不同类型的患者，或手术室存在不同种类的患者时，决策者需要做出患者排序决策，以提高整个系统的性能。此外，患者的等待和服务提供者的空闲在服务系统中是普遍存在的，为了平衡二者，安排预约是决策者另一项重要的事情。鉴于排序决策和预约调度在服务系统中的重要性，联合排序和预约调度问题受到了从业人员和学术界的广泛关注。

现有文献关于排序和预约调度问题的研究大多集中在单阶段服务系统上，只涉及一个服务流程。在单阶段服务系统中，由于顾客的需求不同，服务持续时间通常是随机的。因此，在排序和预约调度问题中，常见的一个目标是尽量减少顾客的等待时间和服务提供者的空闲时间所产生的总期望成本（Mak et al.，2014）。然而，在一些实际的服务系统中，顾客可能会经历多个服务流程。这种服务系统被称为多阶段服务系统。在多阶段服务系统中，顾客通常会以不同的顺序体验各个阶段。例如，在体检中，顾客可能会按不同的顺序进行CT、眼科检查、手术检查和其他检查。在这种情况下，排序问题类似于机器调度文献中的开放车间（open shop）的调度问题（Pinedo，2016）。在某些情况下，顾客必须以固定的顺序经过多个服务流程，并且不能违反任何两个阶段的顺序。这是因为这种服务系统需要遵循严格的先后顺序关系。本章将这种系统简化为多阶段顺序服务系统。这种系统在现实中也很常见。例如，当儿童在诊所接种疫苗时，必须经过登记和预检查（如体温测量）再接种疫苗。在这种情况下，排序问题类似于机器调度文献中的流程车间（flow shop）调度问题（Pinedo，2016）。考虑到多阶段顺序服务系统的普及，在本章中考虑多阶段顺序服务系统，并假设不同阶段顾客的顺序是固定的。本章的目标是为多阶段顺序服务系统中联合确定预约顺序和调度安排的问题找到一个好的解决方案，并为研究顾客未来经历多个阶段时的不同顺序问题奠定基础。在多阶段顺序服务系统中，每个阶段通常都有两个或两个以上的服务提供者。然而，在许多情况下，如上面提到的例子，在每个阶段只有一个服务提供者提供服务。这一现象可以通过有关多阶段预约调度问题的文献来说明（Azadeh et al.，2015；Castro and Petrovic，2012；Kazemian et al.，2017；Zhou and Yue，2019），并且在实践中相当常见，特别是在小公司、单位和部门中。因此，本章假设在每个阶段只有一个服务提供者。与本章研究的问题相比，每个阶段有多个服务提供者的情况是一个全新的、更复杂的问题，希望未来的研究能进行更深入的分析。

关于多阶段预约调度问题的研究相对较少，主要集中在预约调度的决策上（Kuiper and Mandjes，2015；Zhou and Yue，2019；Azadeh et al.，2015；Klassen and Yoogalingam，2019；Wang et al.，2018，2019）。此外，上述文献中只有少数文献考虑到了顾客爽约的情况。然而，在实际的服务系统中广泛存在着顾客爽约的情况。基于现实与文献之间的差距，本章考虑了一个在多阶段顺序服务系统中存在随机服务时间和爽约的联合排序和预约调度问题。在这个问题中，决策者需要确定：①顾客处理顺序；②对于给定的序列，第一阶段每个顾客的调度时长，以减少顾客等待时间和服务提供者在多个阶段的空闲时间的总期望加权成本。本章假设顾客只需要在第一阶段进行预约，然后按照先到先服务规则在后续阶段接受服务。

对于本章所研究的多阶段排序和预约调度问题，要获得精确的最优解是一项困难的工作，其挑战来自三个方面。首先，对于排序和预约调度问题，即使是单阶段服务系统（Denton et al.，2007；Gupta，2007；Mancilla and Storer，2012），也很难做出排序决策（Mak et al.，2015）。例如，Mancilla 和 Storer（2012）证明了这种基于场景的问题是 NP 完全的。因此，现有的关于单阶段排序和预约调度问题的研究主要集中在提出有效的启发式方法（Denton et al.，2007；Gupta，2007；Mancilla and Storer，2012）或解决近似问题（Mak et al.，2014）方面。其次，多阶段顺序服务系统比单阶段服务系统要复杂得多，因为不同阶段之间的性能指标（即等待时间和空闲时间）是相互依赖和交互作用的（Zhou and Yue，2019）。这给分析最优解的性质带来了更多的困难。最后，随机服务时间和爽约的存在也给解决问题带来了一些障碍。

由于本章所研究的多阶段排序和预约调度问题是困难的，我们试图通过分析问题的结构特征来找到一个接近最优的解决方案。具体来说，本章首先将其表示为一个随机规划，并利用 SAA 方法进一步将其重新建模成一个混合整数规划。然后，本章将随机规划转化为一个两阶段优化问题，并提出了一个标准的 Benders

（本德尔）分解算法。由于 Benders 分解算法运行时间长，本章简化了算法中的主问题，提出了一种基于 Benders 分解的算法。数值计算结果表明，该算法具有良好的计算性能。

本章对新兴的多阶段预约调度理论与方法做出了以下贡献。首先，与现有的预约安排工作相比，本章将 Mak 等（2014）的工作扩展到多阶段顺序服务系统，并考虑排序决策和顾客爽约情形，扩展了 Zhou 和 Yue（2019）的工作。其次，从方法论的角度来看，本章提出了一种有效的基于 Benders 分解的算法，以得到一个近似最优的解。

本章的其余部分组织如下：5.2 节正式地描述本章所研究的问题；5.3 节将所研究的问题重新建模为一个基于 SAA 方法的混合整数规划，并提出了一种基于 Benders 分解的有效算法，以得到一个近似最优解；数值分析在 5.4 节中进行；5.5 节拓展了每个阶段有多个服务提供者和位置及顾客相关爽约的对比；5.6 节以未来的研究主题对本章进行总结。

5.2　问题描述与建模

考虑一个具有 T 个连续服务阶段的多阶段顺序服务系统，在第一阶段总共需要安排 J 个顾客（ $j=1,2,\cdots,J$ ）。在系统中，决策者首先进行第一层排序决策，即将每个顾客匹配给某个位置，对应的决策变量表示为 $x_{i,j}$ ，如果将顾客 j 匹配到位置 i （ $i=1,2,\cdots,n$ ），则为 $x_{i,j}=1$ ，否则为 $x_{i,j}=0$ 。本章假设，一旦第一阶段所有顾客的顺序固定，在其余阶段就不会改变。然后决策者进行第二层预约调度决策，即为第一阶段位置 i 的预约确定调度时长 a_i 。

在本章研究的多阶段排序和预约调度问题中，$\boldsymbol{d}$ 用于表示服务时间的分布，t 阶段的服务时间记为 $d_{t,j}$ （ $t=1,2,\cdots,T;\ j=1,2,\cdots,J$ ）。本章假设服务时间 $d_{t,j}$ 是一个独立但不一定是同分布的随机变量。因此，在 t 阶段，位置 i 的服务时间为 $\tilde{d}_{t,i}=\sum_{j=1}^{J}x_{i,j}d_{t,j}$ 。此外，本章还假定顾客的爽约与位置有关。令 z_i 表示第 i 个位置的顾客出现的指示函数，如果位置 i 中的顾客出现，则表示 $z_i=1$，否则表示 $z_i=0$。设 p_i 表示位置 i 中的顾客出现的概率，即 $\text{Prob}\{z_i=1\}=p_i$ ，然后，本章有一组指标函数 $\boldsymbol{z}=(z_1,\cdots,z_n)$ 和一组显示概率 $\boldsymbol{p}=(p_1,p_2,\cdots,p_n)$ 。需要注意的是，在本章研究的问题中，所有顾客必须在所有阶段接受服务，一旦顾客在第一阶段出现（爽约），顾客将（不会）在接下来的所有阶段出现。这是符合现实的，原因有二：首先，在许多服务系统中，顾客有必要且必须在所有阶段接受服务；其次，一旦顾客计划接受一系列服务，为了节省个人时间，顾客通常会在所有阶段都出现。

由于多阶段顺序服务系统中服务时间和爽约的随机性，可能会出现顾客等待或服务提供者空闲的情况。本章所研究的问题的目的是联合决定：①一组位置匹配决策 $\boldsymbol{x}=(x_{1,1},\cdots,x_{i,j})$；②一组调度时长 $\boldsymbol{a}=(a_1,\cdots,a_{i-1})$，以最小化多个阶段的等待时间和空闲时间的总期望加权成本。给定任何解（$\boldsymbol{x},\boldsymbol{a}$），本章令 $W_{t,i}(t=1,2,\cdots,T;i=1,2,\cdots,n)$ 表示匹配给位置 i 的顾客的等待时间，$I_{t,i}(t=1,2,\cdots,T;i=1,2,\cdots,n)$ 表示服务提供者在第 t 阶段处理第 i 个位置的顾客之前的空闲时间，那么本章所研究问题的目标函数可以定义为

$$\begin{aligned}
f(\boldsymbol{x},\boldsymbol{a}) &= \sum_{t=1}^{T}\sum_{i=1}^{n}E\left[\tilde{c}_i^W z_i W_{t,i} + c_t^I I_{t,i}\right] \\
&= \sum_{t=1}^{T}\sum_{i=2}^{n}E\left[\tilde{c}_i^W z_i W_{t,i} + c_t^I I_{t,i}\right] + E\left[\sum_{t=1}^{T}c_t^I z_1 \sum_{s=1}^{t-1}\tilde{d}_{s,1}\right] \\
&= \sum_{t=1}^{T}\sum_{i=2}^{n}E\left[\sum_{j=1}^{J}x_{i,j}c_j^W z_i W_{t,i} + c_t^I I_{t,i}\right] + \sum_{t=1}^{T}c_t^I p_1 \sum_{s=1}^{t-1}\sum_{j=1}^{J}x_{1,j}\mu_{s,j}
\end{aligned}\tag{5-1}$$

式（5-1）中的目标函数表示期望加权总成本，c_j^W 和 c_t^I 分别表示顾客 j 等待时间的单位成本和在阶段 t 服务提供者空闲时间的单位成本；$\tilde{c}_i^W=\sum_{j=1}^{J}x_{i,j}c_j^W$ 表示匹配给位置 i 的顾客单位等待时间成本。注意到在式（5-1）中，$z_iW_{t,i}$ 用来表示 t 阶段位置 i 顾客的实际等待时间；同时，如果某一位置的顾客爽约，则无须考虑该位置对应的等待时间成本。

下面分析所研究的问题的约束条件。对于排序决策 $\boldsymbol{x}$，可以直接定义以下约束条件：

$$\begin{aligned}
&\sum_{i=1}^{n}x_{i,j}=1,\quad j=1,2,\cdots,J \\
&\sum_{j=1}^{J}x_{i,j}=1,\quad i=1,2,\cdots,n
\end{aligned}\tag{5-2}$$

在式（5-2）中，第一个约束确保任意顾客只能被匹配给一个位置，而第二个约束保证任意位置只被一个顾客占用。

一旦本章所研究的问题中的排序决策被确定，剩余的预约调度问题类似于多阶段顺序预约调度问题，这已经在 Zhou 和 Yue（2019）的文献中进行了很好的研究。根据 Zhou 和 Yue（2019）的研究结论，同时考虑到顾客爽约的情况，可以建立多阶段的绩效指标之间的关系如下：

$$W_{1,i+1}-I_{1,i+1}=W_{1,i}+\sum_{j=1}^{J}x_{i,j}z_i d_{1,j}-a_i,\quad i=1,2,\cdots,n-1\tag{5-3}$$

$$I_{t,i+1}+\sum_{j=1}^{J}x_{i+1,j}z_{i+1}d_{t,j}+W_{t+1,i+1}$$

$$=W_{t+1,i}+\sum_{j=1}^{J}x_{i,j}z_{i}d_{t+1,j}+I_{t+1,i+1},\quad i=1,2,\cdots,n-1;\ t=1,2,\cdots,T-1 \qquad (5\text{-}4)$$

$$W_{t,1}=0,\quad t=1,2,\cdots,T$$

利用式（5-2）～式（5-4），通过求解以下随机规划（P0），可以得到本章所研究的多阶段排序和预约调度问题的最优解：

$$(\mathrm{P0})\ f^{*}=\min_{\boldsymbol{x},\boldsymbol{a}} f(\boldsymbol{x},\boldsymbol{a})$$

$$\text{s.t. 式(5-2)～式(5-4)}$$

5.3　求 解 算 法

为了求解随机规划（P0），本节首先利用 SAA 方法将所研究的问题表示为一个混合整数规划；其次，将混合整数程序转化为一个两阶段的优化问题，并提出一个 Benders 分解算法。为了克服 Benders 分解算法运行时间长的问题，在合理的计算时间内找到接近最优的解，最后提出一种基于 Benders 分解的启发式算法。在此，需要指出的是，本章假设的是与位置相关的爽约设定，但是本章提出的方法也适用于顾客相关的爽约设定。

5.3.1　基于 SAA 的方法

SAA 方法是一种有效的基于场景的求解随机规划的方法，在预约调度文献中已经得到了广泛的应用（Begen et al.，2012；Mancilla and Storer，2012；Jiang et al.，2019）。基于 SAA 方法的思想，对于给定的服务时间分布 $\boldsymbol{d}$ 和概率集合 $\boldsymbol{p}$，本章随机生成 Ω 个独立同分布的情景。然后随机规划（P0）可以用以下确定性规划（deterministic programming，DP）来近似：

$$(\mathrm{DP})f^{*}=\min_{\boldsymbol{x},\boldsymbol{a},\boldsymbol{W},\boldsymbol{I}}\frac{1}{\Omega}\sum_{\omega=1}^{\Omega}\sum_{t=1}^{T}\sum_{i=2}^{n}\left(\sum_{j=1}^{J}x_{i,j}c_{j}^{W}z_{i,\omega}W_{t,i,\omega}+c_{t}^{I}I_{t,i,\omega}\right)+\sum_{t=1}^{T}c_{t}^{I}p_{1}\sum_{s=1}^{t-1}\sum_{j=1}^{J}x_{1,j}\mu_{s,j}$$

$$\text{s.t.}\quad \sum_{i=1}^{n}x_{i,j}=1,\quad j=1,2,\cdots,J$$

$$\sum_{j=1}^{J}x_{i,j}=1,\quad i=1,2,\cdots,n$$

$$W_{1,i+1,\omega}-W_{1,i,\omega}-I_{1,i+1,\omega}=\sum_{j=1}^{J}x_{i,j}z_{i,\omega}d_{1,j,\omega}-a_{i},\quad i=1,2,\cdots,n-1;\omega=1,2,\cdots,\Omega$$

$$W_{t+1,i+1,\omega}-W_{t+1,i,\omega}+I_{t,i+1,\omega}-I_{t+1,i+1,\omega}$$
$$=\sum_{j=1}^{J}x_{i,j}z_{i,\omega}d_{t+1,j,\omega}-\sum_{j=1}^{n}x_{i+1,j}z_{i+1,\omega}d_{t,j,\omega},\quad i=1,2,\cdots,n-1;t=1,2,\cdots,T-1;\omega=1,2,\cdots,\Omega$$
$$W_{t,1,\omega}=0,\quad t=1,2,\cdots,T;\omega=1,2,\cdots,\Omega$$
$$\boldsymbol{x}\in\{0,1\}^{n\times J},\quad \boldsymbol{a}\geqslant\mathbf{0},\quad \boldsymbol{W}\geqslant\mathbf{0},\quad \boldsymbol{I}\geqslant\mathbf{0}$$

在模型（DP）中，$\boldsymbol{x}$、$\boldsymbol{a}$、$\boldsymbol{W}=\left(W_{1,1,1},\cdots,W_{T,I,\Omega}\right)$和$\boldsymbol{I}=\left(I_{1,1,1},\cdots,I_{T,I,\Omega}\right)$是决策变量，$d_{t,j,\omega}$和$z_{i,\omega}$表示第$\omega$个场景下服务时间$d_{t,j}$和显示指标$z_i$的实现值，$W_{t,1,\omega}$和$I_{t,i,\omega}$分别表示第$\omega$个场景下对应的等待时间和空闲时间的实现值。

对于模型（DP），目标函数中非线性项$x_{i,j}W_{t,i,\omega}$的存在给求解带来了一定的难度。实际上，对于$T=1$，Mancilla 和 Storer（2012）证明了即使是$\Omega=2$，模型（DP）也是 NP 完全的。为了使模型（DP）易于处理，本章将目标函数中的非线性项$x_{i,j}W_{t,i,\omega}$线性化。具体地说，本章引入了一组新的决策变量$\tilde{\boldsymbol{W}}=\left(\tilde{W}_{1,1,1,1},\cdots,\tilde{W}_{T,n,J,\Omega}\right)$和大 M（即很大的正数）。令$\tilde{W}_{t,i,j,\omega}=x_{i,j}W_{t,i,\omega}$，然后模型（DP）可以重新建模成一个混合整数线性规划［表示为（DLP）］如下：

$$\text{(DLP)}\ \min_{\boldsymbol{x},\boldsymbol{a},\tilde{\boldsymbol{W}},\boldsymbol{W},\boldsymbol{I}}\frac{1}{\Omega}\sum_{\omega=1}^{\Omega}\sum_{t=1}^{T}\sum_{i=2}^{n}\left(\sum_{j=1}^{J}c_j^W z_{i,\omega}\tilde{W}_{t,i,j,\omega}+c_t^I I_{t,i,\omega}\right)+\sum_{t=1}^{T}c_t^I p_1\sum_{s=1}^{t-1}\sum_{j=1}^{J}x_{1,j}\mu_{s,j}$$
$$\text{s.t.}\quad \sum_{i=1}^{n}x_{i,j}=1,\quad j=1,2,\cdots,J$$
$$\sum_{j=1}^{J}x_{i,j}=1,\quad i=1,2,\cdots,n$$
$$W_{1,i+1,\omega}-W_{1,i,\omega}-I_{1,i+1,\omega}=\sum_{j=1}^{J}x_{i,j}z_{i,\omega}d_{1,j,\omega}-a_i,\quad i=1,2,\cdots,n-1;\omega=1,2,\cdots,\Omega$$
$$W_{t+1,i+1,\omega}-W_{t+1,i,\omega}+I_{t,i+1,\omega}-I_{t+1,i+1,\omega}$$
$$=\sum_{j=1}^{J}x_{i,j}z_{i,\omega}d_{t+1,j,\omega}-\sum_{j=1}^{J}x_{i+1,j}z_{i+1,\omega}d_{t,j,\omega},\quad i=1,2,\cdots,n-1;t=1,2,\cdots,T-1;\ \omega=1,2,\cdots,\Omega$$
$$\tilde{W}_{t,i,j,\omega}\geqslant W_{t,i,\omega}+(x_{i,j}-1)M,\quad i=1,2,\cdots,n;\ j=1,2,\cdots,J;t=1,2,\cdots,T;\omega=1,2,\cdots,\Omega$$
$$\tilde{W}_{t,i,j,\omega}\leqslant W_{t,i,\omega},\quad i=1,2,\cdots,n;\ j=1,2,\cdots,J;t=1,2,\cdots,T;\omega=1,2,\cdots,\Omega$$
$$W_{t,1,\omega}=0,\quad t=1,2,\cdots,T;\omega=1,2,\cdots,\Omega$$
$$\boldsymbol{x}\in\{0,1\}^{n\times J},\quad \boldsymbol{a}\geqslant\mathbf{0},\quad \tilde{\boldsymbol{W}}\geqslant\mathbf{0},\quad \boldsymbol{W}\geqslant\mathbf{0},\quad \boldsymbol{I}\geqslant\mathbf{0}$$

在模型（DLP）中，$\boldsymbol{x}$、$\boldsymbol{a}$、$\boldsymbol{W}$、$\boldsymbol{I}$和$\tilde{\boldsymbol{W}}=\left(\tilde{W}_{1,1,1,1},\cdots\tilde{W}_{T,n,J,\Omega}\right)$是决策变量，$\tilde{W}_{t,i,j,\omega}$用来替换模型（DP）中的$x_{i,j}W_{t,i,\omega}$，并且上述最后两组不等式保证$\tilde{W}_{t,i,j,\omega}=x_{i,j}W_{t,i,\omega}$。

虽然模型（DLP）是一个混合整数线性规划，但由于参数大M和整数决策的影响，直接求解仍然很困难。本章的初步计算实验也说明了这一点，实验表明，参数配置为 $J=10$ 、 $T=2$ 和 $\Omega=100$ 的实例不能在 2h 内通过 Gurobi 直接求解。因此，本章转向其他有效的方法来获得一个近似最优的解。

5.3.2　Benders 分解算法

本节首先将模型（DP）建模成一个两阶段的优化问题。然后，提出一个标准的 Benders 分解算法来求解。通过分析模型（DP）的结构特征，可以将其建模为以下两阶段的优化问题：

$$
\begin{aligned}
(\text{MP})\, f^* \quad &= \min_{\boldsymbol{x}} \sum_{t=1}^{T} c_t^I p_1 \sum_{s=1}^{t-1} \sum_{j=1}^{J} x_{1,j} \mu_{s,j} + \mathbb{Q}(\boldsymbol{x}) \\
\text{s.t.} \quad & \sum_{i=1}^{n} x_{i,j} = 1, \quad j = 1,2,\cdots,J \\
& \sum_{j=1}^{J} x_{i,j} = 1, \quad i = 1,2,\cdots,n \\
& \boldsymbol{x} \in \{0,1\}^{i \times j}
\end{aligned}
$$

式中

$$
(\text{SP}) \quad \mathbb{Q}(\boldsymbol{x}) = \min_{\boldsymbol{W},\boldsymbol{I},\boldsymbol{a}} \frac{1}{\Omega} \sum_{\omega=1}^{\Omega} \sum_{t=1}^{T} \sum_{i=2}^{n} \left(\sum_{j=1}^{J} x_{i,j} c_j^W z_{i,\omega} W_{t,i,\omega} + c_t^I I_{t,i,\omega} \right)
$$

$$
\text{s.t.} \quad W_{1,i+1,\omega} - W_{1,i,\omega} - I_{1,i+1,\omega} = \sum_{j=1}^{J} x_{i,j} z_{i,\omega} d_{1,j,\omega} - a_i, \quad i = 1,2,\cdots,n-1; \omega = 1,2,\cdots,\Omega
$$

$$
\begin{aligned}
& W_{t+1,i+1,\omega} - W_{t+1,i,\omega} + I_{t,i+1,\omega} - I_{t+1,i+1,\omega} \\
&= \sum_{j=1}^{J} x_{i,j} z_{i,\omega} d_{t+1,j,\omega} - \sum_{j=1}^{J} x_{i+1,j} z_{i+1,\omega} d_{t,j,\omega}, \quad i = 1,2,\cdots,n-1; t = 1,2,\cdots,T-1; \omega = 1,2,\cdots,\Omega
\end{aligned}
$$

$$
\begin{aligned}
& W_{t,1,\omega} = 0, \quad t = 1,2,\cdots,T; \omega = 1,2,\cdots,\Omega \\
& \boldsymbol{W} \geqslant \boldsymbol{0}, \quad \boldsymbol{I} \geqslant \boldsymbol{0}, \quad \boldsymbol{a} \geqslant \boldsymbol{0}
\end{aligned}
$$

上述两阶段的优化问题由主问题（MP）和子问题（SP）组成。给定任意序列 $\boldsymbol{x}$，子问题（SP）退化为一个多阶段的顺序预约调度问题，这已经在 Zhou 和 Yue（2019）的文献中进行了研究。

为了求解两阶段优化问题，本节使用了 Benders 分解算法。Benders 分解的基本思想是通过用新的决策变量代替最优值 $\mathbb{Q}(\boldsymbol{x})$ 来松弛主问题（MP），并在每次迭代时使用子问题（SP）的对偶问题的最优值来构建最优性切割约束。设 $\boldsymbol{\alpha}$、$\boldsymbol{\beta}$ 为子问题（SP）对应的对偶变量，则子问题（SP）的对偶问题为

$$(\text{DSP})\max_{\boldsymbol{\alpha},\boldsymbol{\beta}} \frac{1}{\Omega}\sum_{\omega=1}^{\Omega}\left(\sum_{i=1}^{n-1}\left(\sum_{j=1}^{J}x_{i,j}z_{i,\omega}d_{1,j,\omega}\right)\alpha_{i,\omega}\right)$$

$$\text{s.t.}\quad \sum_{\omega=1}^{\Omega}\alpha_{i,\omega}\leqslant 0,\quad i=1,2,\cdots,n-1$$

$$\alpha_{i,\omega}-\alpha_{i+1,\omega}\leqslant z_{i+1}\sum_{j=1}^{J}x_{i+1,j}c_j^W,\quad i=1,2,\cdots,n-2;\omega=1,2,\cdots,\Omega$$

$$\alpha_{n-1,\omega}\leqslant z_n\sum_{j=1}^{J}x_{n,j}c_j^W,\quad \omega=1,2,\cdots,\Omega$$

$$\beta_{1,i,\omega}-\alpha_{i,\omega}\leqslant c_1^I,\quad i=1,2,\cdots,n-1;\omega=1,2,\cdots,\Omega$$

$$\beta_{t,i,\omega}-\beta_{t,i+1,\omega}\leqslant z_{i+1}\sum_{j=1}^{J}x_{i+1,j}c_j^W,\quad i=1,2,\cdots,n-2;t=1,2,\cdots,T-1;\omega=1,2,\cdots,\Omega$$

$$\beta_{t,n-1,\omega}\leqslant z_n\sum_{j=1}^{J}x_{n,j}c_j^W,\quad t=1,2,\cdots,T-1;\omega=1,2,\cdots,\Omega$$

$$\beta_{t+1,i,\omega}-\beta_{t,i,\omega}\leqslant c_{t+1}^I,\quad i=1,2,\cdots,n-1;\quad t=1,2,\cdots,T-2;\omega=1,2,\cdots,\Omega$$

$$-\beta_{T-1,i,\omega}\leqslant c_T^I,\quad i=1,2,\cdots,n-1;\omega=1,2,\cdots,\Omega$$

基于子问题（SP）的对偶问题（DSP）的性质，本章提出了标准的 Benders 分解算法来求解模型（DP）如下。

（1）输入：服务时间 $\boldsymbol{d}$ 的实现值和显示指标 $\boldsymbol{z}$ 的集合，以及成本参数 $\boldsymbol{c}^W=\left(c_1^W,\cdots,c_n^W\right)$ 和 $\boldsymbol{c}^I=\left(c_1^I,\cdots,c_T^I\right)$，并使最优性切割约束集 $\{L(\boldsymbol{x})\geqslant 0\}=\varnothing$。

（2）解决以下主问题（MP），并记录一个最优解决方案（$\boldsymbol{x}^*,\theta^*$）：

$$(\text{MP})\min_{\boldsymbol{x},\theta}\quad \sum_{t=1}^{T}c_t^I p_1\sum_{s=1}^{t-1}\sum_{j=1}^{J}x_{1,j}\mu_{s,j}+\theta$$

$$\text{s.t.}\quad \sum_{i=1}^{n}x_{i,j}=1,\quad j=1,2,\cdots,J$$

$$\sum_{j=1}^{J}x_{i,j}=1,\quad i=1,2,\cdots,n$$

$$L(\boldsymbol{x})\geqslant 0$$

$$\boldsymbol{x}\in\{0,1\}^{n\times J},\quad \theta\geqslant 0$$

（3）给定最优解 $\boldsymbol{x}^*$，求解子问题（SP）和对偶问题（DSP），并记录 $\mathbb{Q}^*$ 的目标函数值和最优解 $\boldsymbol{a}^*$ 及（$\boldsymbol{\alpha}^*,\boldsymbol{\beta}^*$）。

（4）如果 $\theta^*\geqslant\mathbb{Q}^*$，则停止并返回（$\boldsymbol{x}^*,\boldsymbol{a}^*,\theta^*$）作为最优解并结束；否则，将以下最优性切割约束添加到约束集 $\{L(\boldsymbol{x})\geqslant 0\}$，然后转到步骤（2）：

$$\theta \geqslant \frac{1}{\Omega}\sum_{\omega=1}^{\Omega}\left(\sum_{i=1}^{n-1}\left(\sum_{j=1}^{J}x_{i,j}z_{i,\omega}d_{1,j,\omega}\right)\alpha_{i,\omega^*} + \sum_{t=1}^{T-1}\sum_{i=1}^{n-1}\left(\sum_{j=1}^{J}x_{i,j}z_{i,\omega}d_{t+1,j,\omega} - \sum_{j=1}^{J}x_{i+1,j}z_{i+1,\omega}d_{t,j,\omega}\right)\beta_{t,i,\omega^*}\right)$$

通过初步的计算测试，我们发现 Benders 分解算法仍然很耗时，并且不能在合理的计算时间内得到最优解。这可能是因为主问题（MP）是一个整数规划，在每次迭代中添加最优性切割约束会降低算法的速度。为了更有效地找到接近最优的解，本章在 5.3.3 节中提出了一种基于 Benders 分解的启发式算法。

5.3.3　基于 Benders 分解的启发式算法

在基于 Benders 分解的启发式算法中，每次迭代时将 Benders 分解的最优性切割约束移到目标函数，构造一个简化的主问题（MP）。因此，将前面的主问题（MP）简化为一个匹配问题，具体如下：

$$\begin{aligned}
(\text{SMP})\min_{x}\quad & \sum_{t=1}^{T}c_t^I p_1\sum_{s=1}^{t-1}\sum_{j=1}^{J}x_{1,j}\mu_{h,j} + \sum_{i=1}^{n}\sum_{j=1}^{J}a_{i,j}x_{i,j} \\
\text{s.t.}\quad & \sum_{i=1}^{n}x_{i,j} = 1,\quad j=1,2,\cdots,J \\
& \sum_{j=1}^{J}x_{i,j} = 1,\quad i=1,2,\cdots,n \\
& \boldsymbol{x}\in\{0,1\}^{n\times J}
\end{aligned}$$

在简化主问题（SMP）中，利用最优性切割方法对每次迭代时的系数 $\gamma_{i,j}$ 进行更新。具体来说，在第 v 次迭代时，该系数为

$$\gamma_{i,j} = \max_{\tilde{v}\in\{1,2,\cdots,v\}}\tilde{\gamma}_{i,j}^{\tilde{v}} \tag{5-5}$$

在式（5-5）中，对于 $j=1,2,\cdots,n$，第 $\tilde{v}$ 次迭代时的 $\tilde{\gamma}_{i,j}^{\tilde{v}}$ 被定义为

$$\tilde{\gamma}_{i,j}^{\tilde{v}} = \frac{1}{\Omega}\begin{cases}\displaystyle\sum_{\omega=1}^{\Omega}z_{1,\omega}d_{1,j,\omega}\alpha_{1,\omega}(\tilde{v}) + \sum_{\omega=1}^{\Omega}\sum_{t=1}^{T-1}z_{1,\omega}d_{t+1,j,\omega}\beta_{t,1,\omega}(\tilde{v}), & i=1 \\ \displaystyle\sum_{\omega=1}^{\Omega}z_{i,\omega}d_{1,j,\omega}\alpha_{i,\omega}(\tilde{v}) + \sum_{\omega=1}^{\Omega}\sum_{t=1}^{T-1}\left(z_{i,\omega}d_{t+1,j,\omega}\beta_{t,i,\omega}(\tilde{v}) - z_{i,\omega}d_{t,j,\omega}\beta_{t,i-1,\omega}(\tilde{v})\right), & i=2,3,\cdots,n-1 \\ \displaystyle -\sum_{\omega=1}^{\Omega}\sum_{t=1}^{T-1}z_{n,\omega}d_{t,j,\omega}\beta_{t,n-1,\omega}(\tilde{v}), & i=n\end{cases} \tag{5-6}$$

式中，$\boldsymbol{\alpha}(\tilde{v})$ 和 $\boldsymbol{\beta}(\tilde{v})$ 分别表示对偶问题（DSP）在第 $\tilde{v}$ 次迭代时的最优解。

经过上述对主问题（MP）的修改后，相应的 Benders 分解算法可能会输出与前面的一个决策顺序相同的结果。如果是这样，本节通过解决以下修改后的主问题，用一个新的顺序重新启动算法：

$$
\begin{aligned}
\text{(M-SMP)}\min_{\boldsymbol{x}} & \sum_{t=1}^{T} c_t^I p_1 \sum_{s=1}^{t-1}\sum_{j=1}^{J} x_{1,j}\mu_{s,j} + \sum_{i=1}^{n}\sum_{j=1}^{J}\overline{\gamma}_{i,j}x_{i,j} \\
\text{s.t.} \quad & \sum_{i=1}^{n} x_{i,j} = 1, \quad j = 1,2,\cdots,J \\
& \sum_{j=1}^{J} x_{i,j} = 1, \quad i = 1,2,\cdots,n \\
& \boldsymbol{x} \in \{0,1\}^{n\times J}
\end{aligned}
$$

在模型（M-SMP）中，在每次迭代中，$\overline{\gamma}_{i,j}$ 被定义为

$$
\overline{\gamma}_{i,j} = \gamma_{i,j} + U(0,1)\min_{i,j}\gamma_{i,j} \tag{5-7}
$$

式中，$\gamma_{i,j}$ 的定义如式（5-5）所示；$U(0,1)$ 表示在区间（0, 1）上随机生成的均匀分布数，并使用 $U(0,1)\min_{i,j}\gamma_{i,j}$ 对相同的结果进行轻微扰动。

由于对 Benders 分解算法中原有的主问题（MP）进行了改进，因此不能保证新算法的收敛性。本节设置了一个最大的迭代次数来停止算法，并在每次迭代时更新最佳解。为此，本节为问题（DP）的最优目标函数值引入了一个上界 f^{UB}，并在每次迭代时对其进行更新。基于上述分析，本节提出的基于 Benders 分解的启发式算法步骤如下。

（1）按 Benders 分解算法的步骤（1）输入给定参数。假设一个初始任意排序 $\boldsymbol{x}$，并设置上界 $f^{\text{UB}} = \infty$ 和 $v = 0$，并让最佳排序等于初始任意序列，即 $\boldsymbol{x}^* = \boldsymbol{x}$ 和 $\boldsymbol{a}^* = \varnothing$。

（2）如果 v 达到预定的最大迭代次数，则停止并输出 $\boldsymbol{x}^*$ 和 $\boldsymbol{a}^*$；否则令 $v = v+1$，转到步骤（3）。

（3）用排序 $\boldsymbol{x}^{t-1}$ 解决子问题（SP），记录解 $\boldsymbol{a}^v$，计算目标函数值 f^v。如果 $f^v < f^{\text{UB}}$，则更新 $f^{\text{UB}} = f^v$，$\boldsymbol{x}^* = \boldsymbol{x}^{v-1}$ 和 $\boldsymbol{a}^* = \boldsymbol{a}^v$。

（4）求解子问题（SP）的对偶问题（DSP），生成最优性切割约束，构造简化主问题（SMP），求出可行解 $\boldsymbol{x}^v$。

（5）如果从步骤（4）获得的排序决策与之前的排序相同，则重新启动算法（M-SMP），然后返回步骤（2）。

基于 Benders 分解的启发式算法和标准 Benders 分解算法的区别有两点。首先，基于 Benders 分解的启发式算法简化了每次迭代时标准 Benders 分解中的原始主问

题（MP）。具体来说，Benders 分解中的最优性切割约束被移至目标函数中，从而构建了一个更容易求解的匹配问题。其次，与 Benders 分解不同，本章无法保证基于 Benders 分解的启发式算法的收敛性，因此需要预先设定最大迭代次数。

5.4　数 值 分 析

本节将进行一系列的数值实验，以验证所提出的基于 Benders 分解的启发式算法的有效性，并分析阶段数、随机服务时间和顾客爽约对最佳调度时长和性能指标的影响，并评估所开发的一些易于实施的排序规则的性能。计算实验使用 MATLAB R2019a 在配备英特尔酷睿（i7-10710U）和 16.0GB 内存的 ThinkPad X1 笔记本电脑上实现。

5.4.1　启发式算法的性能分析

本节的计算实验评估了本章提出的启发式算法的性能，即基于 Benders 分解的启发式算法。本节使用 SAA 方法作为基准，即通过调用 MATLAB R2019a 上的 Gurobi 来直接求解模型（DLP），参数设置如下。

（1）顾客数 $J \in \{8, 16, 24\}$，阶段数 $T \in \{2, 3\}$。

（2）显示概率 p_i 取值于 $U(0.5,1)$。

（3）空闲时间的单位成本 c_t^I 取值于 $U(1,1.5)$，等待时间的单位成本 c_j^W 取值于 $U(0.5,1)$。需要注意的是，从服务系统的角度来看，由于服务提供者的时间通常比顾客的时间更昂贵，因此空闲时间的单位成本设置大于等待时间的单位成本。

（4）对于服务时间，本章假设它们服从正态分布，这在预约调度文献中得到了广泛的研究（Robinson and Chen，2003；Denton and Gupta，2003）。具体而言，根据 Jiang 等（2017）的工作，服务时间 $d_{t,j}$ 取值于 $U(36,44)$，即平均服务时间为 40min，并上下浮动 10%，其标准差 $\sigma_{t,j}$ 设为 $\sigma_{t,j} = \xi\mu_{t,i}$，其中 ξ 取值于 $U(0.3,0.5)$。

除了上述参数外，本章还需要为 SAA 方法确定一个合适的样本量 Ω，并为本章提出的启发式算法选择一个合适的最大迭代次数。对于 Ω，本章从 10 开始，每间隔 10 取值，直至 100。

在每个 Ω 下，本节为 T 和 J 的每个参数配置随机生成 10 个问题实例，并直接通过 Gurobi 求解模型（DLP）。然后记录每个问题实例的最优目标函数值，并计算 10 个问题实例之间的平均目标函数值。通过初步的计算测试，我们发现即使当 $J = 10$、$T = 2$ 和 $\Omega = 100$ 时，问题实例也不能由 Gurobi 在 2h 内解决。图 5-1 显示，当 $\Omega \geqslant 80$ 时，结果变得稳定。这意味着服务时间的随机性和顾客爽约可以在少数场景中被很好地刻画。因此，为了在求解质量和合理的计算时间之间做出权衡，在用 Gurobi 求解模型（DLP）时设置了 $\Omega=100$。至于最大迭代次数，令它在[10, 200]内取值，增量为 10，并进行与之前类似的计算测试。基于初步的测试结果，可以发现本章提出的启发式算法的计算时间与最大迭代次数近似为线性，与 SAA 方法相比，当最大迭代次数为 100 时，其性能较好。因此，本章将求解该算法的最大迭代次数设置为 100。

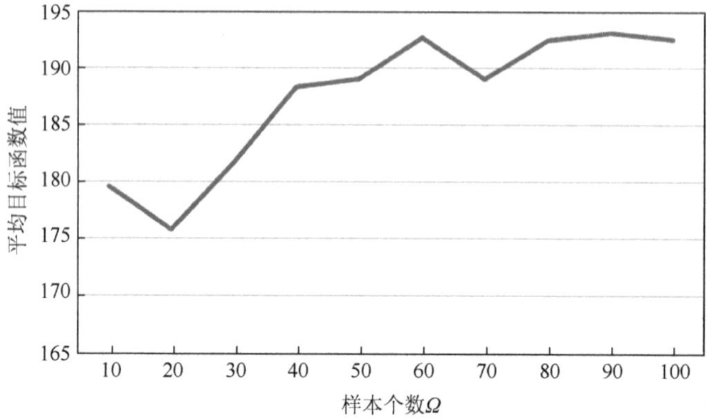

图 5-1　样本数量 Ω 的影响

在上述参数设置下进行计算实验，将本章提出的算法得到的目标函数值与 Gurobi 直接求解的基准算法（DLP）得到的目标函数值进行比较。在实验中，在 T 和 J 的每个参数配置下随机生成 5 个问题实例，并将基准算法的最大计算时间设置为 7200s。对于每个问题实例，记录了由本章提出的基于 Benders 分解的启发式算法和基准算法得到的目标函数值，以及上述两种算法所需要的计算时间。然后，计算本章提出的基于 Benders 分解的启发式算法所得到的目标函数值与基准算法所得到的目标函数值的最小、平均和最大（分别表示为 Min、Avg 和 Max）百分比偏差（命名为 Gap)，并计算每种算法的最小、平均和最大计算时间。计算结果如表 5-1 所示。在表 5-1 中，计算时间 7200s 表明直接在 2h 内求解模型（DLP）不能得到最优解。

表 5-1　基于 Benders 分解的算法的性能

顾客数和阶段数		计算时间/s						Gap/%		
		基准算法			启发式算法					
J	T	Min	Avg	Max	Min	Avg	Max	Min	Avg	Max
8	2	556	601	677	301	319	335	0.00	0.95	2.39
	3	900	1043	1262	285	403	461	2.01	3.20	3.90

续表

顾客数和阶段数		计算时间/s						Gap/%		
		基准算法			启发式算法					
J	T	Min	Avg	Max	Min	Avg	Max	Min	Avg	Max
16	2	7200	7200	7200	690	779	1033	1.44	2.56	3.91
	3	7200	7200	7200	1139	1342	1516	−1.38	0.59	2.66
24	2	7200	7200	7200	1206	1431	1692	−4.46	−2.96	−1.06
	3	7200	7200	7200	1633	2235	2634	−3.61	−2.25	0.31
平均		5043	5074	5123	876	1085	1279	−1.00	0.35	2.02

从表 5-1 中可以看出以下两点。首先，本章提出的基于 Benders 分解的启发式算法要比基准算法快得多，尤其是在问题实例规模较大的情况下。例如，当 $J=24$ 和 $T=2$ 时，通过 Gurobi 直接求解模型（DLP），不可能在 2h 内得到最优解，而本章提出的基于 Benders 分解的启发式算法对于 5 个问题实例的平均计算时间只有 1431s。其次，本章提出的基于 Benders 分解的启发式算法和基准算法之间的相对差距很小。具体来说，平均相对差距为 0.35%。此外，这些负差距表明，对于规模较大的问题实例，本章提出的基于 Benders 分解的启发式算法生成的解优于在 2h 内直接求解模型（DLP）得到的解。综上所述，本章提出的基于 Benders 分解的启发式算法在求解质量和计算时间上都表现得很好，它可以在现实中得到应用。

5.4.2　阶段数量、随机服务持续时间和顾客爽约的影响

本节分析阶段数量、随机服务持续时间和顾客爽约对最佳调度时长和绩效指标的影响。

根据有关预约调度的现有文献，对于单个服务提供者的单阶段服务系统和处理顺序固定且每个阶段都有单个服务提供者的多阶段顺序服务系统来说，最优调度呈现“圆顶”形状。因此，本章进行了计算实验，看看这种形状如何随着阶段数量、随机服务持续时间和顾客爽约而变化。在实验中，设置 $J=8$，$c_t^I=3$，$c_j^w=1$，$\mu_{t,j}=40$，$\xi=0.2$，$p_i=p$（其中，ξ 表示方差与均值的倍数，即 $\sigma_{t,j}=\xi\mu_{t,i}$；$p_i=p$ 表示每个位置顾客出现的概率都为 p），并测试不同阶段数量 T 和爽约概率 p 的组合的变化。其余参数设置与 5.4.1 节的参数相同，在此基础上，本节首先考察 T 和 p 在 $T=2,3$ 和 $p=0.5,0.9$ 的不同组合下的最佳调度时长。在 T 和 p 的每一个组合下，用 Gurobi 求解模型（DLP），并记录最优的调度时长。测试结果如图 5-2 所示。

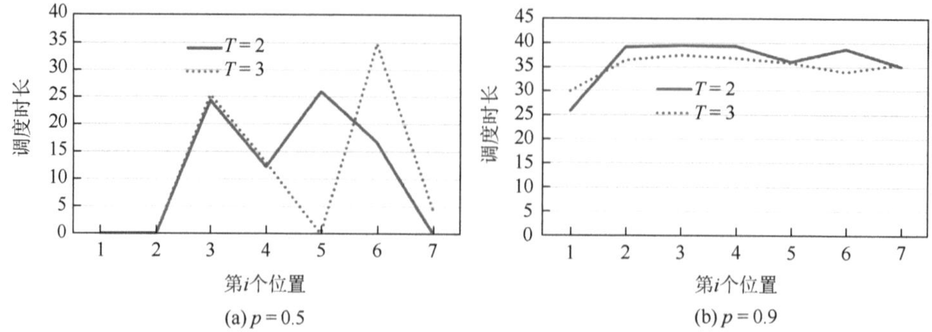

图 5-2　T 和 p 的不同组合下的最佳调度时长

从图 5-2 中可以得出三个结论。首先，在阶段数 T 固定的情况下，顾客出现的可能性越大，总体上最优的调度时长就越长。这是显而易见的，也很容易理解。其次，当顾客出现概率较大时（如 $p=0.9$），阶段 T 的数量对最优调度时长影响不大，而当顾客出现概率较小时（如 $p=0.5$），阶段 T 的数量对最优调度时长影响很大。最后，当顾客出现概率很大时（如 $p=0.9$），最优的调度时长确实呈现出一个“圆顶”形状。这与 Zhou 和 Yue（2019）的数值结果一致。然而，当顾客出现概率很小时（如 $p=0.5$），整体的圆顶形状会消失，但多圆顶形状会出现。这可能是因为可利用具有多圆顶形状的最佳调度来缓解顾客爽约带来的干扰。

根据上述结论，本节进行了计算实验，以检验在 p 和 ξ 的不同组合下的最优调度时长。在实验中，本节固定了 $J=8$，$T=3$，$c_t^I=3$，$c_j^W=1$，$\mu_{t,j}=40$，并测试了 p 和 ξ 的两个值下服务时间的变化，其中 $\xi=0.2,0.4$ 和 $p=0.5,0.9$。同样，在 p 和 ξ 的每个组合下，本节用 Gurobi 求解模型（DLP），并记录最优的调度时长。测试结果如图 5-3 所示。

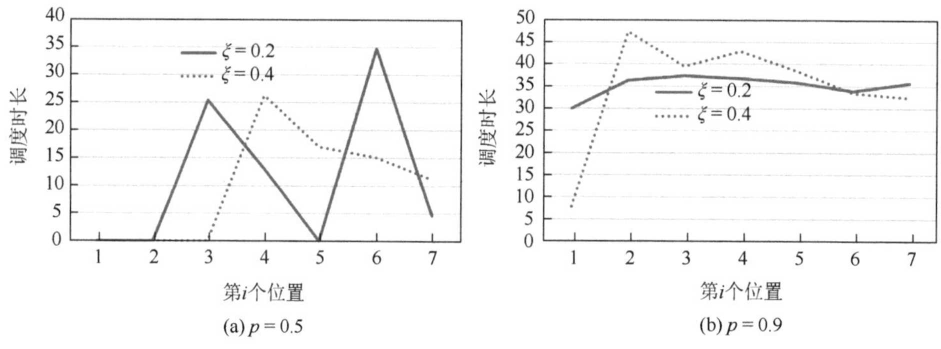

图 5-3　p 和 ξ 不同组合下的最优调度时长

由图 5-3 可以得出以下结论。首先，在给定ξ的情况下，顾客出现的可能性越大，总体上的最优调度时长就越长。其次，当顾客出现概率较大时（如$p=0.9$），服务持续时间的随机性对最优调度时长没有显著影响，而当顾客出现概率较小时（如$p=0.5$），其影响较大。最后，当顾客出现概率很大时（如$p=0.9$），最优的调度时长确实显示出一个“圆顶”形状。然而，当顾客出现概率很小时（如$p=0.5$），整个“圆顶”图案消失，但出现了“多圆顶”图案。

下面进行实验，进一步分析阶段数量和顾客爽约对每个阶段的绩效指标的影响。为此，本节固定了$J=8$，$c_t^I=3$，$c_j^W=1$，$\mu_{t,j}=40$，$\xi=0.2$，并测试了不同的T和p值，其中$T=2,3$和$p=0.5,0.6,0.7,0.8,0.9$。在T和p的每个组合下，用 Gurobi 求解模型（DLP），并记录每个阶段的总等待时间和总空闲时间。测试结果如图 5-4 和图 5-5 所示。

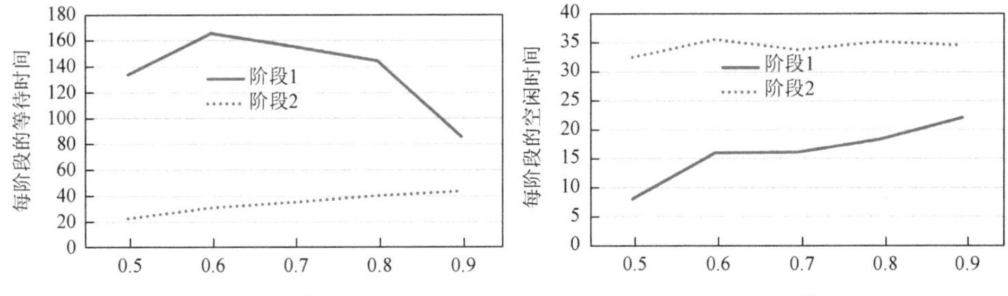

(a) 每阶段等待时间　　　　(b) 每阶段空闲时间

图 5-4　$T=2$ 时等待时间和空闲时间

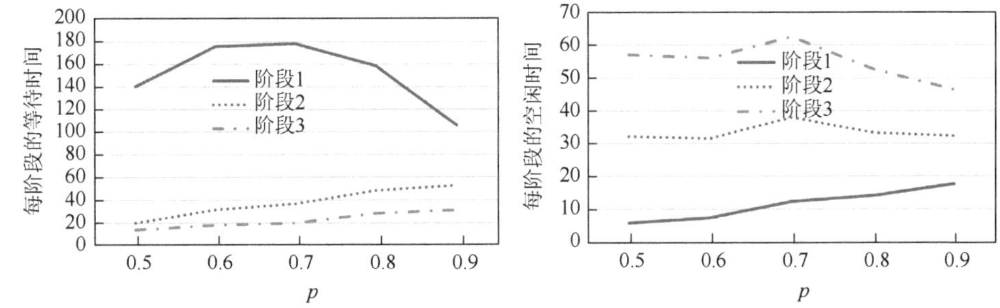

(a) 每阶段等待时间　　　　(b) 每阶段空闲时间

图 5-5　$T=3$ 时等待时间和空闲时间

从图 5-4 和图 5-5 中可以观察到几个有趣的现象。首先，在给定T的情况下，在所有p值下，后一阶段的总等待时间都小于前一阶段的总等待时间，而总空闲时间则呈现相反的趋势。这一结果与 Zhou 和 Yue（2019）的数值结果一致。造成这种现象的原因可能是空闲时间的单位成本高于等待时间的单位成本，因此最优的解决方案会导致第一阶段故意增加等待时间，从而故意减少多个阶段的总加权等待时间和空闲时间。其次，在给定 T 的情况下，随着 p 的增加，最后一阶段的总等待时间增加，但第一阶段的总等待时间先增加后减少。造成这种现象的原因可能如下：在第一阶段，随着 p 的增加，潜在的到场顾客数量也会增加，导致总等待时间的增加；当 p 足够大时，爽约的随机性减小，导致总等待时间减少；在最后一个阶段，扩大了顾客出现和服务时间的随机性，并且没有后续环节，因此随着时间的增加，潜在的到场顾客数量也会增加，从而导致总等待时间的增加。最后，在给定 T 的情况下，随着 p 的增加，最后阶段的总空闲时间会先增加后减小，而第一阶段的总空闲时间会增加。以下原因可以解释这一观察结果：在第一阶段，随着 p 的增加，调度时长变大，导致总空闲时间增加；在最后一个阶段，没有后续环节，当 p 足够大时，会有更多的顾客出现并等待服务，导致总空闲时间减少。

接下来进一步分析阶段数量对性能指标的影响。为此，本节利用图 5-4 和图 5-5 中的结果，计算了 $T=2$ 和 $T=3$ 情况下多个阶段的平均等待时间和空闲时间，最终结果如图 5-6 所示。

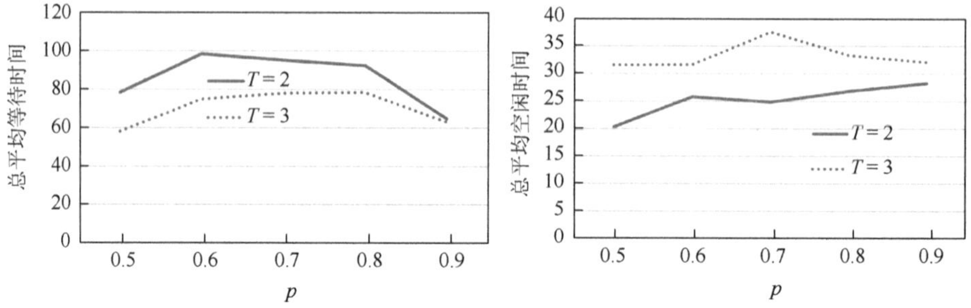

(a) 总平均等待时间　　　　(b) 总平均空闲时间

图 5-6　不同 T 条件下总平均等待时间和总平均空闲时间

如图 5-6 所示，阶段数量较少的服务系统（如 $T=2$）的总平均等待时间大于阶段数量较多的服务系统（如 $T=3$）的总平均等待时间，而总平均空闲时间则呈现相反的趋势。这可能是由于等待时间的单位成本小于空闲时间的单位成本，因此对于 T 较大的服务系统来说，最佳的解决方案是设置更大的调度时长，从而会导致更长的平均空闲时间和更短的平均等待时间。

最后进行计算实验来检验随机服务持续时间对性能指标的影响。为此，本节固定了 $J=8$，$T=3$，$c_t^I=3$，$c_j^W=1$，$\mu_{t,j}=40$，并测试了 ξ 和 p 的不同值，其

中 $\xi = 0.2, 0.4$ 和 $p = 0.5, 0.6, 0.7, 0.8, 0.9$ 。在 ξ 和 p 的每个组合下，用 Gurobi 求解问题（DLP），并记录每个阶段的总等待时间和总空闲时间。然后，计算多个阶段的总平均等待时间和总平均空闲时间，测试结果如图 5-7 所示。

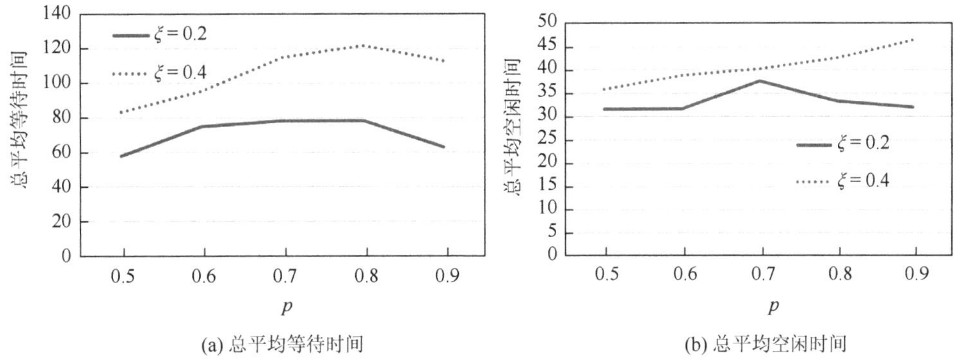

图 5-7　不同 ξ 条件下的总平均等待时间和总平均空闲时间

从图 5-7 中可以看到，在 $\xi = 0.4$ 的情况下，总平均等待时间和总平均空闲时间都比在 $\xi = 0.2$ 的情况下更大。这说明服务持续时间的随机性越大，总等待时间和总空闲时间越大，这与常识相一致。

5.4.3　易于实现的排序规则的分析

如 5.3 节所述，要获得精确的最优序列是具有挑战性的。本节将分析一些易于实现的排序规则，并验证它们的性能。现有的关于单阶段预约调度的研究表明，先处理服务时间方差较小、等待时间单位成本较高的顾客可能会带来良好的性能（Denton et al.，2007；Gupta，2007）。因此，本节想考察这种策略在多阶段环境中是否仍然表现良好。

与 Denton 等（2007）、Gupta（2007）的研究一致，本节首先进行实验，以检验服务时间方差对最优序列的影响。在实验中，设置了 $J = 8$ ，$T = 2$ ，$p_i = p = 0.9$ ，$c_t^I = 2$ ，$c_j^W = 1$ ，$\mu_{t,j} = 40$ ，并生成服务时间的方差，使 $\sigma_{t,j} \leqslant \sigma_{t,j+1}$（ $j = 1,2,\cdots,7$ ；$t = 1,2$ ）。基于上述参数设置，随机生成 10 个问题实例。对于每个问题实例，用 Gurobi 求解问题（DLP），记录最优排序，然后计算每个顾客的平均位置。计算结果如图 5-8（a）所示。然后，本节进行进一步的实验来检验等待时间的单位成本对最优序列的影响。在实验中，固定 $J = 8$ ， $T = 2$ ， $p_i = 0.9$ ， $c_t^I = 2$ ， $\mu_{t,j} = 40$ ，$\sigma_{t,j} = 15$ ，并将 c_j^W 从 0.6 变化到 1.3，增量为 0.1。类似地，随机生成 10 个问题实

例。对于每个问题实例，用 Gurobi 求解问题（DLP），记录最优序列，然后计算每个顾客的平均位置。计算结果如图 5-8（b）所示。

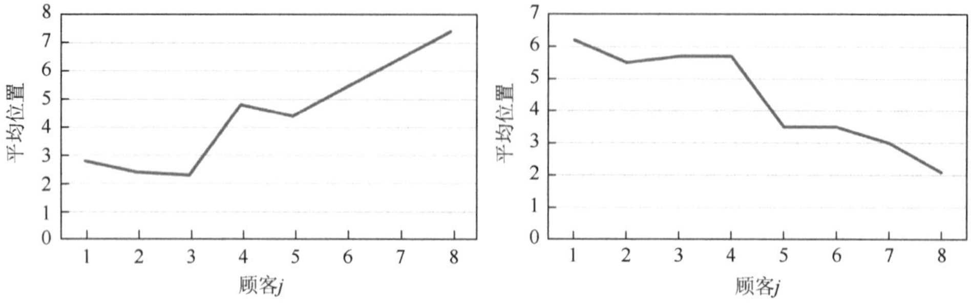

图 5-8　两种情况下的平均位置

图 5-8（a）显示指数较小的工作占据了相对较前的位置，而图 5-8（b）显示指数较小的工作占据了相对较后的位置。这一结果表明，在本章研究的多阶段排序和预约调度问题中，方差较小且单位等待时间成本较高的顾客可能倾向于在最优排序中占据相对较后的位置。

基于上述观察结果，本节首先建立了方差等待比排序（ordering by variance-to-waiting ratio，OVW）规则。OVW 规则排序为按照 $\mathrm{OI}_j^{\mathrm{OVW}}$ 的值从小到大排序所有的顾客，指标 $\mathrm{OI}_j^{\mathrm{OVW}}$ 定义为

$$\mathrm{OI}_j^{\mathrm{OVW}} = \sum_{t=1}^{T} \sigma_{t,j} / c_j^W \tag{5-8}$$

在 OVW 规则的基础上，本节结合均值 $\mu_{t,j}$ 构建了方差-等待比系数排序（ordering by coefficient of variance-to-waiting ratio，OCVW）规则。具体来说，OCVW 规则以 $\mathrm{OI}_j^{\mathrm{OCVW}}$ 顺序的非递减方式处理所有顾客，并且指标 $\mathrm{OI}_j^{\mathrm{OCVW}}$ 被定义为

$$\mathrm{OI}_j^{\mathrm{OCVW}} = \sum_{t=1}^{T} \sigma_{t,j} / \left(\mu_{t,j} c_j^W\right) \tag{5-9}$$

为了评估这两个排序规则，即 OVW 和 OCVW 的性能，本节直接在（DLP）中利用这些排序规则。在数值实验中，本章固定 $J=8$，$T=2$，$p_i=0.8$，让 c_j^W 从 $U(0.5,1)$ 取值，c_t^I 从 $U(1,1.5)$ 取值，$\mu_{t,j}$ 从 $U(36,44)$ 取值，ξ 从 $U(0,0.5)$ 取值。在上述参数设置下，生成 10 个问题实例。对于每个问题实例，首先确定用两个提出的排序规则处理所有顾客的序列，给定顺序后，进一步求解调度问题（SP）。然后，记录两个排序规则得到的目标函数值，并通过 Gurobi 得到的目标函数值，计算它们之间的最小、最大和平均差距（分别表示为 Min、Max 和 Avg）。详细的计算结果汇总于表 5-2 中。

表 5-2　两个排序规则的性能　　　　　　　（单位：%）

指标	OVW	OCVW
Min	2.76	4.09
Max	8.33	8.32
Avg	5.3	6.16

从表 5-2 中可以看出，这两种排序规则与最优解相比都表现得很好，且 OVW 规则优于 OCVW 规则。这些结果表明，服务时间的方差与均值的比值是关键信息，充分利用这两种信息能够有效提升多阶段顺序服务系统的排序效率。

最后通过实验来检验上述排序规则下的调度时长。在实验中，使用了与上述实验中相同的参数设置。在此基础上，本节生成了 10 个问题实例。对于每个问题实例，首先分别在 OVW 规则和 OCVW 规则下确定两个顾客序列。对于确定的序列，计算调度时长，测试结果如图 5-9 所示。

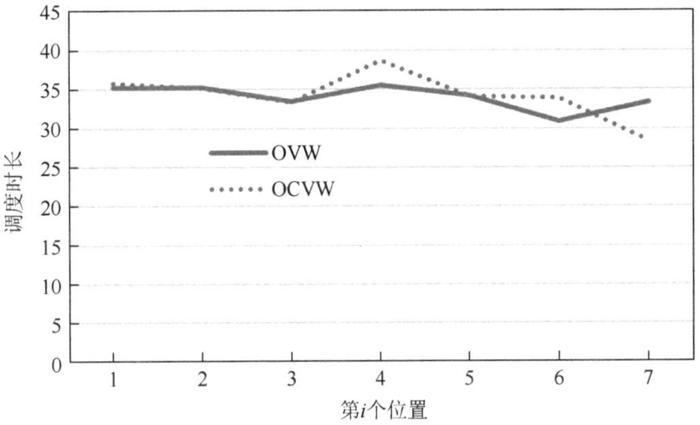

图 5-9　不同顺序规则下的调度时长

从图 5-9 中可以看到，在两个排序规则下的调度时长确实存在一些差异。然而，这些差异并不明显。因此，决策者更应该关注排序问题。

5.5　拓 展 分 析

5.5.1　每个阶段有多个服务提供者

本节探讨是否可以将研究扩展到每个阶段有多个服务提供者的多阶段顺序

服务系统。根据分析发现，每个阶段有单个服务提供者与每个阶段有多个服务提供者的多阶段顺序服务系统中的排序和预约安排问题完全不同。后一种情况即使在两阶段的情景下也无法建立有效的数学模型，下面我们以 $T=2$ 为例说明结论。

考虑一个两阶段服务系统，如图 5-10 所示，其中第一阶段和第二阶段分别有一个服务提供者和两个服务提供者。符号表示如下，$W_{1,i}(i=1,2,\cdots,n)$ 表示第一阶段位置 i 的顾客在接受服务提供者服务之前的等待时间；$I_{1,i}$ 表示第一阶段服务提供者给位置 i 的顾客提供服务之前的空闲时间。在第二阶段，我们考虑 n 个虚拟位置，$W_{2,i}^1$ 和 $I_{2,i}^1$（$W_{2,i}^2$ 和 $I_{2,i}^2$）分别表示第二阶段位置 i 的顾客在接受服务提供者 1（服务提供者 2）服务之前的等待时间和第二阶段服务提供者 1（服务提供者 2）给位置 i 的顾客提供服务之前的空闲时间。我们假设在第二阶段每个服务提供者服务顾客的时间是独立同分布的，现在考虑有两个服务提供者服务 $i+1$ 个位置的顾客的情况。

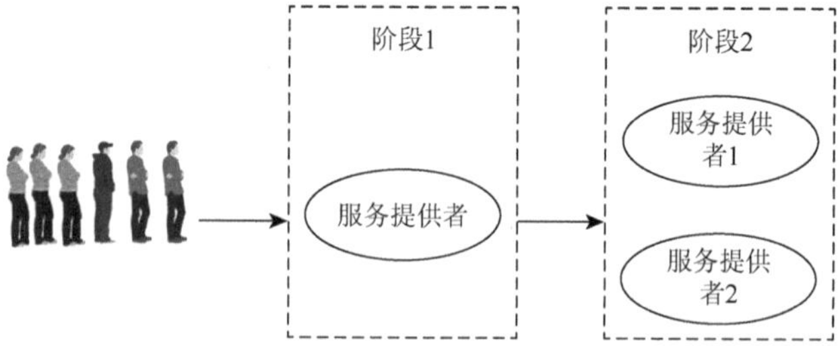

图 5-10 具有多个服务提供者的两阶段服务系统

给定任意匹配决策（$\boldsymbol{x},\boldsymbol{a}$），如果所有顾客在第二阶段都由服务提供者 1 服务，那么根据式（5-4）可以得到

$$I_{1,i+1}+\sum_{j=1}^{J}x_{i+1,j}z_{i+1}d_{1,j}+W_{2,i+1}^1$$
$$=W_{2,i}^1+\sum_{j=1}^{J}x_{i,j}z_id_{2,j}+I_{2,i+1}^1,\quad i=1,2,\cdots,n-1 \tag{5-10}$$

同样，如果所有顾客在第二阶段都由服务提供者 2 服务，那么可以得到

$$I_{1,i+1}+\sum_{j=1}^{J}x_{i+1,j}z_{i+1}d_{1,j}+W_{2,i+1}^2$$
$$=W_{2,i}^2+\sum_{j=1}^{J}x_{i,j}z_id_{2,j}+I_{2,i+1}^2,\quad i=1,2,\cdots,n-1 \tag{5-11}$$

然而，在实践中，虚拟等待时间 $W_{2,i+1}^2$ 取决于顾客是否被匹配到第二阶段的位置 i 上。现在我们引入新的变量 y_i 来表示在第一阶段匹配到位置 i 的顾客是否也在

第二阶段被匹配到位置 i 由服务提供者 1 提供服务。将式（5-10）和式（5-11）结合起来，可以得到

$$
\begin{aligned}
&I_{1,i+1}+\sum_{j=1}^{J}x_{i+1,j}z_{i+1}d_{1,j}+W_{2,i+1}^{1}\\
&=W_{2,i}^{1}+\sum_{j=1}^{J}x_{i,j}z_{i}y_{i}d_{2,j}+I_{2,i+1}^{1},\quad i=1,2,\cdots,n-1
\end{aligned}
\tag{5-12}
$$

$$
\begin{aligned}
&I_{1,i+1}+\sum_{j=1}^{J}x_{i+1,j}z_{i+1}d_{1,j}+W_{2,i+1}^{2}\\
&=W_{2,i}^{2}+\sum_{j=1}^{J}x_{i,j}z_{i}(1-y_{i})d_{2,j}+I_{2,i+1}^{2},\quad i=1,2,\cdots,n-1
\end{aligned}
\tag{5-13}
$$

如果在第二阶段某个服务提供者在位置 i 上没有需要服务的顾客，则不需要计算相应的虚拟等待时间。因此目标函数变为

$$
\begin{aligned}
\min_{x,y,a}=&\sum_{i=2}^{n}E\left[\sum_{j=1}^{J}x_{i,j}c_{j}^{W}z_{i}W_{1,i}+c_{1}^{I}I_{1,i}\right]\\
&+\sum_{i=2}^{n}E\left[\sum_{j=1}^{J}x_{i,j}y_{i}c_{j}^{W}z_{i}W_{2,i}^{1}+c_{2}^{I}I_{2,i}^{1}\right]\\
&+\sum_{i=2}^{n}E\left[\sum_{j=1}^{J}x_{i,j}(1-y_{i})c_{j}^{W}z_{i}W_{2,i}^{2}+c_{2}^{I}I_{2,i}^{2}\right]\\
&+\sum_{t=1}^{2}c_{t}^{I}p_{1}\sum_{s=1}^{t-1}\sum_{j=1}^{J}x_{1,j}\mu_{s,j}
\end{aligned}
\tag{5-14}
$$

根据式（5-13）和式（5-14），可以看到决策变量之间存在相乘关系。因此，主问题中的决策变成了一个集成的排序问题和匹配问题，这使问题变得完全不同且更为复杂，比前面研究的问题更难。即使可以将其重新表述为混合整数规划问题，主问题也不能再简化为一个简单的匹配问题。因此，我们提出的方法无法适用，这个问题留待未来研究。此外，如果不使用决策变量 y_i，而仅按照先到先服务规则将顾客匹配给第二阶段的服务提供者，那么将无法制定一个有效的数学模型。

5.5.2　比较位置相关的爽约和与顾客相关的爽约

本节旨在对我们所研究问题中假设的与位置相关的爽约和其他预约调度文献中考虑的与顾客相关的爽约进行比较。为此，首先证明我们提出的算法可以很容易地扩展到与顾客相关的爽约情况，然后比较在两种情况下的性能(即最优目标函数值)。

为了明确与顾客相关的爽约问题，用 u_j 表示顾客 j 是否出现，即如果顾客 j 出

现，则$u_j=1$，否则$u_j=0$；用q_j表示顾客j出现的概率，即$\mathrm{Prob}\{u_j=1\}=q_j$。同样，用SAA方法来逼近随机程序。具体来说，对于给定的服务时间分布$\boldsymbol{d}$和与顾客相关的出现概率$\boldsymbol{q}$，随机生成$\varOmega$个独立同分布的场景。用$u_{j,\omega}$表示第ω种情景下u_j的数值。其他符号与模型（DP）相同。那么与顾客相关的爽约随机程序可以近似于下面的确定性程序：

$$
\text{(DP-JNS)}\quad \widetilde{f}^{*}=\min_{\boldsymbol{x},\boldsymbol{a},\boldsymbol{W},\boldsymbol{I}}\frac{1}{\varOmega}\sum_{\omega=1}^{\varOmega}\sum_{t=1}^{T}\sum_{i=2}^{n}\left(\sum_{j=1}^{J}x_{i,j}c_j^{W}u_{i,\omega}W_{t,i,\omega}+c_t^{I}I_{t,i,\omega}\right)
$$

$$
+\sum_{t=1}^{T}c_t^{I}p_1\sum_{s=1}^{t-1}\sum_{j=1}^{J}x_{1,j}q_j\mu_{s,j}
$$

$$
\text{s.t.}\quad \sum_{i=1}^{n}x_{i,j}=1,\quad j=1,2,\cdots,J
$$

$$
\sum_{j=1}^{J}x_{i,j}=1,\quad i=1,2,\cdots,n
$$

$$
W_{1,i+1,\omega}-W_{1,i,\omega}-I_{1,i+1,\omega}=\sum_{j=1}^{J}x_{i,j}u_{i,\omega}d_{1,j,\omega}-a_i,\quad i=1,2,\cdots,n-1;\omega=1,2,\cdots,\varOmega
$$

$$
W_{t+1,i+1,\omega}-W_{t+1,i,\omega}+I_{t,i+1,\omega}-I_{t+1,i+1,\omega}
$$

$$
=\sum_{j=1}^{J}x_{i,j}u_{j,\omega}d_{t+1,j,\omega}-\sum_{j=1}^{J}x_{i+1,j}z_{i+1,\omega}d_{t,j,\omega},\ i=1,2,\cdots,n-1;t=1,2,\cdots,T-1;\omega=1,2,\cdots,\varOmega
$$

$$
W_{t,1,\omega}=0,\quad t=1,2,\cdots,T;\omega=1,2,\cdots,\varOmega
$$

$$
\boldsymbol{x}\in\{0,1\}^{n\times J},\quad \boldsymbol{a}\geqslant\boldsymbol{0},\quad \boldsymbol{W}\geqslant\boldsymbol{0},\quad \boldsymbol{I}\geqslant\boldsymbol{0}
$$

可以注意到，问题（DP-JNS）的整体结构与问题（DP）相同。因此，上文提出的基于Benders分解的启发式算法只需稍加修改即可应用。

现在通过数值实验来比较问题（DP-JNS）和问题（DP）的最优目标值。首先，固定顾客数量为$J=8$，c_t^I和c_j^W分别取值于$U(1,1.5)$和$U(0,5)$，$\mu_{t,j}$取值于$U(36,44)$，并且令$\sigma_{t,j}=\xi\mu_{t,i}$，$\xi$取值于$U(0.3,0.5)$。

针对顾客爽约的行为，我们考虑了两种情况。

第一种情况：让与位置相关的出现概率p_i取值于$U(0.5,1)$，并假设所有顾客都有相同的与位置相关的出现概率，即等于出现概率p_i的平均值。

第二种情况：让与顾客相关的出现概率q_i取值于$U(0.5,1)$，并假设所有位置都有相同的与顾客相关的出现概率，即等于出现概率q_i的平均值。

在上述参数设置下，每种情况随机生成5个问题实例，并根据正态分布和相应的出现概率为每个问题实例生成$\varOmega=1000$个场景。然后，求解问题（DP）和问题（DP-JNS），并记录问题（DP）和问题（DP-JNS）的最优目标值。测试结果如图5-11所示。

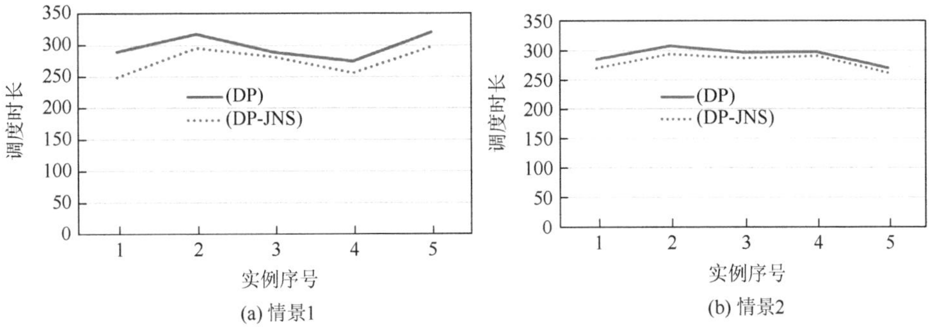

图 5-11　两种情况下的最优目标值

从图 5-11 可以看出，问题（DP-JNS）的最优目标值在两种情况下都小于问题（DP）的最优目标值。这一结果表明，与顾客相关的爽约模型相对而言会导致较小的总预期成本。因此，多阶段顺序服务系统中的决策者应仔细辨别服务系统的特点，并对顾客的爽约行为做出适当的假设。此外，当与顾客相关的爽约和与位置相关的爽约都适用时，决策者可以更加重视与顾客相关的爽约行为，并建立相应的优化模型。

5.6 本 章 小 结

本章考虑了多阶段顺序服务系统中具有随机服务时间和顾客爽约的预约调度问题。在这个问题中，决策者必须共同做出顾客排序决策和预约安排决策，以尽量减少顾客的等待时间和服务提供者在多个阶段的空闲时间的总期望加权成本。为了解决这个问题，本章首先将其建模成一个随机规划问题，利用 SAA 方法将其转换为一个大规模的确定性规划，并进一步将其重新建模为一个混合整数规划。然后，本章将大规模确定性程序规划为一个两阶段优化问题，并开发了一个 Benders 分解算法。为了克服 Benders 分解算法长时间运行的问题，本章简化了算法中的主问题，并开发了一个基于 Benders 分解的启发式算法来寻找一个接近最优的解。

本章研究的贡献有两点：首先，本章共同研究了多阶段顺序服务系统的排序问题和调度问题，这是一个重要而有趣的、值得研究的课题；其次，本章开发了一种有效的基于 Benders 分解的启发式算法，以得到一个近似最优的解。计算实验结果表明，该算法在计算时间和求解质量方面都具有较好的性能。

本章的研究可以从几个方面进行扩展。首先，多阶段顺序服务系统的每个阶段都存在多个服务提供者的现象在实践中广泛存在。因此，考虑每个阶段都有多个服务提供者的情况很有意义。其次，顾客不守时对服务系统的性能有很大影响。因此，顾客不守时的多阶段排序和预约调度问题值得进一步研究。

参 考 文 献

Azadeh A，Baghersad M，Farahani M H，et al. 2015. Semi-online patient scheduling in pathology laboratories[J]. Artificial Intelligence in Medicine，64（3）：217-226.

Begen M A，Levi R，Queyranne M. 2012. A sampling-based approach to appointment scheduling[J]. Operations Research，60（3）：675-681.

Castro E，Petrovic S. 2012. Combined mathematical programming and heuristics for a radiotherapy pre-treatment scheduling problem[J]. Journal of Scheduling，15（3）：333-346.

Chen R R，Robinson L W. 2014. Sequencing and scheduling appointments with potential call-In patients[J]. Production and Operations Management，23（9）：1522-1538.

Denton B，Gupta D. 2003. A sequential bounding approach for optimal appointment scheduling[J]. IIE Transactions，35（11）：1003-1016.

Denton B，Viapiano J，Vogl A. 2007. Optimization of surgery sequencing and scheduling decisions under uncertainty[J]. Health Care Management Science，10（1）：13-24.

Gupta D. 2007. Surgical suites' operations management[J]. Production and Operations Management，16（6）：689-700.

Jiang R W，Shen S Q，Zhang Y L. 2017. Integer programming approaches for appointment scheduling with random no-shows and service durations[J]. Operations Research，65（6）：1638-1656.

Jiang B W，Tang J F，Yan C J. 2019. A stochastic programming model for outpatient appointment scheduling considering unpunctuality[J]. Omega，82：70-82.

Kazemian P，Sir M Y，Van Oyen M P，et al. 2017. Coordinating clinic and surgery appointments to meet access service levels for elective surgery[J]. Journal of Biomedical Informatics，66：105-115.

Klassen K J，Yoogalingam R. 2019. Appointment scheduling in multi-stage outpatient clinics[J]. Health Care Management Science，22（2）：229-244.

Kuiper A，Mandjes M. 2015. Appointment scheduling in tandem-type service systems[J]. Omega，57：145-156.

Mak H Y，Rong Y，Zhang J W. 2014. Sequencing appointments for service systems using inventory approximations[J]. Manufacturing & Service Operations Management，16（2）：251-262.

Mak H Y，Rong Y，Zhang J W. 2015. Appointment scheduling with limited distributional information[J]. Management Science，61（2）：316-334.

Mancilla C，Storer R. 2012. A sample average approximation approach to stochastic appointment sequencing and scheduling[J]. IIE Transactions，44（8）：655-670.

Pinedo M L. 2016. Scheduling：Theory，Algorithms，and Systems[M]. Berlin：Springer.

Robinson L W，Chen R R. 2003. Scheduling doctors' appointments：Optimal and empirically-based heuristic policies[J]. IIE Transactions，35（3）：295-307.

Wang D Y，Morrice D J，Muthuraman K，et al. 2018. Coordinated scheduling for a multi-server network in outpatient pre-operative care[J]. Production and Operations Management，27（3）：458-479.

Wang D Y，Muthuraman K，Morrice D. 2019. Coordinated patient appointment scheduling for a multistation healthcare network[J]. Operations Research，67（3）：599-618.

Zhou S H，Yue Q. 2019. Appointment scheduling for multi-stage sequential service systems with stochastic service durations[J]. Computers & Operations Research，112：104757.

第 6 章　考虑顾客与多服务提供者匹配的预约调度

6.1　引　　言

专科医疗诊所旨在提供专业的诊断和治疗，诊所中的专家有相关的教育背景且接受过全面的培训。随着现代医学的发展，同一个诊所也有不同的专业方向。例如，在耳鼻喉科中，SCP 诊断和治疗耳、鼻和喉区域周围的各种疾病。如果顾客选择的服务提供者不具备正确的专业知识，则可能无法提供有效的治疗。在实践中，顾客通过其 PCP 的推荐或自己选择来找到合适的 SCP。在以美国为例的具有转诊的专科医疗系统中，初级医疗服务提供者的转诊经常失败，并导致医疗错诊（Weiner et al.，2009；Mehrotra et al.，2011）。如果没有转诊的帮助，情况可能会更糟。这一问题对于顾客尤为明显，因为他们的医学教育和相关知识有限，但必须自己选择 SCP。另外，SCP 更愿意看到更多的顾客属于他们的临床专业领域，这样他们接受的医疗培训和教育就可以得到实际运用。因此，在专科医疗中为顾客匹配有能力的服务提供者是非常关键的，这样可以在一定程度上保证治疗质量。

随着信息技术在医疗领域的快速发展，一些应用程序被发明出来解决顾客和服务提供者的匹配问题。例如，在美国，由 Armada Health 机构提供支持的 QualityCare Connect（https://armadahealth.com/patient-physician-matching）应用分析模型将顾客与正确的 SCP 相匹配。在中国，一个名为“锐智”的智能匹配系统已经由中国较大的互联网技术公司之一的腾讯发布，该系统自 2018 年 5 月起在广州市妇女儿童医疗中心实施。此外，改进的多疾病预诊断贝叶斯网络模型提出了一种顾客和服务提供者匹配指数来衡量顾客和 SCP 之间的兼容度，该模型基于给定的顾客症状和服务提供者的专业来匹配顾客和服务提供者（Li et al.，2019）。实验结果表明，提出的顾客和服务提供者的匹配指数提高了服务提供者在各种环境下的匹配精度。结合数据科学技术和医学知识，这些匹配的应用程序和机制旨在确保专科医疗的有效性。

除了有效性之外，专科医疗中及时的调度也非常重要。为了提高专科医疗的效率，预约调度是一个必要且有效的方式，以最大限度地提高服务提供者的时间效用，并通过缩短等待时间来提高顾客的满意度。预约调度安排问题在初级医疗中得到了很好的研究。在专科医疗中，应该进一步考虑到专科医疗的独特性，即顾客和服务提供者之间的匹配，从而制定更合理的调度安排。据我们所知，目前鲜有研究在预约调度中考虑顾客和服务提供者的匹配问题。为了确保专科服务的有效性及效率，应在预约调度系统中应用配对机制，以便能够同时实现及时接受服务和保证效率的目标。

在一个专科预约调度问题中，通常有多个服务提供者提供服务。因此，本章在专科医疗中研究的预约调度问题是一个多服务提供者预约调度问题。由于之前的绝大多数研究都是在顾客和服务提供者偏好之间进行匹配，本章将顾客和服务提供者之间的匹配成本作为预约调度模型的输入。

综上所述，本章将顾客和服务提供者之间的匹配成本整合到专科医疗的预约调度问题中，其中服务时间是随机的。本章的目标是同时优化顾客与服务提供者的匹配及顾客的预约调度时间，使加权运营成本和匹配成本总和最小化。本章首先将所研究的问题建模成两阶段优化问题。在分析第二阶段问题的最优解性质的基础上，提出了一种改进的 Benders 分解算法。然后进行数值实验，以验证本章所提出的算法的有效性，并从管理的角度提出一些见解。

本章的贡献总结如下。首先，本章将顾客和服务提供者的匹配成本融入预约调度问题中，是在随机环境中同时考虑匹配问题和多服务提供者预约调度问题的先驱者。6.5 节中的数值分析结果说明了这两个问题结合带来的管理效益。不匹配和匹配良好的场景之间的运营成本差距高达 51%。其次，两阶段的随机规划的目标是最小化加权运营成本和匹配成本。本章分析了一个在任何可能的调度下都成立的最优目标函数值的下界。再次，本章分析了第二阶段问题最优解的性质。在此基础上，提出了一种改进的 Benders 可行性切割约束的分解算法来有效解决所研究的问题。实验结果表明，对于中等规模的问题，该算法可以在 2～3min 内得到最优解。相比之下，传统的优化方法需要近 2h。对于大规模的问题，本章的算法可以在 5～6min 内获得最优解，而传统的优化方法不能在 5h 内得到结果。最后，在不同的参数设置下进行了灵敏度分析。本章的数值实验结果表明了顾客和服务提供者匹配的重要性。为了提供优质的医疗服务，以及最大限度地减少预约调度在专科医疗中的总成本，本章建议应基于顾客的疾病类型或专业人员的特长，来均衡服务提供者的工作量。

本章后续结构安排如下：6.2 节正式描述本章所研究的问题并对问题进行建模；6.3 节讲述提出的改进 Benders 分解算法的细节，本章将方法扩展到 6.4 节中的顾客爽约的情况；6.5 节进行一些数值实验来验证提出的算法，并提出一些潜在的见解；6.6 节总结一些在管理方面的启示；6.7 节对本章内容做出总结并阐述未来可能的工作方向。

6.2 问题描述与建模

本章考虑一个有 K 个服务提供者的通用专科医疗系统（在本章中，使用术语

“服务提供者”来表示专科医疗服务提供者)。在计划工作时长 L 内总共有 J 个顾客需要被调度。在制订计划之前，决策者有以下信息。

（1）匹配成本 $m_{j,k}$（$j=1,2,\cdots,J;k=1,2,\cdots,K$），其表示顾客 j 与服务提供者 k 匹配产生的成本。在这项工作中，本章将匹配成本作为输入，如已有研究基于症状-专业相关性，通过训练的贝叶斯网络预诊断模型来度量顾客和服务提供者之间的匹配指数。本章将匹配指标转化为匹配成本。一般来说，匹配指数越高，顾客和服务提供者越匹配。如果将顾客匹配给具有高匹配指数的有能力的服务提供者，则有可能获得更好的医疗效果，这一行为在降低医疗运营成本方面具有很大的潜力。因此，当本章将匹配指数转换为匹配成本时，可以假设匹配指数越高，匹配成本越低。为了简化问题，本章假设匹配成本是已知的。

（2）通过一些初步分类，顾客 j 在服务提供者 k 处的服务时间 $d_{j,k}$（$j=1,2,\cdots,J;k=1,2,\cdots,K$）是决策者预先知道的独立的但不一定同分布的随机变量。

利用上述信息，专科医疗的决策者需要决策匹配问题和预约调度问题。具体而言，匹配问题意味着如何将这 J 个顾客与 K 个服务提供者相匹配。本章使用 $x_{j,k}$（$j=1,2,\cdots,J;k=1,2,\cdots,K$）来表示匹配问题的决策变量。如果顾客 j（$j=1,2,\cdots,J$）被匹配给服务提供者 k（$k=1,2,\cdots,K$），那么 $x_{j,k}=1$，否则 $x_{j,k}=0$。给定匹配安排，预约调度问题意味着对于每个服务提供者，如何确定匹配的顾客开始服务的时间（又称调度时间）。本章使用 $a_{j,k}$（$j=1,2,\cdots,J;k=1,2,\cdots,K$）来表示预约调度问题的决策变量（即调度时间）。如果 $x_{j,k}=0$，有 $a_{j,k}=0$，这意味着如果顾客 j 没有被匹配给服务提供者 k，那么不会在服务提供者 k 处为顾客 j 留下任何调度时间。本章假设，一旦匹配安排被确定下来，匹配给每个服务提供者的顾客将根据他们的索引顺序经历服务，即如果 $j<j'$，服务提供者将会在顾客 j' 之前先服务顾客 j。

对于每个服务提供者来说，给定匹配安排，那么对应的初始预约调度问题就退化为经典的预约调度问题。由于服务时间的随机性，可能会出现顾客等待或服务提供者空闲的情况。本章使用 $\bar{W}_{j,k}$（$j=1,2,\cdots,J;k=1,2,\cdots,K$）表示顾客 j 在服务提供者 k 处开始服务之前的实际等待时间。如果 $x_{j,k}=0$，则有 $\bar{W}_{j,k}=0$。为了从逻辑上推导出等待时间，本章引入顾客 j 在服务提供者 k 处的虚拟等待时间 $W_{j,k}$（$j=1,2,\cdots,J;k=1,2,\cdots,K$）。虚拟等待时间 $W_{j,k}$ 表示顾客 j 在他被服务提供者 k 提供服务之前的等待时间，这时并不考虑顾客 j 的实际匹配安排。给定任何匹配 $x_{j,k}=1$，顾客 j 实际上可能需要等待服务提供者 k 提供服务，但不必等待其他服务提供者。根据虚拟等待时间 $W_{j,k}$ 的定义，实际等待时间 $\bar{W}_{j,k}$ 可以通过将虚拟等待时间 $W_{j,k}$ 乘以 $x_{j,k}$ 来获得，即 $\bar{W}_{j,k}=x_{j,k}W_{j,k}$。

接下来，本章提出如何递归地推导出虚拟等待时间 $W_{j,k}$。在经典的单服务提供者预约调度问题中，实际等待时间是通过其前一个预约的等待时间、服务时间和调度时间递归确定的。然而，对于本章的问题，实际服务时间表示为$x_{j,k}d_{j,k}$。因此，为了推导出虚拟等待时间$W_{j,k}$，可以修改本章的问题的服务时间，并将虚拟等待时间$W_{j,k}$的公式改写为

$$W_{j,k}=\max\left\{0,x_{j-1,k}d_{j-1,k}+W_{j-1,k}-a_{j-1,k}\right\},\quad j=2,3,\cdots,J;\ k=1,2,\cdots,K \\ W_{1,k}=0,\quad k=1,2,\cdots,K \tag{6-1}$$

类似地，本章定义空闲时间$I_{j,k}$（$j=1,2,\cdots,J;k=1,2,\cdots,K$），其表示服务提供者$k$在服务顾客$j$之后的空闲时间。注意，对于任何服务提供者$j$，总和$\sum_{j=1}^{J}I_{j,k}$等于服务提供者$k$的实际空闲时间。递归地导出空闲时间$I_{j,k}$，如下所示：

$$I_{j,k}=\max\left\{0,-x_{j-1,k}d_{j-1,k}-W_{j-1,k}+a_{j-1,k}\right\},\quad j=2,3,\cdots,J+1;\ k=1,2,\cdots,K \tag{6-2}$$

注意到本章限制了所有服务提供者的服务都应该在计划工作时长L内完成。因此，服务系统可能会使一些服务提供者面临超时而导致加班。定义O_k（$k=1,2,\cdots,K$）来表示服务提供者k的加班时间，有如下表达式：

$$O_k=\max\left\{0,x_{J,k}d_{J,k}+W_{J,k}-a_{J,k}\right\} \tag{6-3}$$

对于服务系统，$m_{j,k}$表示顾客j被匹配给服务提供者k的成本。令c_j^W表示顾客j的单位等待时间成本，并且令c_k^I和c_k^O分别表示服务提供者k的单位空闲时间成本和单位加班成本。本章定义了一个权重λ来平衡匹配成本和加权运营成本。目标是同时优化匹配安排和预约调度，使期望的加权运营成本（即等待成本、空闲成本和加班成本）和匹配成本最小化，如式（6-4）所示：

$$f=\sum_{k=1}^{K}E\left[\sum_{j=1}^{J}(c_j^W x_{j,k}W_{j,k}+c_k^I I_{j,k})+c_j^O O_j\right]+\lambda\sum_{j=1}^{J}\sum_{k=1}^{K}m_{j,k}x_{j,k} \tag{6-4}$$

式中，权重λ用于平衡匹配成本和加权运营成本的不同规模。在实践中，可以首先测试λ的不同值以证明相应的匹配和运营成本是合理的，然后选择适当的λ来实现目标。因此，在本章的数值实验部分，取λ的值为 0～100。当$\lambda=0$时，表示仅考虑加权运营成本。此外，在数值实验中，本章证明了匹配成本随λ的增加而变化，这与成本系数的标准化是一致的。

接下来阐述本章所研究的问题所需要的约束条件。对于决策变量$x_{j,k}$和$a_{j,k}$，本章定义以下约束：

$$\sum_{j=1}^{J} x_{j,k} \geqslant 1, \quad k = 1,2,\cdots,K$$
$$\sum_{k=1}^{K} x_{j,k} \geqslant 1, \quad j = 1,2,\cdots,J \tag{6-5}$$
$$\sum_{j=1}^{J} a_{j,k} = L, \quad k = 1,2,\cdots,K$$

式（6-5）中的第一个约束确保每个服务提供者应该至少被匹配一个顾客，因为没有必要在会话长度中保持一个服务提供者空闲；第二个约束确保每个顾客应被匹配给一个服务提供者；第三个约束表示所有预约应当在计划工作时长 L 内被调度。此外，如果顾客 j 未被匹配给服务提供者 k，则需要确保 $a_{j,k}=0$。因此，本章定义以下不等式来实现此目的：

$$a_{j,k} \leqslant M x_{j,k}, \quad j = 1,2,\cdots,J; \quad k = 1,2,\cdots,K \tag{6-6}$$

式中，M 是一个很大的常数。

通过式（6-1）～式（6-3），得到以下等式：

$$\begin{aligned} W_{j,k} - I_{j-1,k} &= x_{j-1,k} d_{j-1,k} + W_{j-1,k} - a_{j-1,k}, \quad j = 2,3,\cdots,J; \ k = 1,2,\cdots,K \\ O_k - I_{J,k} &= x_{J,k} d_{J,k} + W_{J,k} - a_{J,k}, \ k = 1,2,\cdots,K \end{aligned} \tag{6-7}$$

根据式（6-1）～式（6-3）中的性能指标，本章的目标是同时优化匹配安排和预约调度，使期望的加权运营成本和匹配成本最小化。因此，本章所研究的问题可以构建为以下随机优化模型：

$$\begin{aligned} \min\ f = \sum_{k=1}^{K} E\left[\sum_{j=1}^{J} (c_j^W x_{j,k} W_{j,k} + c_k^I I_{j,k}) + c_k^O O_k \right] + \lambda \sum_{j=1}^{J} \sum_{k=1}^{K} m_{j,k} x_{j,k} \\ \text{s.t.} \quad 式(6\text{-}5)\sim式(6\text{-}7) \\ x_{j,k} \in \{0,1\}, \quad a_{j,k} \geqslant 0 \end{aligned} \tag{6-8}$$

6.3 求 解 算 法

为了解决上述随机优化问题，本章首先利用 SAA 方法来处理服务时间的随机性。在此基础上，提出了一种带有可行切割约束的改进 Benders 分解算法，有效地解决了该近似问题。

6.3.1 基于 SAA 的方法

如已有文献中所示，SAA 方法是基于场景的用于有效解决随机规划问题的方法，已被广泛用于解决预约调度问题（Begen et al.，2012；Jiang et al.，2019；

Mancilla and Storer，2012）。具体来说，是在给定服务时间分布 $\boldsymbol{d}$ 的情况下，随机生成 Ω 个独立同分布的场景实现值。然后，式（6-8）可以通过以下确定性规划来近似：

$$
\min_{\boldsymbol{x},\boldsymbol{a},\boldsymbol{W},\boldsymbol{I},\boldsymbol{O}} \frac{1}{\Omega}\sum_{\omega=1}^{\Omega}\sum_{k=1}^{K}E\left[\sum_{i=1}^{J}(c_i^W x_{j,k}W_{j,k,\omega}+c_{k,\omega}^I I_{j,k,\omega})+c_k^O O_{k,\omega}\right]+\lambda\sum_{j=1}^{J}\sum_{k=1}^{K}m_{j,k}x_{j,k}
$$

$$
\text{s.t.}\quad
\begin{aligned}
&\sum_{j=1}^{J}x_{j,k}\geqslant 1,\quad k=1,2,\cdots,K\\
&\sum_{k=1}^{K}x_{j,k}=1,\quad j=1,2,\cdots,J\\
&\sum_{j=1}^{J}a_{j,k}=L,\quad k=1,2,\cdots,K\\
&a_{j,k}\leqslant Mx_{j,k},\quad j=1,2,\cdots,J;\quad k=1,2,\cdots,K\\
&W_{j,k,\omega}-I_{j-1,k,\omega}\\
&=x_{j-1,k}d_{j-1,k,\omega}+W_{j-1,k,\omega}-s_{j-1,k},j=2,3,\cdots,J;\ k=1,2,\cdots,K;\omega=1,2,\cdots,\Omega\\
&O_{k,\omega}-I_{J,k,\omega}=x_{J,k}d_{J,k,\omega}+W_{J,k,\omega}-a_{J,k},\quad k=1,2,\cdots,K;\ \omega=1,2,\cdots,\Omega\\
&W_{1,k,\omega}=0,\ k=1,2,\cdots,K;\quad \omega=1,2,\cdots,\Omega\\
&x_{j,k}\in\{0,1\},\quad a_{j,k}\geqslant 0
\end{aligned}
\qquad (6\text{-}9)
$$

在上述基于 SAA 方法的确定性规划中，$d_{j,k,\omega}$ 表示场景 ω 下的服务时间，变量 $W_{j,k,\omega}$、$I_{j,k,\omega}$ 和 $O_{k,\omega}$ 分别表示场景 ω 下对应的等待时间、空闲时间和加班时间。注意，除了原始决策变量 $\boldsymbol{x}$ 和 $\boldsymbol{a}$ 之外，本章令性能表现指标 $\boldsymbol{W}$、$\boldsymbol{I}$、$\boldsymbol{O}$ 作为新的决策变量，以线性化那些性能指标。

对于上述确定性规划，它是一个混合整数非线性规划。本章可以引入一个大 M（即很大的正数）将其重新建模为一个混合整数线性规划。然而，当问题规模很大时，很难在有限的计算时间内获得最优解。根据本章的初步测试，当 $\Omega=1000$、$J=40$、$K=4$ 时，不能在 5h 内获得相应的混合整数线性规划的最优解。因此，本章提出了一种改进的 Benders 分解算法来有效解决上述确定性规划问题。

6.3.2　改进的 Benders 分解算法

Benders 分解算法适用于一些具有特殊结构的大规模问题。本章研究的问题的子问题无须通过求解器来求解，只需通过研究子问题的性质便可得到其最优解。这一性质使研究的问题适用于 Benders 分解。在介绍 Benders 分解算法之前，本节首先分析目标函数的下限，这有助于为所提出的算法生成一些可行性切割约束。本章定义原始问题即式（6-8）在服务提供者 k 处每个顾客 j 的成本 $C_{j,k}$ 如下：

$$C_{j,k}=\begin{cases}E\left[c_{j+1}^{W}x_{j+1,k}W_{j+1,k}+c_{k}^{I}I_{j,k}\right], & j=1,2,\cdots,J-1\\ E\left[c_{k}^{O}O_{k}+c_{k}^{I}I_{j,k}\right], & j=J\end{cases},\quad k=1,2,\cdots,K \tag{6-10}$$

引理 6-1　对于任意给定的匹配安排 $\boldsymbol{x}$，个体成本 $C_{j,k}$ 有如下界限：

$$C_{j,k}\geqslant\begin{cases}x_{j+1,k}g_{j,k}, & j=1,2,\cdots,J-1\\ g_{j,k}, & j=J\end{cases},\quad k=1,2,\cdots,K \tag{6-11}$$

式中

$$g_{j,k}=\begin{cases}\min\limits_{a_{j,k}}E\left[c_{j+1,k}^{W}\left[d_{j,k}-a_{j,k}\right]^{+}+c_{k}^{I}\left[d_{j,k}-a_{j,k}\right]^{-}\right], & j=1,2,\cdots,J-1\\ \min\limits_{a_{n,k}}E\left[c_{k}^{O}\left[d_{j,k}-a_{j,k}\right]^{+}+c_{k}^{I}\left[d_{j,k}-a_{j,k}\right]^{-}\right], & j=J\end{cases},\quad k=1,2,\cdots,K \tag{6-12}$$

证明：对于 $j=1,2,\cdots,J-1$，$k=1,2,\cdots,K$，总是有 $C_{j,k}\geqslant x_{j+1,k}E\left[c_{j+1}^{W}W_{j+1,k}+c_{k}^{I}I_{j,k}\right]$。现在对右侧 $E\left[c_{j+1}^{W}W_{j+1,k}+c_{k}^{I}I_{j,k}\right]$ 求界限。根据定义有

$$\begin{aligned}E\left[c_{j+1}^{W}W_{j+1,k}+c_{k}^{I}I_{j,k}\right]&=E\left[c_{j+1}^{W}[W_{j,k}+d_{j,k}-a_{j,k}]^{+}+c_{k}^{I}[W_{j,k}+d_{j,k}-a_{j,k}]^{-}\right]\\&=E_{W_{j,k}}\left[E_{d_{j,k}}\left[c_{j+1}^{W}[W_{j,k}+d_{j,k}-a_{j,k}]^{+}+c_{k}^{I}[W_{j,k}+d_{j,k}-a_{j,k}]^{-}\mid W_{j,k}\right]\right]\end{aligned}$$

假设 $a_{j,k}^{*}$ 是实现 $g_{j,k}$ 的最优解，满足 $a_{j,k}^{*}=\arg\min\limits_{a_{j,k}}E_{d_{j,k}}\left[c_{j+1}^{W}[d_{j,k}-a_{j,k}]^{+}+c_{k}^{I}[d_{j,k}-a_{j,k}]^{-}\right]$，那么有 $g_{j,k}\leqslant E_{d_{j,k}}\left[c_{j+1}^{W}[d_{j,k}-\tilde{a}_{j,k}]^{+}+c_{k}^{I}[d_{j,k}-\tilde{a}_{j,k}]^{-}\right]$，$\forall\tilde{a}_{j,k}$。因此，对于 $W_{j,k}$ 的任意实际取值，令 $\tilde{a}_{j,k}=a_{j,k}-W_{j,k}$，可得到

$$g_{j,k}\leqslant E_{d_{j,k}}\left[c_{j+1}^{W}[W_{j,k}+d_{j,k}-a_{j,k}]^{+}+c_{k}^{I}[W_{j,k}+d_{j,k}-a_{j,k}]^{-}\mid W_{j,k}\right]$$

通过对上述方程取随机变量 $W_{j,k}$ 的期望值，不等式仍然成立，这意味着对任意 $a_{j,k}$，$E\left[c_{j+1}^{W}x_{j+1,k}W_{j+1,k}+c_{k}^{I}I_{j,k}\right]$ 有界限 $g_{j,k}$。

类似地，当 $j=J$ 时，也可以求得 $C_{n,k}$ 的界限。至此就完成了引理的证明。

注意，在引理 6-1 中，$g_{j,k}$ 对应于一般报童问题的最优成本（Weiss，1990）。给定 $d_{j,k}$ 的累积分布函数 $F_{j,k}$，对于 $j=1,2,\cdots,J-1$，$k=1,2,\cdots,K$，最优解 $a_{j,k}^{*}$ 可以通过 $F_{j,k}(a_{j,k}^{*})=c_{j+1}^{W}\big/(c_{j+1}^{W}+c_{k}^{I})$ 计算得到。因此，可以容易地计算最优成本 $g_{j,k}$。

根据引理 6-1，对于任意给定的 $\boldsymbol{x}$，运营成本有下界：$\sum_{k=1}^{K}\sum_{j=1}^{J}c_{j,k} \geqslant \sum_{k=1}^{K} \times\left[\sum_{j=1}^{J-1}x_{j+1,k}g_{j,k}+g_{n,k}\right]$。此外，引理 6-1 有助于在 Benders 分解算法中约束主问题中的一些变量。本章稍后会介绍。

我们观察到，对于任意方案（$\boldsymbol{x},\boldsymbol{a}$），运营成本在每个场景 ω 和服务提供者 k 下是独立的，因此可以基于场景 ω 和服务提供者 k 进行分解。它们可以通过式（6-1）～式（6-3）确定。由于这种特殊的结构，我们进一步将式（6-9）转化为以下两阶段优化问题：

$$\begin{gathered}\min_{\boldsymbol{x},\boldsymbol{a}}\sum_{k=1}^{K}Q_k(\boldsymbol{x},\boldsymbol{a})+\lambda\sum_{j=1}^{J}\sum_{k=1}^{K}m_{j,k}x_{j,k}\\ \text{s.t.}\quad\begin{cases}\sum_{j=1}^{J}x_{j,k}\geqslant 1, \quad k=1,2,\cdots,K\\ \sum_{k=1}^{K}x_{j,k}=1, \quad j=1,2,\cdots,J\\ \sum_{j=1}^{J}a_{j,k}=L, \quad k=1,2,\cdots,K\\ a_{j,k}\leqslant Mx_{j,k}, \quad j=1,2,\cdots,J; \quad k=1,2,\cdots,K\\ x_{j,k}\in\{0,1\}, \quad a_{j,k}\geqslant 0\end{cases}\end{gathered} \tag{6-13}$$

式中

$$\begin{gathered}Q_k(\boldsymbol{x},\boldsymbol{a})\min_{\boldsymbol{W},\boldsymbol{I},\boldsymbol{O}}\frac{1}{\Omega}\sum_{\omega=1}^{\Omega}E\left[\sum_{j=1}^{J}(c_j^W x_{j,k}W_{j,k,\omega}+c_k^I I_{j,k,\omega})+c_j^O O_{k,\omega}\right]\\ \text{s.t.}\quad\begin{cases}W_{j,k,\omega}-I_{j-1,k,\omega}=x_{j-1,k}d_{j-1,k,\omega}+W_{j-1,k,\omega}-a_{j-1,k}, \quad j=2,3,\cdots,J; \quad \omega=1,2,\cdots,\Omega\\ O_{k,\omega}-I_{J,k,\omega}=x_{J,k}d_{J,k,\omega}+W_{J,k,\omega}-a_{J,k}, \quad \omega=1,2,\cdots,\Omega\\ W_{1,k,\omega}=0, \quad k=1,2,\cdots,K; \quad \omega=1,2,\cdots,\Omega\end{cases}\end{gathered} \tag{6-14}$$

式（6-13）和式（6-14）分别称为主问题（MP）和子问题（SP）。正如本章提到的，利用从式（6-13）获得的最优解，可以通过式（6-1）～式（6-3）获得式（6-14）的最优成本和最优解，而不需要实际求解优化问题。因此，剩下的问题是如何使用第二阶段问题的解来验证主问题的最优性。

接下来分析 $Q_k(\boldsymbol{x},\boldsymbol{a})$ 的对偶问题的最优解，这有助于找到第一个问题即式(6-13)的最优解。对于每个服务提供者 k，令 $\alpha_{j,k,\omega}$（$j=2,3,\cdots,J$; $\omega=1,2,\cdots,\Omega$）表示

式（6-14）的对偶决策变量，则服务提供者 k 的运营成本的对偶形式如下：

$$\max_{\boldsymbol{\alpha}} \sum_{k=1}^{K}\sum_{j=1}^{J}(x_{j,k}d_{j,k,\omega}-a_{j,k})\alpha_{j,k,\omega}$$

$$\text{s.t.}\quad \begin{aligned} &\alpha_{j-1,k,\omega}-\alpha_{j,k,\omega}\leqslant c_j^W x_{j,k},\quad j=2,3,\cdots,J;\ \omega=1,2,\cdots,\Omega \\ &-\alpha_{j,k,\omega}\leqslant c_k^I,\quad j=2,3,\cdots,J;\ \omega=1,2,\cdots,\Omega \\ &\alpha_{J,k,\omega}\leqslant c_k^O,\quad \omega=1,2,\cdots,\Omega \end{aligned} \tag{6-15}$$

通过强对偶定理，可以获得对偶问题即式（6-15）的最优解而无须实际求解：

$$\alpha_{j,k,\omega}=\begin{cases}\alpha_{j+1,k,\omega}+c_{j+1}^W x_{j+1,k}, & W_{j+1,k,\omega}>0 \\ -c_k^I, & W_{j+1,k,\omega}\leqslant 0\end{cases},\quad j=1,2,\cdots,J-1;\ \omega=1,2,\cdots,\Omega \tag{6-16}$$

$$\alpha_{n,k,\omega}=\begin{cases}c_k^O, & O_{k,\omega}>0 \\ -c_k^O, & O_{k,\omega}\leqslant 0\end{cases} \tag{6-17}$$

为了有效地求解式（6-13），本章基于式（6-16）和式（6-17）的最优解提出了一种改进的 Benders 分解算法。遵循一般 Benders 分解算法的思想，本章所研究的两阶段 Benders 分解算法的步骤如下。

（1）通过用新的决策变量 θ_k（$\theta_k\geqslant 0$）替换最优值 $Q_k(\boldsymbol{x},\boldsymbol{a})$，对主问题（MP）的约束进行松弛。然后求解新的主问题找到最优解 $\boldsymbol{a}$ 并将其应用于子问题（SP）。

（2）评估在新的主问题中获得的最优解是否违反最优性。如果是，则基于子问题的最优解生成新的最优性切割约束，并添加到主问题（MP），返回步骤（1）；否则解是全局最优的。

（3）重复上述两个步骤直到找到最优解。

本章还通过添加可行性切割约束 $\theta_k\geqslant\sum_{j=1}^{J-1}x_{j+1,k}g_{j,k}+g_{n,k}$（$k=1,2,\cdots,K$）来进一步加快求解速度，其可以从引理 6-1 导出。可行割集对可行域进行了约束，提高了问题的求解效率。对于来自子问题（SP）对偶问题最优解的最优割集 $\{L(\boldsymbol{x},\boldsymbol{a})\geqslant 0\}$，由于子问题（SP）的特殊结构，可以很容易地得到最优解，而不需要实际求解优化问题。所提出的改进的 Benders 分解算法的伪代码在算法 6-1 中给出。

算法 6-1　改进的 Benders 分解算法

---

1. 输入：实际服务时间 $\boldsymbol{d}$，参数 c^W、c^I、c^O、λ、$\boldsymbol{m}$。设置最优割集 $\{L(\boldsymbol{x},\boldsymbol{a})\geqslant 0\}=\varnothing$；

2. 解决主问题：

$$
\min_{\boldsymbol{x},\boldsymbol{a},\boldsymbol{\theta}} \sum_{k=1}^{K}\theta_k + \lambda\sum_{j=1}^{J}\sum_{k=1}^{K} m_{j,k}x_{j,k}
$$

$$
\text{s.t.}\quad
\begin{cases}
\sum_{j=1}^{J} x_{j,k} \geqslant 1, \quad k=1,2,\cdots,K \\
\sum_{k=1}^{K} x_{j,k} = 1, \quad j=1,2,\cdots,J \\
\sum_{j=1}^{J} a_{j,k} = L, \quad k=1,2,\cdots,K \\
a_{j,k} \leqslant Mx_{j,k}, \quad j=1,2,\cdots,J;\ k=1,2,\cdots,K \\
\theta_k \geqslant \sum_{j=1}^{J-1} x_{j+1,k}g_{j,k} + g_{J,k}, \quad k=1,2,\cdots,K \\
x_{j,k}\in\{0,1\}, \quad a_{j,k}\geqslant 0 \\
L(\boldsymbol{x},\boldsymbol{a}) \geqslant 0
\end{cases}
$$

记录最优解（$\boldsymbol{x}^*,\boldsymbol{a}^*,\boldsymbol{\theta}^*$）。

3. 给定由上述主问题（MP）得到的（$\boldsymbol{x}^*,\boldsymbol{a}^*$），通过式（6-1）～式（6-3）计算相应的性能指标$\boldsymbol{W}$、$\boldsymbol{I}$、$\boldsymbol{O}$。记录值$\sum_{k=1}^{K} Q_k^*(\boldsymbol{x}^*,\boldsymbol{a}^*)$。在此基础上，通过式（6-16）和式（6-17）确定每个场景下式（6-15）的最优解$\boldsymbol{\alpha}$。

4. 如果$\sum_{k=1}^{K}\theta_k^* \geqslant \sum_{k=1}^{K} Q_k^*(\boldsymbol{x}^*,\boldsymbol{a}^*)$，停止迭代并返回（$\boldsymbol{x}^*,\boldsymbol{a}^*,\boldsymbol{\theta}^*$）作为最优解；否则添加割集$\theta_k \geqslant \frac{1}{\Omega}\sum_{\omega=1}^{\Omega}\left(\sum_{j=1}^{J} d_{j,k,\omega}\alpha_{j,k,\omega}x_{j,k} - \sum_{j=1}^{J}\alpha_{j,k,\omega}a_{j,k}\right)$到最优割集$\{L(\boldsymbol{x},\boldsymbol{a})\geqslant 0\}$。然后转到步骤 2。

6.4　考虑顾客爽约情景

本节将所提出的方法扩展到考虑顾客爽约情况下来解决匹配和预约调度问题。设p_j表示顾客j的出现概率，其已经被决策者预先知道。令z_j表示顾客j出现在预约中（即$z_j=1$的概率为p_j）或爽约（即$z_j=0$，概率为$1-p_j$）。本节还假设对不同顾客来说，是否爽约是独立的。

其核心理念是将爽约的顾客视为服务时间为 0 的“幽灵”顾客。令$\tilde{d}_{j,k}$表示存在爽约的情况下的服务时间，可以通过$\tilde{d}_{j,k}=z_j d_{j,k}$来计算系统中的实际服务时间，其中$d_{j,k}$是先前研究的不考虑爽约的服务时间。令$W_{j,k}$、$I_{j,k}$、$O_k$分别表示对

应的虚拟等待时间、空闲时间和加班时间。那么，可以得到

$$W_{j,k}=\max\left\{0,x_{j-1,k}\tilde{d}_{j,k}+W_{j-1,k}-a_{j-1,k}\right\},\ j=2,3,\cdots,J;\ k=1,2,\cdots,K$$
$$I_{j,k}=\max\left\{0,-x_{j-1,k}\tilde{d}_{j,k}-W_{j-1,k}+a_{j-1,k}\right\},\ j=2,3,\cdots,J+1;\ k=1,2,\cdots,K \tag{6-18}$$
$$O_k=\max\left\{0,x_{J,k}\tilde{d}_{J,k}+W_{J,k}-a_{J,k}\right\},\ W_{1,k}=0;\ k=1,2,\cdots,K$$

如果有一名顾客爽约，可以把他的实际等待时间视为零。因此，在目标函数中，只需要计算那些实际出现的顾客的等待时间。在此基础上，存在爽约情况下的总成本 f 为

$$f=\sum_{k=1}^{K}E\left[\sum_{j=1}^{J}(c_j^W x_{j,k}z_jW_{j,k}+c_k^I I_{j,k})+c_k^O O_k\right]+\lambda\sum_{j=1}^{J}\sum_{k=1}^{K}m_{j,k}x_{j,k} \tag{6-19}$$

注意，z_j 独立于（$z_1,z_2,\cdots,z_{j-1}$），且它必须独立于 $W_{j,k}$。因此，$E\left[c_j^W x_{j,k}z_jW_{j,k}\right]=p_jE\left[c_j^W x_{j,k}W_{j,k}\right]$。令 $\tilde{c}_j^W=p_jc_j^W$，则式（6-19）相当于：

$$f=\sum_{k=1}^{K}E\left[\sum_{j=1}^{J}\left(\tilde{c}_j^W x_{j,k}W_{j,k}+c_k^I I_{j,k}\right)+c_k^O O_k\right]+\lambda\sum_{j=1}^{J}\sum_{k=1}^{K}m_{j,k}x_{j,k} \tag{6-20}$$

注意，式（6-20）与式（6-4）除了符号 $\tilde{c}_i^W$ 以外的形式相同。因此，6.3 节中提出的方法可以应用于顾客爽约的情况。

6.5 数 值 分 析

本节将进行数值实验，以评估本章提出的算法的性能，并研究不同的参数对最优匹配和调度的影响。具体来说，本节比较提出的算法和基准算法的计算时间。基准算法是直接通过 CPLEX 求解相应的混合整数线性规划（mixed-integer linear programming，MILP），本节将在后面介绍。此外，本节还研究了不同情形（λ，（J,K））下的最优解以及顾客爽约的影响。本节假设服务时间是独立同分布的正态分布，即 $d_{j,k}\sim N(\mu,\sigma^2)$（$j=2,3,\cdots,J$；$k=1,2,\cdots,K$），其已被广泛用于预约调度研究中（Denton and Gupta，2003；Robinson and Chen，2003）。根据已有文献（Cayirli et al.，2012；Robinson and Chen，2010；Zacharias and Pinedo，2017），本节将单位等待时间成本、空闲时间成本和加班成本分别设置为 $c_j^W=0.2$、$c_k^I=1$、$c_k^O=1.5$。

6.5.1 改进的 Benders 分解算法的性能

本节研究提出的改进的 Benders 分解算法的性能。首先，基于原问题构造一个确定性的 MILP，然后直接用 CPLEX 求解 MILP，并将相应的结果作为基准。

通过大 M 变换，确定性模型可以重新建模为以下混合整数线性规划：

$$\min_{x,a,W,\bar{W},I,O} \frac{1}{\Omega}\sum_{\omega=1}^{\Omega}\sum_{k=1}^{K} E\left[\sum_{j=1}^{J}\left(c_j^W \bar{W}_{j,k,\omega} + c_k^I I_{j,k,\omega}\right) + c_k^O O_{k,\omega}\right] + \lambda\sum_{j=1}^{J}\sum_{k=1}^{K} m_{j,k} x_{j,k}$$

$$\text{s.t.} \quad \begin{aligned}
&\sum_{j=1}^{J} x_{j,k} \geqslant 1, \quad k=1,2,\cdots,K \\
&\sum_{k=1}^{K} x_{j,k} = 1, \quad j=1,2,\cdots,J \\
&\sum_{j=1}^{J} a_{j,k} = L, \quad k=1,2,\cdots,K \\
&a_{j,k} \leqslant M x_{j,k}, \quad j=1,2,\cdots,J;\ k=1,2,\cdots,K \\
&W_{j,k,\omega} - I_{j-1,k,\omega} \\
&= x_{j-1,k} d_{j-1,k,\omega} + W_{j-1,k,\omega} - a_{j-1,k}, \ j=2,3,\cdots,J;\ k=1,2,\cdots,K;\ \omega=1,2,\cdots,\Omega \\
&O_{k,\omega} - I_{J,k,\omega} = x_{J,k} d_{J,k,\omega} + W_{J,k,\omega} - a_{J,k}, \ k=1,2,\cdots,K;\ \omega=1,2,\cdots,\Omega \\
&\bar{W}_{j,k,\omega} \geqslant W_{j,k,\omega} + (x_{j,k}-1)M, \ j=2,3,\cdots,J;\ k=1,2,\cdots,K;\ \omega=1,2,\cdots,\Omega \\
&\bar{W}_{j,k,\omega} \leqslant W_{j,k,\omega}, \quad j=2,3,\cdots,J;\ k=1,2,\cdots,K;\ \omega=1,2,\cdots,\Omega \\
&W_{1,k,\omega} = 0, \quad k=1,2,\cdots,K, \quad \omega=1,2,\cdots,\Omega \\
&x_{j,k} \in \{0,1\}, \quad a_{j,k} \geqslant 0
\end{aligned} \tag{6-21}$$

在本节中，基于给定的服务时间分布，随机生成 $\Omega = 1000$ 个独立同分布的场景；然后直接用 CPLEX 求解 MILP；最后通过与基准算法的运行时间比较，说明了提出的 Benders 分解算法的优越性。

本节的参数如下。

（1）每个服务提供者处的所有作业的服务时间 $d_{j,k}$ 遵循正态分布 $N(20,16)$。

（2）通过均匀分布 $U(0,1)$ 生成顾客 j 对于服务提供者 k 的匹配成本 $m_{j,k}$。

（3）顾客和服务提供者的数量成对出现（J,K）。本节考虑四对，分别是（20, 2）、（30, 3）、（40, 4）和（50, 5）。

（4）计划工作时长被设置为 $L = 1.5\ \mu pJ/K$，其中 μ 和 p 分别表示服务时长的均值和顾客出现的概率。

对于每对（J,K）生成 5 个问题实例，每个问题实例的 λ 从区间[10, 1000]中随机生成。在本节的计算实验中，总共有 20 个问题实例。所有实例都通过在 MATLAB R2016a 上调用 CPLEX 12.6 来解决，该 MATLAB R2016a 在具有 Intel i54590 CPU 和 12GB 内存的个人计算机（personal computer，PC）上运行。在本节的计算实验中，将计算时间的限制设置为 5h。本章提出的算法将与最优解之间的差距最大限度设置为 0.01。由于本章的算法与基准算法得到的最优目标值几乎相同（这些实例可以在 5h 内解决），所以在本节中不显示最优目标值。本节比较了平均、最小和最大计算时间，总结在表 6-1 中。

表 6-1　本章提出的算法与基准算法计算时间比较

(J,K)	本章提出的算法			基准算法		
	最小/s	平均/s	最大/s	最小/s	平均/s	最大/s
(20, 2)	67	76	90	854	947	1 042
(30, 3)	107	149	196	4 670	7 127	15 374
(40, 4)	181	213	269	15 929	18 000	18 000
(50, 5)	278	320	369	18 000	18 000	18 000
平均	158	190	231	9 863	11 019	13 104

如表 6-1 所示，本章所提出的算法的平均、最小和最大计算时间明显小于基准算法。对于两种算法，计算时间随着（J,K）中的 J、K 的增加而增加，本章所提出的算法的计算时间缓慢增加，而基准算法的计算时间迅速增加。当（J,K）达到（40, 4）和（50, 5）时，基准算法计算时间达到 5h 限制，而本章提出的算法可以在合理的计算时间内解决所有问题实例以达到其最优结果。这些事实表明，本章所提出的算法确实比基准算法更有效。而且根据实验结果，当 $\lambda \geqslant 100$ 时，两者无显著差异。因此，以下章节中 λ 的范围定为 0～100。

6.5.2　在不同场景下关于权重 λ 取值的分析

本节分析 λ 在不同场景下对最优解和目标值的影响。具体来说，本节将顾客和服务提供者的数量配对固定为（20, 2），并测试匹配成本 $\boldsymbol{m}$ 和 λ 的不同值。在数值实验中，本节构建了四种不同的顾客和服务提供者之间匹配的场景，即与第一个服务提供者匹配的顾客数量分别为 2、4、6、8，本节考虑顾客与服务提供者的四种匹配比例为 1∶9；2∶8；3∶7 和 4∶6。本节参考场景 1∶9 作为最不平衡的顾客-服务提供者场景。如果一个顾客与最适合的服务提供者匹配，则对于匹配成本 $\boldsymbol{m}$，从 $U(0.1,0.3)$ 随机生成；否则，从 $U(0.8,1)$ 随机生成。其他参数设置和 6.5.1 节相同。

本节首先研究在不同的情况下，随着 λ 的增大，总成本的变化。如图 6-1 所示，所有的匹配模式中总成本都呈现出随着 λ 的增大而增大的趋势。此外，顾客-服务提供者匹配越不平衡，其总成本越高。这是因为不平衡的匹配模式将导致最优解产生更高的匹配成本，并且通过 λ 进一步扩大总成本。

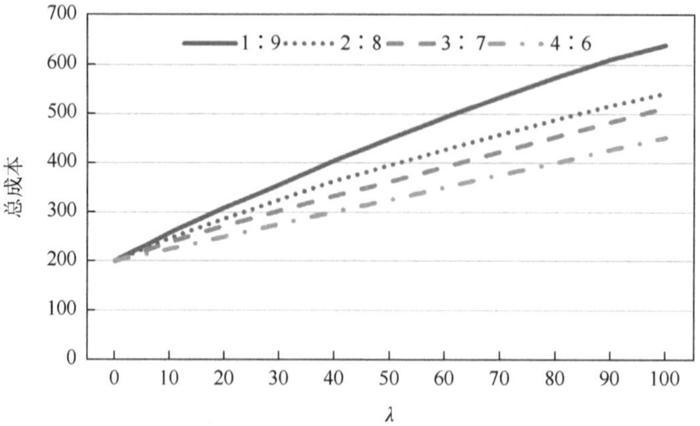

图 6-1　总成本比较

然后，本节拆分了总成本，并进一步研究其相应的运营成本和单位匹配成本的变化规律。运营成本 $\sum_{k=1}^{K} E\left[\sum_{j=1}^{J}(c_j^W x_{j,k}^* W_{j,k} + c_k^I I_{j,k}) + c_k^O O_k\right]$ 是指在最优解下，顾客等待时间与服务提供者空闲时间和加班时间的总期望加权成本。单位匹配成本是指在最优解下不经 λ 加权的总匹配成本，即 $\sum_{k=1}^{K}\sum_{j=1}^{J} m_{j,k} x_{j,k}^*$ 。如图 6-2 所示，在 4∶6 情景下，当 λ 变化时，运营成本和单位匹配成本保持稳定。然而对于其他匹配场景，运营成本随着 λ 的增大而增加，而单位匹配成本呈现相反的趋势。这是因为当 λ 较大时，最优匹配将导致不平衡的运行模式，以避免相当大的单位匹配成本，从而导致更高的运营成本。但是对于更平衡的匹配场景（例如，场景 4∶6），权重 λ 对匹配结果没有显著影响。此外，当匹配场景不平衡时（例如，场景 1∶9），运营成本和单位匹配成本波动较大。但对于运营成本，似乎匹配的场景越稳定，

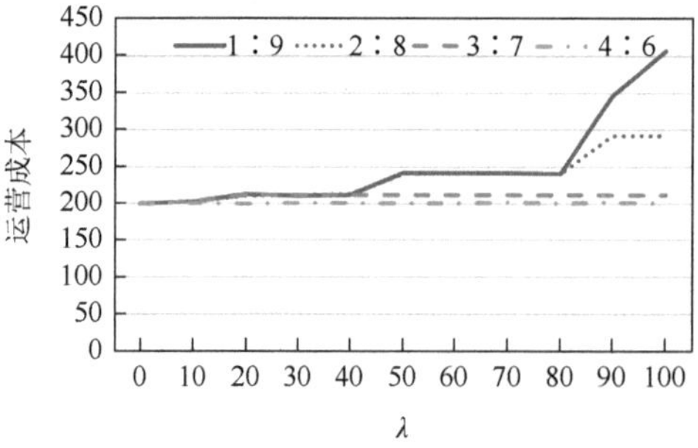

(a) 运营成本

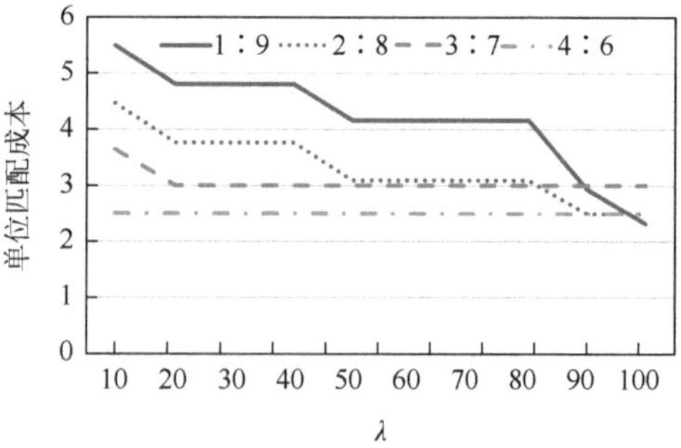

(b) 单位匹配成本

图 6-2　运营成本与单位匹配成本

其成本就越小。在 1∶9 和 4∶6 两种场景下，运营成本差距到达了 51%，单位匹配成本差距达到 54%。

此外，本节还研究了在不同匹配场景下 λ 变化时匹配给第一个服务提供者的顾客的模式。如图 6-3 所示，可以看到，对于四个匹配场景，随着 λ 的增大，匹配给第一个服务提供者的顾客数量呈现非增加趋势。这一结果表明，当匹配权重较大时，最优解会将更多的顾客匹配给最合适的服务提供者。否则，最佳解决方案将平衡每个服务提供者的工作量。此外，当场景更平衡时（即场景 4∶6），λ 不是影响顾客匹配的重要因素。另一个有意思的发现是：四种情景有一些重叠且情景 1∶9 与其他所有场景都有重叠。这可能是由于场景 1∶9 是最不平衡的情况。当 λ 增大时，顾客倾向于被匹配给第一个服务提供者，以避免更高的匹配成本。

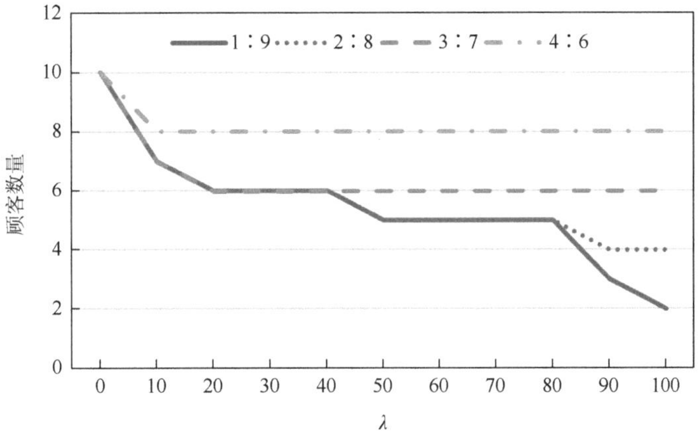

图 6-3　匹配给第一个服务提供者的顾客数量比较

6.5.3　考虑顾客爽约情景下关于 λ 取值的分析

本节进一步分析顾客爽约情景对最优解和目标值的影响。本节假设一个服从独立同分布的指标，即 $p_i = p$，并且设置出现概率 p 按照增量 0.1 从 0.6 到 0.9 取值。通过考虑顾客爽约的情景，本节将计划工作时长重置为 $L = 1.5\ \mu pJ/K$，使它可以根据顾客的爽约行为进行调整。从图 6-2（a）中可以观察到当匹配场景不平衡时，运营成本会出现较大的波动。因此，本节将（J,K）设置为（20, 2），并选择 1∶9 的场景来分析目标值和性能表现指标。此外，当 $\lambda \leqslant 50$ 时，运营成本存在小的变化。因此，为了获得性能表现指标的明显比较结果，本节测试了 λ 的两个不同值（即 $\lambda = 50,100$），并检验 λ 取值的影响。其他参数（如 $\boldsymbol{m}$、$\boldsymbol{d}$、c_j^W、c_k^I、c_k^O）与 6.5.2 节中 1∶9 的场景相同。

最优的总成本、运营成本和单位匹配成本如图 6-4 所示。正如 6.5.2 节中讨论的那样，λ 对总成本和运营成本有同向影响，对单位匹配成本有反向影响。可以从图 6-4（a）中直观地看到总成本随着出现概率 p 的增大而增加，当 $\lambda = 50$ 时，还可观察到出现概率对单位匹配成本的相同影响。然而，如图 6-4（c）所示，当 λ 很大时（如 $\lambda = 100$），出现概率对单位匹配成本几乎没有影响。更令人惊讶的是，当 $\lambda = 100$ 时，运营成本具有增加的趋势，而当 $\lambda = 50$ 时运营成本具有减小的趋势。因此，本节分解了运营成本，并进一步分析总等待时间、总空闲时间和总加班时间，如图 6-5 所示。

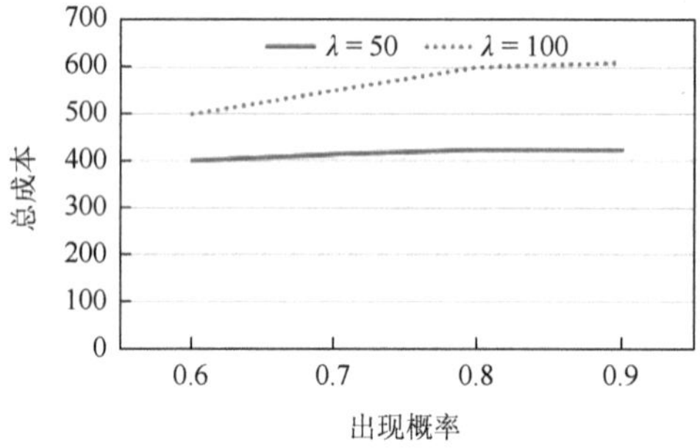

(a) 总成本

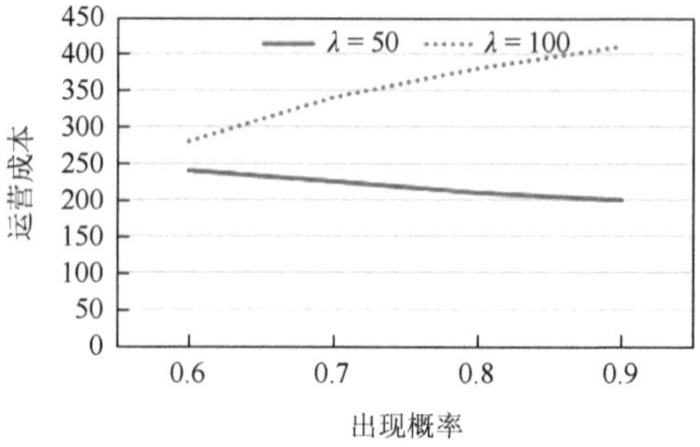

(b) 运营成本

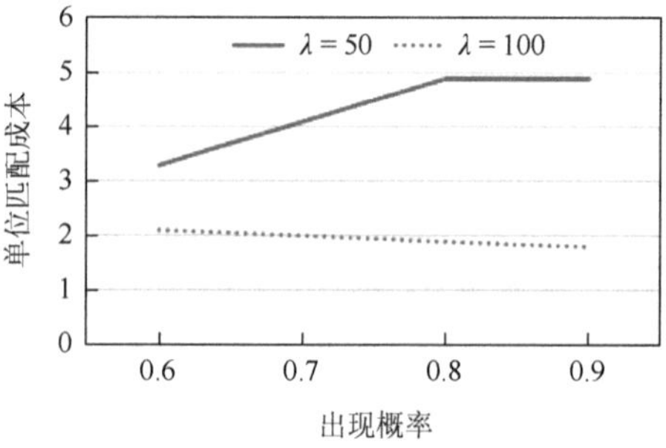

(c) 单位匹配成本

图 6-4　各成本比较

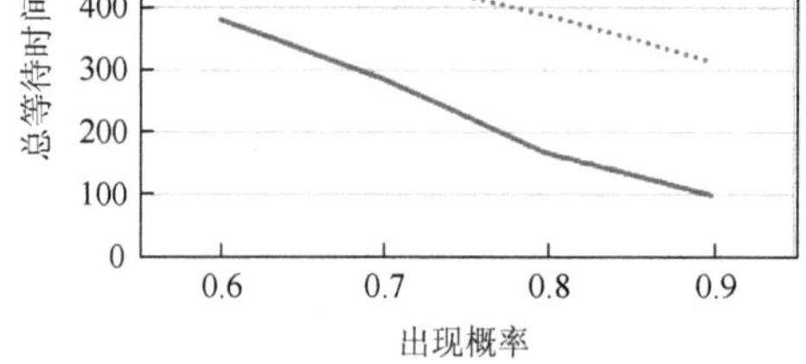

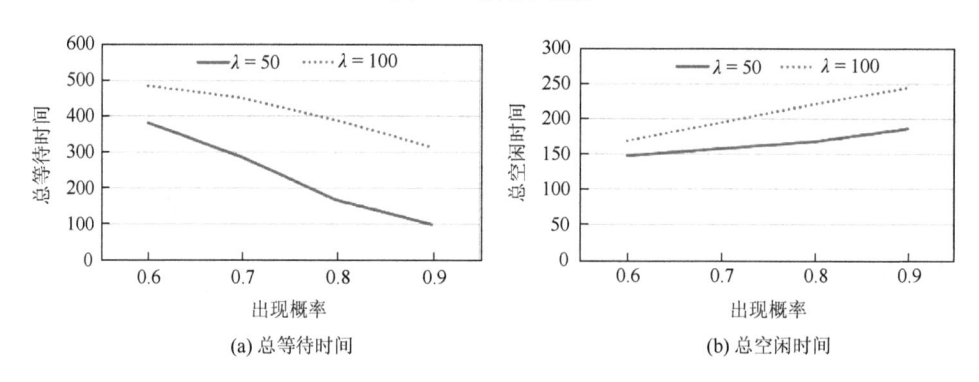

(a) 总等待时间

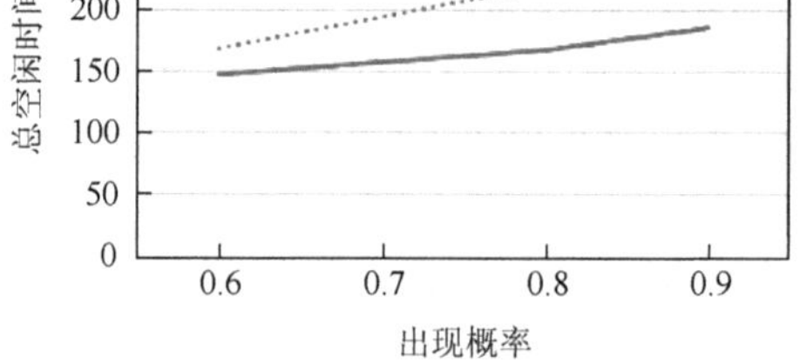

(b) 总空闲时间

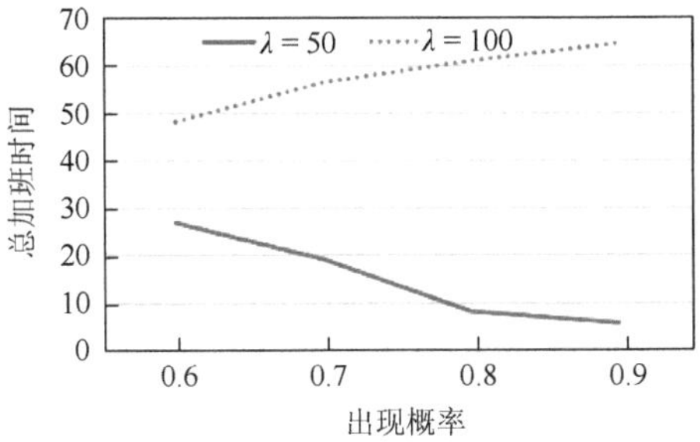

(c) 总加班时间

图 6-5　运营绩效指标比较

从图 6-5（a）和图 6-5（b）可以看出，在两个 λ 值下的总等待时间随着出现概率 p 的增大而减少，而总空闲时间则呈现相反的趋势。这种现象可以解释为：在（λ, p）的每个配置组合中，每个顾客的平均调度时间可以近似为 $1.5\mu = 30$（注意，此时将计划工作时长设置为 $L = 1.5\ \mu pJ/K$）。然而，平均服务时间为 $\mu = 20$。这将导致服务系统中空闲时间比等待时间更多。因此随着出现概率的增大，到场顾客的数量增加，等待时间减少和空闲时间增加。这种趋势随着 λ 的增大而放大。此外，从图 6-5（c）中可以观察到，随着出现概率的增大，当 $\lambda = 50$ 时，总加班时间减少，而当 $\lambda = 100$ 时，总加班时间增加。与 $\lambda = 50$ 相比，当 $\lambda = 100$ 时，服务系统具有更高的遭受过载的概率。由于平均调度时间比平均服务时间长得多，因此当 $\lambda = 50$ 时，出现的顾客越多，空闲时间越多，因此加班时间越少。然而，当 $\lambda = 100$ 时，最优匹配对于一个服务提供者而言具有很高的过载可能性。因此，随着顾客数量的增加，可能会出现更多的加班情况。结果，当 $\lambda = 100$ 时，总加班时间随着出现概率 p 的增大而增加。

6.6　管 理 启 示

本节从研究的数值结果中总结了一些管理方面的见解。

（1）更平衡的供应和需求会导致更低的总成本。从图 6-1 中可以观察到，对于任意固定的 λ，更不平衡的情况将导致更高的总成本。该结果表明，如果想要使系统的总成本较低，则更平衡的方案，即 4∶6 的场景是更理想的。此外，随着 λ 的增大，所有场景的总成本都会增加。还可以观察到更不平衡的情况，即 1∶9 的场景总成本增长速度较快。这一结果意味着当匹配变得更加重要时，服务提供者应该付出更多的努力来尽可能满足顾客的匹配需求。

（2）匹配成本的权重对运营成本有正向影响。从图 6-2 中可以看出，当 λ 较小时，不同场景之间的运营成本没有显著差异（如 $\lambda \leqslant 10$）。随着 λ 的增大，运营成本增加，而单位匹配成本降低。随着匹配变得更加关键，运营成本迅速增加。这是因为匹配的服务提供者的加班成本和顾客的等待时间显著增加，而其他不匹配的服务提供者在不平衡场景（如 1∶9）下是空闲的。

（3）本章建议服务提供者应基于当地顾客的服务类型或培训专业人员，使服务提供者的工作量更均衡。从图 6-3 可以看出，当权重 λ 大时（如 $\lambda=100$），不同服务提供者之间的工作量是不平衡的，这意味着可能在某种程度上存在资源浪费现象。因此，服务提供者的合理安排对于平衡工作量是至关重要的。

（4）当匹配成本的比重不高时，建议对爽约的顾客做出惩罚，以降低运营成本。然而，当匹配成本的权重相当大时，这意味着匹配对服务质量更加重要，顾客有更高的动机去匹配的服务提供者处接受服务。因此，爽约对服务系统的影响较小。

6.7 本章小结

本章同时优化了有多个服务提供者的匹配问题和预约问题，其中决策者确定如何将顾客匹配给合适的服务提供者和何时开始为每个顾客提供服务。本章假设服务时间是随机的，并且所有的顾客将在他们的预定时间准时到达服务系统。目标是最小化总加权匹配成本和运营成本（顾客的等待时间成本、服务提供者的空闲时间成本和加班时间成本）。为了解决这个问题，本章首先基于 SAA 方法将研究的问题重新建模为一个两阶段优化问题，然后分析了第二阶段问题最优解的性质。在此基础上，提出了一种改进的 Benders 分解算法，有效地解决了这一问题。本章还将研究方法扩展到顾客爽约的情景，然后进行数值计算实验，以评估本章提出的算法的有效性，并研究在不同的情况下产生的最佳解决方案的变化。

本章的研究主要表明：①将匹配问题和预约调度问题整合到一起后可以表示为两阶段优化问题；②改进的 Benders 分解算法能够在合理的时间内解决所研究的问题；③如果匹配成本相较于运营成本更具优势，则最优方案将顾客匹配给最匹配的服务提供者，否则，最优方案将尽可能地平衡服务提供者的工作量；④当匹配成本权重较大时，爽约对服务系统的影响较小。

本章的研究未来可以拓展到几个方面。本章假设在每个服务提供者处的顾客都有一个固定服务顺序，由于顾客有不同的类型，优化每个服务提供者处的顾客服务顺序可能是有价值的。此外，不守时现象在实践中也是不可避免的，这可能导致顾客无序到达，在未来，也可以考虑处理这些随机因素。

参考文献

Begen M A，Levi R，Queyranne M. 2012. A sampling-based approach to appointment scheduling[J]. Operations

Research，60（3）：675-681.

Cayirli T，Yang K K，Quek S A. 2012. A universal appointment rule in the presence of no-shows and walk-ins[J]. Production and Operations Management，21（4）：682-697.

Denton B，Gupta D. 2003. A sequential bounding approach for optimal appointment scheduling[J]. IIE Transactions，35（11）：1003-1016.

Jiang B W，Tang J F，Yan C J. 2019. A stochastic programming model for outpatient appointment scheduling considering unpunctuality[J]. Omega，82：70-82.

Li D，Chen S，Chen X，et al. 2019. Learning and optimization for patient-physician matching in specialty care[J]. Available at SSRN 3450184.

Mancilla C，Storer R. 2012. A sample average approximation approach to stochastic appointment sequencing and scheduling[J]. IIE Transactions，44（8）：655-670.

Mehrotra A，Forrest C B，Lin C Y. 2011. Dropping the baton：Specialty referrals in the United States[J]. The Milbank Quarterly，89（1）：39-68.

Robinson L W，Chen R R. 2003. Scheduling doctors' appointments：Optimal and empirically-based heuristic policies[J]. IIE Transactions，35（3）：295-307.

Robinson L W，Chen R R. 2010. A comparison of traditional and open-access policies for appointment scheduling[J]. Manufacturing & Service Operations Management，12（2）：330-346.

Weiner M，El Hoyek G，Wang L，et al. 2009. A web-based generalist-specialist system to improve scheduling of outpatient specialty consultations in an academic center[J]. Journal of General Internal Medicine，24（6）：710-715.

Weiss E N. 1990. Models for determining estimated start times and case orderings in hospital operating rooms-[J]. IIE Transactions，22（2）：143-150.

Zacharias C，Pinedo M. 2017. Managing customer arrivals in service systems with multiple identical servers[J]. Manufacturing & Service Operations Management，19（4）：639-656.

第7章　考虑顾客不守时的多服务提供者排序及预约调度

7.1 引　言

预约调度方法已经被广泛应用于服务行业，旨在提高服务系统的运行效率，同时达到降低服务系统运营成本的目的。在实际生产环境中，顾客和服务提供者的行为在大多数服务系统中并不是稳定的。例如，在门诊系统中，服务时间通常受到各种因素的影响，如患者的不同健康状况、医生的专长等，从而使门诊系统具有较高的不确定性。目前已经有很多学者广泛研究了如何管理一个具有随机服务时间的预约系统（Cayirli et al.，2008；Denton and Gupta，2003；Mak et al.，2015），而在手术室部门，手术时间的随机性也已经成为手术室调度的主要困难和挑战（Deng and Shen，2016；Denton et al.，2010）。这些随机因素的存在将会导致诊疗系统中患者的等待、诊疗资源的闲置和诊疗服务的超时。因此使用预约调度来改善这种服务系统将有益于两个方面：一方面，从服务提供者角度来看，预约调度可以帮助他们更加平滑地满足顾客的需求，以实现工作量与服务能力的匹配，从而提高服务机构的服务资源的利用率（Cayirli et al.，2012；Denton and Gupta，2003）；另一方面，从顾客的角度来看，一个有效的预约调度将会最大限度地降低顾客在预约当天延误和超时等候的概率，从而给予顾客极大的便利（Cayirli et al.，2012；Gupta and Denton，2008）。因此，为了提升运营效率并提高顾客满意度，服务机构应该妥善地进行预约调度的规划（Gupta and Denton，2008）。

在大多数实际服务系统中，由于顾客的需求量大，通常有多个服务提供者并行为顾客提供服务（Pan et al.，2021；Sickinger and Kolisch，2009；Alvarez-Oh et al.，2018；Zacharias and Pinedo，2017；Zhang and Xie，2015）。根据实际情况，多个服务提供者可能为顾客提供相同或不同的服务。例如，在医院的 CT 或 X 射线检查中，服务提供者（或机器）是相同的，因此每个顾客可以由任意一台 CT 机器或 X 射线机器检查，也就是说，此时顾客对特定的服务提供者并没有明确的偏好（Soltani et al.，2019；Zacharias and Pinedo，2017）。然而，在许多其他实际情况下，不同的服务提供者提供的却是可区分的服务，而不同的顾客也可能有自己的个性化需求。例如，在包含不同专科的门诊机构，医生（服务提供者）会根据他们的专业和专长为特定的患者提供专门的诊治服务（Kinchen et al.，2004），且这些患者通常也有明确的偏好，包括可能在到达门诊机构时就已经确定可能咨询哪些医生（Pan et al.，2019）。此外，由于患者健康状况和医生的专业知识不同，不同医生在对不同患者进行诊治时的服务时长也不相同。因此，在做出预约安排决定时，应该考虑不同服务提供者和顾客的需求，这也正是本章的重点所在。

除了随机服务时间，还有一个问题大大增加了预约系统管理的复杂性——顾客的不守时。根据 Klassen 和 Yoogalingam（2014）、Zhu 等（2018）的研究，大多数顾客或早或晚于他们预定的服务开始时间到达。例如，Zhu 等（2018）的研究表明，医疗领域的患者可能比他们的预定时间平均晚 10min 到达。如果管理不当，这种顾客的不守时行为可能会对预约系统的性能产生负面影响。一方面，这是因为早到的患者可能会导致候诊室的拥堵，或者如果服务提供者决定在预定时间之前为早到的患者提供服务，则会导致下一个准时的患者的服务延迟开始（Deceuninck et al.，2018；Samorani and Ganguly，2016）；另一方面，患者迟到也可能导致后续患者的等待时间增加或直接导致预约取消，从而导致服务提供者闲置甚至导致一些不好的结果的出现（Pan et al.，2021；Shehadeh et al.，2021）。因此，在管理预约系统时，应当将顾客的不守时行为考虑在内，这对于提高预约系统性能具有至关重要的意义。

预约调度问题中，为了减轻随机服务时间和顾客随机到达带来的负面影响，其中一个关键决策就是确定顾客的服务开始时间（调度时长）（Denton and Gupta，2003；Kong et al.，2013；Mak et al.，2015；Robinson and Chen，2003；Zacharias and Pinedo，2017）。准确地确定服务开始时间可以缓解顾客等待以及服务提供者的闲置和超时服务的现象。除此之外，服务排序决策也在提高系统性能方面起着关键作用（Ahmadi-Javid et al.，2017；Chen and Robinson，2014；Denton et al.，2007；Mak et al.，2014；Mancilla and Storer，2012；Shehadeh et al.，2019）。这是因为一个顾客的服务过程会受到他前面的顾客的影响。具体来说，前面顾客的服务时间和到达时间与预定的时间差异越大，后面顾客的开始时间就越有可能受到影响。正如 Gupta（2007）所建议的，先为服务时间波动较小的顾客提供服务可能有益于确定一个更稳定的预约调度安排。本章在后面的实验中也将表明，将排序决策纳入预约调度管理可以显著提高系统性能。

基于上述的实际背景，本章研究对多个服务提供者进行联合排序和调度预约的问题，其中考虑随机的服务时间和顾客到达时间。本章假设服务时间和顾客不守时导致的时间差的概率分布事先已知。考虑到服务提供者特性的不同以及顾客的个性化需求，本章假设顾客和服务提供者之间存在着资格约束，即只有符合条件的服务提供者才能为某特定顾客提供服务，同时如果由符合条件但不同的服务提供者提供服务，每个顾客又有不同的服务时间分布。本章所研究的决策涉及确定哪些服务提供者提供服务、将顾客匹配给哪一个服务提供者，以及如何确定这些被匹配的顾客的调度安排。本章的目标是最小化加权服务人工配置成本、服务提供者闲置和超时服务所造成的预期成本以及顾客等待成本。我们注意到，服务提供者配置决策被广泛应用于实践环境中，以帮助决策者制定稳定的和经济合理的预约调度安排，以适应不确定的顾客数量（Deng and Shen，2016；Denton et al.，2010）。本章首先将其构造为一个两阶段的整数规划模型，在第二阶段引入了多重随机线性规划模型，然后在样本平均近似方法的基础上为该问题设计了一个强化的确定性混合整数优化模型。本章还提出了一种有效的算法，即一种基于 L-shaped 的启发式算法，以便在合理的时间内得到问题的近似最优解。

与现有研究相比，本章主要有以下贡献。

（1）本章的内容是研究多服务提供者预约排序和调度决策问题的先驱，并且考虑了随机的服务时间和顾客到达时间。由于本章考虑了服务排序决策和顾客到达的随机性，所研究的问题比现有的多服务提供者预约调度的论文中的问题更加复杂。

（2）本章通过样本平均近似方法，在两阶段随机整数规划模型的基础上，提出了一个强化的确定性混合整数优化模型。由于所研究的问题过于复杂，本章还提出了一个基于整数 L-shaped 算法的高效启发式算法，并通过一种变量邻域下降法进行进一步完善。

（3）计算结果表明，本章所提出的基于整数 L-shaped 算法的启发式算法在求解质量和计算时间等方面都明显优于确定性优化模型和经典整数 L-shaped 算法。本章还通过数值方法评估了服务时间波动以及顾客不守时行为的影响，并验证了优化预约排序决策的价值。

本章主要结构如下：7.2 节正式描述研究的问题，并将其建模为一个两阶段的整数规划，其中第二阶段涉及多重随机线性规划模型；7.3 节提出本章的求解算法，包括基于平均近似方法的强化确定性混合整数优化和基于 L-shaped 整数规划的高效启发式算法；7.4 节分析模型的数值结果；7.5 节提出一些理论性结论以及管理层面的意义；7.6 节对本章内容进行总结。

7.2 问题描述与建模

7.2.1 问题描述

本章先考虑一个预约系统中有 K 个服务提供者（构成集合 $\mathcal{K}=\{1,2,\cdots,K\}$）提供服务。有一组数量为 J 的顾客（构成集合 $\mathcal{J}=\{1,2,\cdots,J\}$），需要在 T 时间内

安排服务，且顾客和服务提供者之间存在着服务资格约束，即每个顾客 $j\in\mathcal{J}$ 只能由服务提供者 $\mathcal{K}_j\subseteq\mathcal{K}$ 提供服务，或者每个服务提供者 $k\in\mathcal{K}$ 只能为顾客 $\mathcal{J}_k\subseteq\mathcal{J}$ 的子集提供服务。如果每个服务提供者在规划时间内至少为一个顾客提供服务，则每个服务提供者 $k\in\mathcal{K}$ 都会被安排值班，这会产生 c_k^F 的人员配置成本。顾客到达时间和服务时间是随机的。本章令 Ω 表示所有可能的随机情景的集合，且 ρ_ω 为情景 $\omega\in\Omega$ 的概率。令 $d_{j,k,\omega}$ 表示在情景 $\omega\in\Omega$ 下，由服务提供者 $k\in\mathcal{K}$ 为顾客 $j\in\mathcal{J}$ 提供服务的时间。令 $u_{j,\omega}$ 表示情景 $\omega\in\Omega$ 下顾客 $j\in\mathcal{J}$ 的不准时时间，其中 $u_{j,\omega}\leqslant 0$（或 $u_{j,\omega}>0$）意味着顾客 j 比他的计划时间更早（或更晚）到达，并且在此情景下以 $\left|u_{j,\omega}\right|$ 表示相对其服务计划开始时间早到（或晚到）的时间长度。

后续研究中，本章应用样本平均近似方法来处理随机情景集 Ω 上的随机性。具体而言，本章应用蒙特卡罗模拟为随机参数生成了一组独立同分布的样本。每个参数样本对应于 Ω 中的一个随机情景。原始随机问题可以通过所得到的确定性优化模型来近似，其中所有随机参数都被生成的样本所替换。根据 Kleywegt 等（2002）的研究，通过求解这个确定性优化模型，当样本趋于无穷大时，得到的最优目标值将会收敛到原始随机问题的目标值。为了方便起见，在后续不会混淆的情况下，本章将使用 Ω 来同时表示随机情景集合和参数样本集合。

需要注意的是，本章参考了 Jiang 等（2019）的研究，并在处理早到和晚到顾客时采用了预约顺序策略，这意味着顾客总是按照其计划顺序接受服务，而不考虑其实际到达时间。这种策略很容易实现，而且大多数情况下相对有效（Jiang et al.，2019；Shehadeh et al.，2021）。由于顾客到达时间和服务时间的随机性，系统中可能会出现顾客等待、服务提供者空闲和超时（加班）等情况。令 $c_j^{\overline{W}}$ 表示顾客 j 的单位等待成本，c_k^I 表示服务提供者 k 的单位空闲成本，c_k^O 表示服务提供者 k 的单位加班成本。

针对这个问题，在服务开始之前，系统管理员需要做出以下决策：①确定要配置哪些服务提供者进行服务；②在遵循服务资格约束的情况下，将 J 个顾客匹配给已选定配置的服务提供者；③确定给每个服务提供者匹配的顾客的服务顺序；④确定他们的调度时间（或服务开始时间）。决策目标是最小化加权服务提供者人员配置成本，以及顾客等待、服务提供者空闲和加班的总期望成本。

7.2.2　模型建立

为了解决这个问题，本章首先将其制定为一个两阶段整数规划问题，其中第二阶段涉及多个随机线性规划问题。第一阶段的决策涉及确定要配置哪些服务提供者、将顾客匹配给配置的服务提供者，并确定给每个服务提供者匹配的顾客的服务顺序。因为有 J 个顾客，为了制定排序决策，保证每个顾客都能匹配到一个位置，本章假设每个服务提供者 $k \in \mathcal{K}$ 都有 J 个位置，这些位置由 $i = 1, 2, \cdots, J$ 索引，其中匹配到较小索引位置的顾客将更早地得到服务。基于此，采用以下第一阶段决策变量。

（1）$x_{i,j,k}$：二元变量，当顾客 $j \in \mathcal{J}$ 被安排到服务提供者 $k \in \mathcal{K}$ 的位置 $i \in \mathcal{J}$ 上时，$x_{i,j,k} = 1$；否则，$x_{i,j,k} = 0$。

（2）y_k：二元变量，当服务提供者 $k \in \mathcal{K}$ 为至少一名顾客提供服务时，$y_k = 1$；否则 $y_k = 0$。

为了方便起见，对于 $k \in \mathcal{K}$，令 $x_{k\cdot} := \left\{ x_{i,j,k} \middle| j \in \mathcal{J}_k, i \in \mathcal{J} \right\}$，给定每个服务提供者 $k \in \mathcal{K}$ 的第一阶段决策 $(x_{k\cdot}, y_k)$，令 $Q(x_{k\cdot}, y_k)$ 表示匹配给服务提供者 k 的所有顾客的最小的总期望等待成本及服务提供者期望空闲和超时成本。基于此，第一阶段问题［记为（FP）］可以表示如下：

$$\text{(FP)} \quad \min \sum_{k \in \mathcal{K}} c_k^F y_k + \lambda \sum_{k \in \mathcal{K}} Q_k(x_{k\cdot}, y_k) \tag{7-1}$$

$$\text{s.t.} \quad \sum_{k \in \mathcal{K}_j} \sum_{i \in \mathcal{J}} x_{i,j,k} = 1, \quad j \in \mathcal{J} \tag{7-2}$$

$$\sum_{j \in \mathcal{J}_k} x_{i,j,k} \leqslant 1, \quad k \in \mathcal{K};\ i \in \mathcal{J} \tag{7-3}$$

$$y_k \geqslant x_{i,j,k}, \quad k \in \mathcal{K};\ j \in \mathcal{J}_k;\ i \in \mathcal{J} \tag{7-4}$$

$$x_{i,j,k} \in \{0,1\}, \quad y_k \in \{0,1\}, \quad k \in \mathcal{K};\ j \in \mathcal{J}_k;\ i \in \mathcal{J} \tag{7-5}$$

（FP）的目标即式（7-1）是最小化服务提供者人员配置成本和顾客等待、服务提供者空闲和加班的加权总期望成本，其中 $\lambda > 0$ 是一个权重参数。式（7-2）说明每个顾客 $j \in \mathcal{J}$ 必须匹配给满足其服务资格的服务提供者中的一个位置。式（7-3）限制每个服务提供者 $k \in \mathcal{K}$ 的每个位置 $i \in \mathcal{J}$ 最多只能由一个顾客占用。式（7-4）则规定一旦有至少一个顾客被匹配给服务提供者 $k \in \mathcal{K}$，则该服务提供者被认定为已被配置。式（7-5）则限制了决策变量为二元变量。为了进一步约束（FP），本章将引入以下有效不等式来打破每个服务提供者位置之间的对称性：

$$\sum_{j \in \mathcal{J}_k} x_{i,j,k} \leqslant \sum_{j \in \mathcal{J}_k} x_{i-1,j,k}, \quad k \in \mathcal{K};\ i = 2, 3, \cdots, J \tag{7-6}$$

式（7-6）限制服务提供者 $k \in \mathcal{K}$ 上的每个位置 $i \in \{2, 3, \cdots, J\}$ 仅在其前一个位置 $i-1$ 被使用时才能被占用。这种打破对称性的不等式已在许多研究中得到了广泛应用，通常用于缩小解空间（Deng and Shen，2016；Denton et al.，2010）。为了便于后续描述，本章令 $x := \{x_{i,j,k} \mid k \in \mathcal{K}, j \in \mathcal{J}_k, i \in \mathcal{J}\}$ 并令 $y := \{y_k \mid k \in \mathcal{K}\}$。

在给定了第一阶段的解 (x, y) 之后，接下来本章将继续求解两阶段模型的第二阶段的 K 个随机线性规划，每个规划分别对应于每个服务提供者 $k \in \mathcal{K}$。具体而言，对于每个服务提供者 $k \in \mathcal{K}$，第二阶段的问题在于确定每个服务提供者 k 匹配的顾客的调度时间，以最小化目标函数 $Q_k(x_{k\cdot}, y_k)$。一旦确定了随机参数，就可以基于确定的工作配额和确定的随机参数来计算 $Q_k(x_{k\cdot}, y_k)$。很明显，如果 $y_k = 0$，则有 $Q_k(x_{k\cdot}, y_k) = 0$。在接下来的内容中，本章将详细描述如何计算 $y_k = 1$ 的服务提供者的 $Q_k(x_{k\cdot}, y_k)$。为此，本章引入以下决策变量。

（1）$a_{i,k}$：调度时间，可以理解为匹配给服务提供者 k 的 $i \in \mathcal{J}$ 位置上顾客的服务时长，即等于匹配到服务提供者 k 的 $i+1$ 位置的顾客与 i 位置顾客计划开始服务的时间之间的差值。

（2）$W_{j,k,\omega}$：在情景 $\omega \in \Omega$ 下，被匹配到服务提供者 k 的 $i \in \mathcal{J}$ 位置的顾客的实际等待时间。

（3）$\bar{W}_{i,k,\omega}$：在情景 $\omega \in \Omega$ 下，被匹配到服务提供者 k 位置上的 $i \in \mathcal{J}$ 顾客的“系统相关”的等待时间，指两个时间间隔中更小的时间段，即顾客实际开始时间与预约时间之间的间隔或实际开始时间与实际到达时间之间的间隔。如果顾客于情景 ω 下在预约的服务开始时间之前就到达，则 $\bar{W}_{i,k,\omega} = W_{j,k,\omega}$。如果顾客在场景 ω 下在预约的服务开始时间之后到达，那么 $\bar{W}_{i,k,\omega} < W_{j,k,\omega}$。

（4）$I_{i,k,\omega}$：在情景 $\omega \in \Omega$ 下，为位于服务提供者 k 的位置 $i \in \mathcal{J}$ 上的顾客提供服务前，服务提供者 k 的空闲时间（idle time）。

（5）$\tilde{I}_{k,\omega}$：在情景 $\omega \in \Omega$ 下，服务提供者 $k \in \mathcal{K}$ 为最后一个顾客服务后的空闲时间。

（6）$O_{k,\omega}$：在情景 $\omega \in \Omega$ 下，服务提供者 k 的加班时长。

在随机参数确定之前，变量 $a_{i,k}$ 是已确定的，接下来，本章将描述如何根据第一阶段的变量 $a_{i,k}$ 和确定后的随机参数来计算第二阶段的变量。首先，在情景 $\omega \in \Omega$ 下，为位于服务提供者 $k \in \mathcal{K}$ 上的第一个位置匹配顾客，可得

$$W_{1,k,\omega} = \left[\sum_{j \in \mathcal{J}_k} x_{1,j,k} u_{j,\omega}\right]^-, \quad I_{1,k,\omega} = \left[\sum_{j \in \mathcal{J}_k} x_{1,j,k} u_{j,\omega}\right]^+ \tag{7-7}$$

请注意，顾客将按照其预定顺序依次接受服务。因此，在情景 $\omega \in \Omega$ 下，对于匹配给服务提供者 $k \in \mathcal{K}$ 上 $i = 2,3,\cdots,J$ 位置的顾客，我们可以得到

$$W_{i,k,\omega} = \left[\sum_{j \in \mathcal{J}_k} x_{i-1,j,k} u_{j,\omega} + W_{i-1,k,\omega} + \sum_{j \in \mathcal{J}_k} x_{i-1,j,k} d_{j,k,\omega} - a_{i-1,k} - \sum_{j \in \mathcal{J}_k} x_{i,j,k} u_{j,\omega}\right]^+ \tag{7-8}$$

$$I_{i,k,\omega} = \left[\sum_{j \in \mathcal{J}_k} x_{i-1,j,k} u_{j,\omega} + W_{i-1,k,\omega} + \sum_{j \in \mathcal{J}_k} x_{i-1,j,k} d_{j,k,\omega} - a_{i-1,k} - \sum_{j \in \mathcal{J}_k} x_{i,j,k} u_{j,\omega}\right]^- \tag{7-9}$$

根据 Jiang 等（2019）以及 Shehadeh 等（2021）的研究中的方法，如果顾客在预约的服务开始时间之前到达，应该以预约的服务和实际服务开始时间中较晚

的那个时间计算他的等待时间，以便在管理预约系统时进行考虑。在情景 ω 下，位于服务提供者 $k \in \mathcal{K}$ 上 $i \in \mathcal{J}$ 位置的顾客的这种系统相关等待时间可以按照以下方式计算：

$$\bar{W}_{i,k,\omega} = \left[W_{i,k,\omega} - \left[\sum_{j \in \mathcal{J}} x_{i,j,k} u_{j,\omega} \right]^- \right]^+ \quad (7\text{-}10)$$

在情景 $\omega \in \Omega$ 下，服务提供者 $k \in \mathcal{K}$ 的加班时长和在为最后一个顾客提供服务后的空闲时间可以按照以下方式计算：

$$O_{k,\omega} = \left[\sum_{j \in \mathcal{J}} x_{j,k,J} u_{j,\omega} + W_{j,J,\omega} + \sum_{j \in \mathcal{J}} x_{j,k,J} d_{j,k,\omega} - a_{j,k} \right]^+ \quad (7\text{-}11)$$

$$\tilde{k}_{k,\omega} = \left[\sum_{j \in \mathcal{J}} x_{j,k,J} u_{j,\omega} + W_{j,k,\omega} + \sum_{j \in \mathcal{J}} x_{j,k,J} d_{j,k,\omega} - a_{j,k} \right]^- \quad (7\text{-}12)$$

基于上述分析，本章可以通过求解以下第二阶段问题［记为（SP$_k$)］来计算对于满足 $y_k = 1$ 的服务提供者 k 的 $Q_k(x_{k\cdot}, y_k)$ 值：

$$(\mathrm{SP}_k) \quad \min \sum_{\omega \in \Omega} \rho_\omega \left(\sum_{i \in \mathcal{J}} \left(\sum_{j \in \mathcal{J}_k} c_j^{\bar{W}} x_{i,j,k} \bar{W}_{i,k,\omega} + c_k^I I_{i,k,\omega} \right) + c_k^I \tilde{k}_{k,\omega} + c_k^O O_{k,\omega} \right) \quad (7\text{-}13)$$

$$\text{s.t.} \quad a_{i,k} \leqslant \sum_{j \in \mathcal{J}_k} x_{i,j,k} T, \quad i \in \mathcal{J} \quad (7\text{-}14)$$

$$\sum_{i \in \mathcal{J}} a_{i,k} = T \quad (7\text{-}15)$$

$$W_{1,k,\omega} - I_{1,k,\omega} = -\sum_{j \in \mathcal{J}_k} x_{1,j,k} u_{j,\omega}, \quad \omega \in \Omega \quad (7\text{-}16)$$

$$\begin{aligned} W_{i,k,\omega} - I_{i,k,\omega} = & \sum_{j \in \mathcal{J}_k} x_{i-1,j,k} u_{j,\omega} + W_{i-1,k,\omega} + \sum_{j \in \mathcal{J}_k} x_{i-1,j,k} d_{j,k,\omega} \\ & - a_{i-1,k} - \sum_{j \in \mathcal{J}_k} x_{i,j,k} u_{j,\omega}, \quad i = 2,3,\cdots,J; \ \omega \in \Omega \end{aligned} \quad (7\text{-}17)$$

$$\bar{W}_{i,k,\omega} \geqslant W_{i,k,\omega} - \left(\sum_{j \in \mathcal{J}_k} x_{i,j,k} u_{j,\omega} \right)^-, \quad i \in \mathcal{J}; \ \omega \in \Omega \quad (7\text{-}18)$$

$$O_{k,\omega} - \tilde{k}_{k,\omega} = \sum_{j \in \mathcal{J}_k} x_{j,k,J} u_{j,\omega} + W_{j,k,\omega} + \sum_{j \in \mathcal{J}_k} x_{j,k,J} d_{j,k,\omega} - a_{j,k}, \quad \omega \in \Omega \quad (7\text{-}19)$$

$$a_{i,k} \geqslant 0, \quad W_{i,k,\omega} \geqslant 0, \quad \bar{W}_{i,k,\omega} \geqslant 0, \quad I_{i,k,\omega} \geqslant 0, \quad \tilde{I}_k \geqslant 0, \quad O_{k,\omega} \geqslant 0, \quad i \in \mathcal{J}; \ \omega \in \Omega \quad (7\text{-}20)$$

根据（SP$_k$）中的分析，式（7-13）的目标是最小化匹配给服务提供者 k 的顾客的总期望等待成本以及在所有情景下的服务提供者 k 的总期望空闲和加班成本。式（7-14）～式（7-20）为约束条件，式（7-14）表示如果服务提供者 k 的位置 $i \in \mathcal{J}$ 没有匹配给任何顾客，则该位置的调度时间应为 0。式（7-15）确保匹配给服务提供者 k 的总调度时间应等于总时间 T 。式（7-16）～式（7-19）线性化了式（7-7）～式（7-10）。为了验证这些约束的有效性，需考虑以下情况：服务提供者 $k \in \mathcal{K}$ 的前 i' 个位置已被占用，而其余位置为空，即 $i = 1,2,\cdots,i'$ 时，$\sum_{j \in \mathcal{J}_k} x_{i,j,k} = 1$ 且在 $i = i'+1, i'+2,\cdots,J$ 时，$\sum_{j \in \mathcal{J}_k} x_{i,j,k} = 0$ 。根据式（7-14），我们知道，对于 $i = i'+1, i'+2,\cdots,J$ ，有 $a_{i,k} = 0$ 。根据式（7-13）和式（7-17）及式（7-18），可知在这种情况下，$I_{i'+1,k,\omega} = \cdots = I_{j,k,\omega} = \tilde{k}_{k,\omega} = 0$ ，并且有 $W_{i'+1,k,\omega} = \cdots = W_{j,J,\omega} = O_{k,\omega}$ 。因此，式（7-13）确保了与位置 $i'+1, i'+2,\cdots,J$ 相关的等待成本不会被计算。另外，我们注意到对于式（7-18），在给定第一阶段的决策 $x_{k\cdot}$ 之后，可以预先为每个位置 $i \in \mathcal{J}$ 计算参数 $\left[\sum_{j \in \mathcal{J}} x_{i,j,k} u_{j,\omega}\right]^{-}$ 。

7.3　求 解 算 法

本节将详细阐述解决本章所研究的问题的方法。具体来说，7.3.1 节通过 SAA 方法给出用于求解 7.2 节中提出的随机两阶段整数规划的确定性混合整数线性规划；7.3.2 节描述整数 L-shaped 方法的基本思想，并在 7.3.3 节中提出一种高效的基于整数 L-shaped 的启发式算法，以得到近似最优解。

7.3.1　基于 SAA 的混合整数线性规划重构

本节基于 SAA 方法为所研究的问题推导出一个确定性混合整数线性规划模型。具体来说，如 7.2 节所述，本节根据随机参数 $d_{k,j,\omega}$ 和 $u_{j,\omega}$ 的概率分布生成一组 $|\Omega|$ 个独立同分布的样本集合，并将每个样本情景的概率 ρ_ω 设定为 $1/|\Omega|$ 。为了得到整个问题的确定性规划，本节仍需要对（SP$_k$）中的式（7-18）和式（7-13）进行线性化，因为它们涉及非线性的变量 $x_{i,j,k}$ 。首先，本节通过引入以下一组辅助变量来线性化式（7-18）。

$o_{i,k,\omega}$ ：二元变量，当 $\sum_{j \in \mathcal{J}_k} x_{i,j,k} u_{j,\omega} < 0$ 时，$o_{j,k,\omega} = 1$ ；当 $\sum_{j \in \mathcal{J}_k} x_{i,j,k} u_{j,\omega} \geqslant 0$ 时，$o_{j,k,\omega} = 0$ ；$k \in \mathcal{K}, i \in \mathcal{J}, \omega \in \Omega$ 。

我们注意到，如果对于服务提供者 $k \in \mathcal{K}$ 、位置 $i \in \mathcal{J}$ 和情景 $\omega \in \Omega$ ，有

$\sum_{j\in\mathcal{J}_k} x_{i,j,k}u_{j,\omega}=0$，则 $o_{i,k,\omega}$ 可以是 0 或 1。以下有关 $o_{i,k,\omega}$ 的约束条件应满足，其中 $M_{k,\omega}$ 是一个足够大的常数：

$$\sum_{j\in\mathcal{J}_k} x_{i,j,k}u_{j,\omega} \geqslant -o_{i,k,\omega}M_{k,\omega}, \quad k\in\mathcal{K};\ i\in\mathcal{J};\ \omega\in\Omega \tag{7-21}$$

$$\sum_{j\in\mathcal{J}_k} x_{i,j,k}u_{j,\omega} \leqslant (1-o_{i,k,\omega})M_{k,\omega}, \quad k\in\mathcal{K};\ i\in\mathcal{J};\ \omega\in\Omega \tag{7-22}$$

$$o_{i,k,\omega}\in\{0,1\}, \quad k\in\mathcal{K};\ i\in\mathcal{J};\ \omega\in\Omega \tag{7-23}$$

可以看到，一方面，如果 $\sum_{j\in\mathcal{J}_k} x_{i,j,k}u_{j,\omega}<0$，那么必须满足 $o_{i,k,\omega}=1$，否则将违背式（7-21）；另一方面，如果 $\sum_{j\in\mathcal{J}_k} x_{i,j,k}u_{j,\omega}\geqslant 0$，那么必须满足 $o_{i,k,\omega}=0$，否则将违背式（7-22）。

基于这一点，我们可以将式（7-18）线性化，如下所示：

$$\bar{W}_{i,k,\omega} \geqslant W_{i,k,\omega} + \sum_{j\in\mathcal{J}_k} x_{i,j,k}u_{j,\omega} - (1-o_{i,k,\omega})M_{k,\omega}, \quad k\in\mathcal{K};\ i\in\mathcal{J};\ \omega\in\Omega \tag{7-24}$$

$$\bar{W}_{i,k,\omega} \geqslant W_{i,k,\omega} - o_{i,k,\omega}M_{k,\omega}, \quad k\in\mathcal{K};\ i\in\mathcal{J};\ \omega\in\Omega \tag{7-25}$$

为了证明式（7-24）和式（7-25）的有效性，考虑以下两种情况。

情况 1：$\sum_{j\in\mathcal{J}_k} x_{i,j,k}u_{j,\omega}<0$，这意味着 $o_{i,k,\omega}=1$。在这种情况下，式（7-24）和式（7-25）分别变为 $\bar{W}_{i,k,\omega} \geqslant W_{i,k,\omega} + \sum_{j\in\mathcal{J}_k} x_{i,j,k}u_{j,\omega}, k\in\mathcal{K}, i\in\mathcal{J}, \omega\in\Omega$ 和 $\bar{W}_{i,k,\omega} \geqslant W_{i,k,\omega} - M_{k,\omega}$，$k\in\mathcal{K}, i\in\mathcal{J}, \omega\in\Omega$。当 $\sum_{j\in\mathcal{J}_k} x_{i,j,k}u_{j,\omega}<0$ 时，由于 $\sum_{j\in\mathcal{J}_k} x_{i,j,k}u_{j,\omega}\leqslant M_{k,\omega}$，式（7-25）是多余的，式（7-24）正好等价于式（7-18）。

情况 2：$\sum_{j\in\mathcal{J}_k} x_{i,j,k}u_{j,\omega}\geqslant 0$，这意味着 $o_{i,k,\omega}=0$。在这种情况下，式（7-24）和式（7-25）分别变为 $\bar{W}_{i,k,\omega} \geqslant W_{i,k,\omega} + \sum_{j\in\mathcal{J}_k} x_{i,j,k}u_{j,\omega} - M_{k,\omega}$，$k\in\mathcal{K}, i\in\mathcal{J}$，$\omega\in\Omega$ 和 $\bar{W}_{i,k,\omega} \geqslant W_{i,k,\omega}, k\in\mathcal{K}, i\in\mathcal{J}, \omega\in\Omega$。当 $\sum_{j\in\mathcal{J}_k} x_{i,j,k}u_{j,\omega}\geqslant 0$ 时，由于 $\sum_{j\in\mathcal{J}_k} x_{i,j,k}u_{j,\omega} - M_{k,\omega}\leqslant 0$，式（7-24）是多余的，而式（7-25）正好等价于式（7-18）。

因此，通过对这两种情况的考虑，我们证明了式（7-24）和式（7-25）是有效的，它们可以准确地代替原始的约束条件即式（7-18），并且确保问题的求解是合理和正确的。

然后，通过引入另一组辅助变量来线性化（SP$_k$）的目标函数即式（7-13），具体如下。

$\tilde{W}_{i,j,k}$：在情景 $\omega \in \Omega$ 下，位于服务提供者 $k \in \mathcal{K}$ 位置 $i \in \mathcal{J}$ 上的顾客的等待时间成本。

这些变量可以通过以下约束来并保证其正确性，其中 $M'_{i,k,\omega}$ 是一个足够大的数：

$$\tilde{W}_{i,k,\omega} \geqslant c_j^{\bar{W}} \bar{W}_{i,k,\omega} - \left(1 - x_{i,j,k} M'_{i,k,\omega}\right), \quad k \in \mathcal{K};\ j \in \mathcal{J}_k;\ i \in \mathcal{J};\ \omega \in \Omega \tag{7-26}$$

$$\tilde{W}_{i,k,\omega} \geqslant 0, \quad k \in \mathcal{K};\ i \in \mathcal{J};\ \omega \in \Omega \tag{7-27}$$

基于上述描述，我们可以将研究问题转化为以下确定性混合整数线性规划[记为（DF）]。该规划将在本章后续的计算实验中作为基准模型：

$$\text{（DF）} \min \sum_{k \in \mathcal{K}} c_k^F y_k + \frac{\lambda}{|\Omega|} \sum_{\omega \in \Omega} \sum_{k \in \mathcal{K}} \left(\sum_{i \in \mathcal{J}} (\tilde{W}_{i,k,\omega} + c_k^I \tilde{k}_{i,k,\omega}) + c_k^I \tilde{k}_{k,\omega} + c_k^O O_{k,\omega} \right)$$

$$\text{s.t.} \quad 式(7\text{-}2)\sim式(7\text{-}6), 式(7\text{-}21)\sim式(7\text{-}27)$$

$$式(7\text{-}14)\sim式(7\text{-}17), 式(7\text{-}19)\sim式(7\text{-}20), k \in \mathcal{K}$$

请注意，大 M 参数（即 $M_{k,\omega}$ 和 $M'_{i,k,\omega}$）的存在，可能会显著影响（DF）的计算性能。为了缓解这种负面影响，我们可以进一步对 $M_{k,\omega}$ 和 $M'_{i,k,\omega}$ 进行调整。通过对大 M 参数进行适当的收紧，可以改善计算性能。这样做可以使优化算法更容易找到可行解和更接近最优解的解。

7.3.2　整数 L-shaped 方法

整数 L-shaped 方法（integer L-shaped method，ILSM）最初由 Laporte 和 Louveaux（1993）提出，用于求解第一阶段变量为二元变量的随机整数规划问题。它通过使用非负连续变量 $\theta_k (k \in \mathcal{K})$ 对（FP）进行改写，形成以下主问题［记为（MP）］，用来近似第二阶段值函数 $Q_k(x_{k\cdot}, y_k)$：

$$\min \sum_{k \in \mathcal{K}} c_k^F y_k + \lambda \sum_{k \in \mathcal{K}} \theta_k$$

$$\text{s.t.} \quad 式(7\text{-}2)\sim式(7\text{-}6)$$

$$\theta_k \geqslant Q_k(x_{k\cdot}, y_k), \quad k \in \mathcal{K} \tag{7-28}$$

$$\theta_k \geqslant 0, \quad k \in \mathcal{K} \tag{7-29}$$

我们可以看到，（MP）是（FP）的等价形式。然而，式（7-28）涉及 $Q_k(x_{k\cdot}, y_k)$，这使（MP）不能直接求解。为了处理这个问题，我们可以用关于每个服务提供者 $k \in \mathcal{K}$ 的 θ_k、$x_{k\cdot}$ 和 y_k 的最优性切割约束集替换式（7-28）。对于服务提供者 $k \in \mathcal{K}$，有效的最优性切割约束集是一组约束条件，对于任意 $(x_{k\cdot}, y_k)$ 和 θ_k，如果它们满足这个割集中的所有约束条件，则有 $\theta_k \geqslant Q_k(x_{k\cdot}, y_k)$。显然，通过求解（MP），式（7-28）将被替换为每个 $k \in \mathcal{K}$ 的有效的最优性切割约束集，可以得到问题的最优解。接下来，我们将描述如何为每个 $k \in \mathcal{K}$ 导出一个最优性切割约束集。

值得注意的是，Laporte 和 Louveaux（1993）的研究中提出了一个推导一般两阶段随机混合整数规划的有效优化切割约束集的框架。本章提出的优化切割约束集本质上基于他们的框架提出，但进行了相应的调整以契合本章研究问题的特点。这些优化切割约束集的推导依赖于一个假设，即每个 $k \in \mathcal{K}$，对于所有 $(x_{k\cdot}, y_k)$，$Q_k(x_{k\cdot}, y_k)$ 都有一个有限的下界 L_k，即 $L_k \leqslant \min_{(x_{k\cdot}, y_k)} Q_k(x_{k\cdot}, y_k)$。计算这样的下界 L_k 是与问题相关的。对于本章的下界 L_k，显然 $L_k = 0$ 是 $Q_k(x_{k\cdot}, y_k)$ 的一个有效下界。接下来，如果服务提供者 k 至少为一名顾客提供服务，本节将计算一个更紧凑的 L_k 值。

设 $C_{j,k}$ 为服务提供者 $k \in \mathcal{K}$ 在为顾客 $j \in \mathcal{J}_k$ 提供服务之前的期望空闲成本，即 $C_{j,k} = \dfrac{1}{|\Omega|}\sum_{\omega \in \Omega} c_k^I [u_{j,\omega}]^+$。如果至少有一个顾客被匹配给服务提供者 $k \in \mathcal{K}$，则总期望顾客等待成本、服务提供者空闲和加班成本的下界 L_k 可以缩紧如下：$L_k = \min_{j \in \mathcal{J}_k} C_{j,k}$。

根据 Laporte 和 Louveaux（1993）的论文中的命题 2，我们为本章的问题设计以下最优性切割约束集。

引理 7-1 对于每个可行的服务提供者 $k \in \mathcal{K}$ 的一阶解 $(\tilde{x}_{k\cdot}, \tilde{y}_k)$，构造以下最优性切割约束集：

$$\theta_k \geqslant \left(Q_k(\tilde{x}_i, \tilde{y}_k) - L_k\right)\left(\sum_{(j,i)\in S_i} x_{i,j,k} - \sum_{(j,i)\in \overline{S_i}} x_{i,j,k}\right) + \left(Q_k(\tilde{x}_{k\cdot}, \tilde{y}_k) - |S_i| Q_k(\tilde{x}_{k\cdot}, \tilde{y}_k) + |S_i| L_k\right) y_k \tag{7-30}$$

对于每个可行的服务提供者 $k \in \mathcal{K}$ 的一阶解 $(\tilde{x}_{k\cdot}, \tilde{y}_k)$，定义集合 S_i 和 $\overline{S_i}$ 如下：$S_i = \{i, j| \ \tilde{x}_{i,j,k} = 1, j \in \mathcal{J}_k, i \in \mathcal{J}\}$，$\overline{S_i} = \{(j,i)| \ \tilde{x}_{i,j,k} = 0, j \in \mathcal{J}_k, i \in \mathcal{J}\}$。然后，式（7-30）定义在所有可行的 $(\tilde{x}_{k\cdot}, \tilde{y}_k)$ 上，构成了服务提供者 $k \in \mathcal{K}$ 的一个有效的最优性切割约束集。

证明：对于每个可行的服务提供者 $k \in \mathcal{K}$ 的一阶解 $(\tilde{x}_{k\cdot}, \tilde{y}_k)$，本章考虑以下两种情况，即服务提供者 k 是否至少为一个顾客提供服务。

情况 1：没有顾客被匹配给服务提供者 k，即 $\tilde{y}_k = 0$。在这种情况下，根据式（7-4），可以知道对于 $j \in \mathcal{J}_k$ 和 $i \in \mathcal{J}$，$\tilde{x}_{i,j,k} = 0$。因此，式（7-30）变为 $\theta_k \geqslant 0$。

情况 2：至少有一个顾客被匹配给服务提供者 k，即 $\tilde{y}_k = 1$。考虑以下两种子情况。

子情况 1：$x=\tilde{x}$，这意味着 $\sum_{i,j\in S_i} x_{i,j,k} - \sum_{i,j\in \overline{S_i}} x_{i,j,k} = |S_i|$。在这种子情况下，式(7-30)变为$\theta_k \geqslant Q_k(\tilde{x}_{k\cdot},\tilde{y}_k)$。

子情况 2：$x \neq \tilde{x}$，这意味着 $\sum_{i,j\in S_i} x_{i,j,k} - \sum_{i,j\in \overline{S_i}} x_{i,j,k} \leqslant |S_i|-1$。在这种子情况下，式（7-30）的右侧不超过$L_k$，意味着式（7-30）变得多余。因此，式（7-30）保证了当$(x_{k\cdot},y_k)=(\tilde{x}_{k\cdot},\tilde{y}_k)$时，$\theta_k \geqslant Q_k(\tilde{x}_{k\cdot},\tilde{y}_k)$。因此，对于服务提供者$k$，所有可行的一阶解$(\tilde{x}_{k\cdot},\tilde{y}_k)$识别出的切割约束集构成了一个有效的最优性切割约束集。

值得注意的是，对于$k\in\mathcal{K}$，L_k可以提前预先计算。为了构建每个$(\tilde{x}_{k\cdot},\tilde{y}_k)$的最优性切割约束集即式（7-30），本章仍需要通过求解服务提供者k的相应二阶问题（SP$_k$）来计算$Q_k(\tilde{x}_{k\cdot},\tilde{y}_k)$。根据（SP$_k$）的结构，对于任意可行的一阶解$(\tilde{x}_{k\cdot},\tilde{y}_k)$，（SP$_k$）总是可行的。这意味着构建每个最优性切割约束集需要求解一个线性规划问题。此外，本章只为$\tilde{y}_i=1$的服务提供者生成最优性切割约束集。对于$\tilde{y}_i=0$的服务提供者，本章将其对应的最优性切割约束集视为空，即最优性切割约束集的所有系数均为 0。

Laporte 和 Louveaux（1993）建议在一个“分支-剪枝”框架内实现 ILSM。在这个过程中，只要找到整数解，就会生成一个最优性切割约束集并添加到（MP）中。在本章的初步实验中，由于所研究问题的复杂性，ILSM 并没有表现出比简单求解确定性问题（DF）更明显的优势。因此，本章没有提供 ILSM 的详细细节［ILSM 的详细步骤见 Laporte 和 Louveaux（1993）的研究］。接下来，7.3.3 节提出一种高效的基于整数 L-shaped 的启发式算法，以便在合理的时间内得到近似最优解。

7.3.3　基于整数 L-shaped 的启发式算法

本章使用的基于整数 L-shaped 的启发式（integer L-shaped heuristic，ILSH）算法受到 Mancilla 和 Storer（2012）的研究中基于 Benders 分解的启发式方法的启发。该启发式方法的核心思想是在获得整数解时，基于生成的最优性切割约束集（或 Benders 割）更新主问题（MP）的目标函数的系数，而不是将这些约束添加到（MP）中。通过这种方式，（MP）的约束条件始终保持为式（7-2）～式（7-6），从而使 ILSH 中主问题的规模保持不变，显著加快了求解过程。按照 Mancilla 和 Storer（2012）的方法，本章将这样的主问题称为简化主问题，并用（SMP）表示。由于目标函数在每次迭代中都会变化，本章将第v次迭代的（SMP）表示为

$$\min \sum_{k\in\mathcal{K}} c_k^F y_k + \lambda\left(\sum_{k\in\mathcal{K}}\sum_{j\in\mathcal{J}_k}\sum_{i\in\mathcal{J}} a_{i,j,k}^{v} x_{i,j,k} + \sum_{k\in\mathcal{K}} b_k^{v} y_k\right)$$

$$\text{s.t.}\quad 式(7\text{-}2)\sim式(7\text{-}6)$$

式中，系数 $a_{i,j,k}^{v}$ 和 b_k^{v} 为第 v 次迭代生成的最优性切割的系数。基于这些系数，本章的 ILSH 算法的步骤可以描述如下，其中解 $(\boldsymbol{x},\boldsymbol{y})$ 的目标值是指所研究问题的目标值，即 $\sum_{k\in\mathcal{K}} c_k^F y_k + \lambda\sum_{k\in\mathcal{K}} Q_k(x_{k\cdot}, y_k)$。

本章将最优可行解（或现有解）的目标值记为 UB，其初始值设置为正无穷大。在第一次迭代中，将系数设置为 $a_{i,j,k}^{1}=0$ 和 $b_k^{1}=0$，对于所有 $k\in\mathcal{K}$、$j\in\mathcal{J}_k$ 和 $i\in\mathcal{J}$，通过求解这个初始的（SMP），可以得到一个整数解 $(\tilde{\boldsymbol{x}},\tilde{\boldsymbol{y}})$。然后，针对每个 $k\in\mathcal{K}$，使用 $(\tilde{x},\tilde{y})$ 解第二阶段的问题（SP$_k$），并得到它们的最优目标值 $Q_k(\tilde{x}_{k\cdot},\tilde{y}_k)$。需要注意的是，此时已经得到了问题的一个有效的上界，即 $\sum_{k\in\mathcal{K}} c_k^F \tilde{y}_k + \lambda\sum_{k\in\mathcal{K}} Q_k(\tilde{x}_{k\cdot},\tilde{y}_k)$。如果以下关系成立，可以更新现有解：

$$\sum_{k\in\mathcal{K}} c_k^F \tilde{y}_k + \lambda\sum_{k\in\mathcal{K}} Q_k(\tilde{x}_{k\cdot},\tilde{y}_k) < \text{UB} \tag{7-31}$$

另外，可以利用获得的值 $Q_k(\tilde{x}_{k\cdot},\tilde{y}_k)$ 构建最优性切割约束集，来进一步用于更新下一轮迭代的系数 $a_{i,j,k}^{2}$ 和 b_k^{2}。设 V 是预先设定的允许 ILSH 算法进行的最大迭代次数。本章将重复上述过程，直到迭代次数达到 V。

在接下来的内容中，将详细描述 $a_{i,j,k}^{v}$ 和 b_i^{v} 的更新机制，并介绍一种变量邻域下降方法，可以显著扩大 ILSH 算法的搜索空间。同时，提出了一种加速策略，并整合在 ILSH 框架中。

接下来分析（SMP）的目标函数迭代。给定最优性切割约束集即式（7-30），我们采用 Mancilla 和 Storer（2012）建议的系数更新机制来捕捉这些性质的有用信息。具体而言，在每次迭代 $v=1,2,\cdots,V-1$ 中，设 $\left(\tilde{\boldsymbol{x}}^{v},\tilde{\boldsymbol{y}}^{v}\right)$ 表示通过求解（SMP）获得的最优整数解，$Q_k(\tilde{x}_{k\cdot},\tilde{y}_k)$ 表示通过求解（SP$_k$）获得的相应两阶段最优值函数，其中 $k\in\mathcal{K}$。对于 $k\in\mathcal{K}$、$j\in\mathcal{J}_k$ 和 $i\in\mathcal{J}$，设 $\tilde{a}_{i,j,k}^{v}$ 和 $\tilde{b}_i^{v}$ 分别为最优性切割约束集［式（7-30）］中基于 $Q_k\left(\tilde{x}_{k\cdot}^{v},\tilde{y}_i^{v}\right)$ 构造的 $x_{i,j,k}$ 和 y_k 的系数。具体来说，当 $\tilde{x}_{i,j,k}^{v}=1$ 时，$\tilde{a}_{i,j,k}^{v}=Q_k\left(\tilde{x}_{k\cdot}^{v},\tilde{y}_i^{v}\right)-L_k$，当 $\tilde{x}_{i,j,k}^{v}=0$ 时，$\tilde{a}_{i,j,k}^{v}=L_k-Q_k\left(\tilde{x}_{k\cdot}^{v},\tilde{y}_i^{v}\right)$，同时，当 $\tilde{y}_i^{v}=1$ 时，$\tilde{b}_i^{v}=Q_k\left(\tilde{x}_{k\cdot}^{v},\tilde{y}_i^{v}\right)-\left|S_{k,V}^{v}\right|Q_k\left(\tilde{x}_{k\cdot}^{v},\tilde{y}_i^{v}\right)+\left|S_{k,V}^{v}\right|L_k$，当 $\tilde{y}_i^{v}=0$ 时，$\tilde{b}_i^{v}=0$。参照 Mancilla 和 Storer（2012）的研究，本章按照以下方式更新 $a_{i,j,k}^{v+1}$ 和 b_i^{v+1} 以进行第 $v+1$ 次迭代：

$$a_{i,j,k}^{v+1}=\max_{1\leqslant t\leqslant V}\tilde{a}_{i,j,k}^{t},\ b_i=\max_{1\leqslant t\leqslant V}\tilde{b}_i^{t},\quad k\in\mathcal{K};\ j\in\mathcal{J}_k;\ i\in\mathcal{J} \tag{7-32}$$

需要注意的是，更新 $a_{i,j,k}$ 和 b_i 的机制是根据每个问题进行启发式确定的，其目的是捕获生成的最优性切割约束集中的有用信息。同时我们也注意到，在某些迭代 v 中，通过求解（SMP）得到的整数解 $\left(\tilde{\boldsymbol{x}}^v, \tilde{\boldsymbol{y}}^v\right)$ 可能与上一迭代中获得的整数解 $\left(\tilde{\boldsymbol{x}}^{v-1}, \tilde{\boldsymbol{y}}^{v-1}\right)$ 相同。在这种情况下，很明显对于 $k \in \mathcal{K}$、$j \in \mathcal{J}_k$ 和 $i \in \mathcal{J}$，有 $\tilde{a}_{i,j,k}^v = \tilde{a}_{i,j,k}^{v-1}$。因此，如果继续使用式（7-32）来更新 $a_{i,j,k}$ 和 b_i，那么会得到 $a_{i,j,k}^{v+1} = \max\limits_{1 \leqslant t \leqslant V} \tilde{a}_{i,j,k}^t = \max\limits_{1 \leqslant t \leqslant V-1} \tilde{a}_{i,j,k}^t = a_{i,j,k}^v$。

在类似的方式下，我们可以证明在这种情况下对于任意 $k \in \mathcal{K}$ 都有 $b_i^{v+1} = b_i^v$。这意味着如果继续使用式（7-32）来更新 $a_{i,j,k}^{v+1}$ 和 b_i^{v+1}，启发式方法将会陷入循环。为了避免这种情况的发生，在 $\left(\tilde{x}^v, \tilde{y}^v\right) = \left(\tilde{x}^{v-1}, \tilde{y}^{v-1}\right)$ 时，将会使用以下公式来更新 $a_{i,j,k}^{v+1}$ 和 b_i^{v+1}，而不是使用式（7-32）：

$$a_{i,j,k}^{v+1} = \alpha_{i,j,k} a_{i,j,k}^v, \quad b_i^{v+1} = \beta_i b_i^v, \quad k \in \mathcal{K};\ j \in \mathcal{J}_k;\ i \in \mathcal{J} \tag{7-33}$$

式中，$\alpha_{i,j,k}$ 和 β_i 为独立从区间 (0,1) 均匀抽取而得的随机数。这样的更新机制可防止启发式方法陷入无限循环，这种过程在文献中被称为“重启”（restart）。

接下来分析邻域变量下降（variable neighborhood descent，VND）方法，为了增加 ILSH 算法的搜索空间，本章偶尔会采用 VND 方法来搜索在每次迭代 v 中获得的解 $(\tilde{\boldsymbol{x}}^v, \tilde{\boldsymbol{y}}^v)$ 的邻域。VND 是常见的可变邻域搜索的子算法，用于在搜索解的邻域时系统地改变搜索算子。

UB 是 ILSH 算法目前确定的最优解的目标值。令 $\mathrm{UB}^v = \sum\limits_{k \in \mathcal{K}} c_k^F \tilde{y}_k^v + \lambda \sum\limits_{k \in \mathcal{K}} Q_k$ $\left(\tilde{x}_k^v, \tilde{y}_k^v\right)$ 表示在当前迭代中获得的解的目标值。只要 $\mathrm{UB}^v \leqslant \psi \mathrm{UB}$，其中 $\psi > 0$ 是预先指定的值，本章就会在解 $(\tilde{\boldsymbol{x}}^v, \tilde{\boldsymbol{y}}^v)$ 上执行 VND 方法。这意味着如果其目标值在不超过现有解的 ψ 倍时，本章只搜索 $(\tilde{\boldsymbol{x}}^v, \tilde{\boldsymbol{y}}^v)$ 的邻域。具体来说，为了应用 VND 方法，首先需要确定一些邻域搜索算子。在本章中，使用以下两个运算。

（1）Insert（j,l）：如果顾客 $j \in \mathcal{J}$ 可以由顾客 $l \in \mathcal{J}$ 所匹配的服务提供者为其提供服务，则本章通过在顾客 l 之前立即插入顾客 j 来生成一个新的解；否则，此操作将无法返回一个可行解。

（2）Swap（j,l）：如果顾客 $j \in \mathcal{J}$ 可以由顾客 $l \in \mathcal{J}$ 匹配的服务提供者提供服务，并且顾客 l 可以由顾客 j 匹配的服务提供者提供服务，则本章通过交换这两个顾客来生成一个新解；否则，此操作将无法返回可行解。

基于此，根据已有文献（Costa et al.，2012；Wu and Che，2020）的结论，本章进一步引入以下两种局部搜索的过程。

（1）Reduced_Insert：对于每个 $j = 1,2,\cdots,J$ 和 $l = 1,2,\cdots,J$，执行以下操作。

如果 $j=l$ 或者对于同一个服务提供者，顾客 j 在顾客 l 前一个接受服务，则继续检查下一对（j,l）；否则，在解（$\tilde{\boldsymbol{x}}^{v},\tilde{\boldsymbol{y}}^{v}$）上执行 Insert（$j,l$）。如果得到一个新解并且其目标值低于（$\tilde{\boldsymbol{x}}^{v},\tilde{\boldsymbol{y}}^{v}$）的目标值，则返回这个新解并停止；否则，继续检查下一对（j,l）。

（2）Reduced_Swap：对于每个 $j=1,2,\cdots,J-1$ 和 $l=j+1,\cdots,J$，在解（$\tilde{\boldsymbol{x}}^{v},\tilde{\boldsymbol{y}}^{v}$）上执行 Swap（$j,l$）。如果得到一个新解并且其目标值低于（$\tilde{\boldsymbol{x}}^{v},\tilde{\boldsymbol{y}}^{v}$）的目标值，则返回这个新解并停止。否则，继续测试下一对（j,l）。

基于上述内容，本章采用的 VND 过程可以进行如下描述。

给定一个可行解（$\tilde{\boldsymbol{x}}^{v},\tilde{\boldsymbol{y}}^{v}$），首先对其执行 Reduced_Insert 过程。如果找到一个更好的新解（$\boldsymbol{x}',\boldsymbol{y}'$），则将（$\tilde{\boldsymbol{x}}^{v},\tilde{\boldsymbol{y}}^{v}$）设置为（$\boldsymbol{x}',\boldsymbol{y}'$），并重新启动 VND 过程；否则，执行在（$\tilde{\boldsymbol{x}}^{v},\tilde{\boldsymbol{y}}^{v}$）上的 Reduced_Swap 过程，如果找到一个更好的新解（$\boldsymbol{x}',\boldsymbol{y}'$），将（$\tilde{\boldsymbol{x}}^{v},\tilde{\boldsymbol{y}}^{v}$）设置为（$\boldsymbol{x}',\boldsymbol{y}'$），并重新启动整个 VND 过程；如果均非二者，则停止搜索，VND 过程结束。

注意：VND 过程使用了 Reduced_Insert 和 Reduced_Swap 两种局部搜索过程，并根据其所找到的更好的解不断更新当前的解（$\tilde{\boldsymbol{x}}^{v},\tilde{\boldsymbol{y}}^{v}$）。这样的循环迭代可以帮助我们搜索到更广泛的解空间，并尝试寻找到更优的解。

接下来介绍 ILSH 结构框架。首先介绍一种加速策略，（$\tilde{\boldsymbol{x}}^{v},\tilde{\boldsymbol{y}}^{v}$）是在第 v 次迭代中得到的整数解，我们可以分析，假设在某个往期迭代 v' 中，得到的整数解（$\tilde{\boldsymbol{x}}^{v'},\tilde{\boldsymbol{y}}^{v'}$）可能满足（$\tilde{\boldsymbol{x}}^{v},\tilde{\boldsymbol{y}}^{v}$）$\neq$（$\tilde{\boldsymbol{x}}^{v'},\tilde{\boldsymbol{y}}^{v'}$），但是，对于某个 $k\in\mathcal{K}$，也可能有 $(\tilde{x}_{k\cdot}^{v},\tilde{y}_{i}^{v})=(\tilde{x}_{k\cdot}^{v'},\tilde{y}_{k}^{v'})$。这意味着可能存在特殊情况，即在第 v 次和第 v' 次迭代中求解的二阶段问题（SP_k）是完全相同的，实际上本章只需要第一次求解的结果即可。基于这个分析，在实现过程中，每当求解一个新的二阶段问题（SP_k）时，记录相应的（$\tilde{x}_{k\cdot},\tilde{y}_{k}$）和 $Q_k(\tilde{x}_{i\cdot},\tilde{y}_k)$。因此，每当在后续迭代中获得一个具有相同（$\tilde{x}_{i\cdot},\tilde{y}_{k}$）的新解时，可以直接将（$\mathrm{SP}_k$）的最优目标值设置为 $Q_k(\tilde{x}_{i\cdot},\tilde{y}_k)$，而无须再次求解它。

本节提出的 ILSH 算法流程图如图 7-1 所示。虚线框表示本章仅在满足条件 $\mathrm{UB}^{v}\leqslant\psi\mathrm{UB}$ 的迭代 v 中执行 VND 过程。

7.4　数 值 分 析

本节将进行数值实验，评估所提出的求解方法在求解研究问题时的性能。具体而言，在 7.4.1 节中描述如何生成测试实例，并研究样本大小对性能的影响，确定 ILSH 算法中 V 和 ψ 的合适取值；7.4.2 节比较所研究问题的四种求解方案的性能，包括求解（DF）、ILSM、不带 VND 的 ILSH 和带 VHD 的 ILSH 算法；

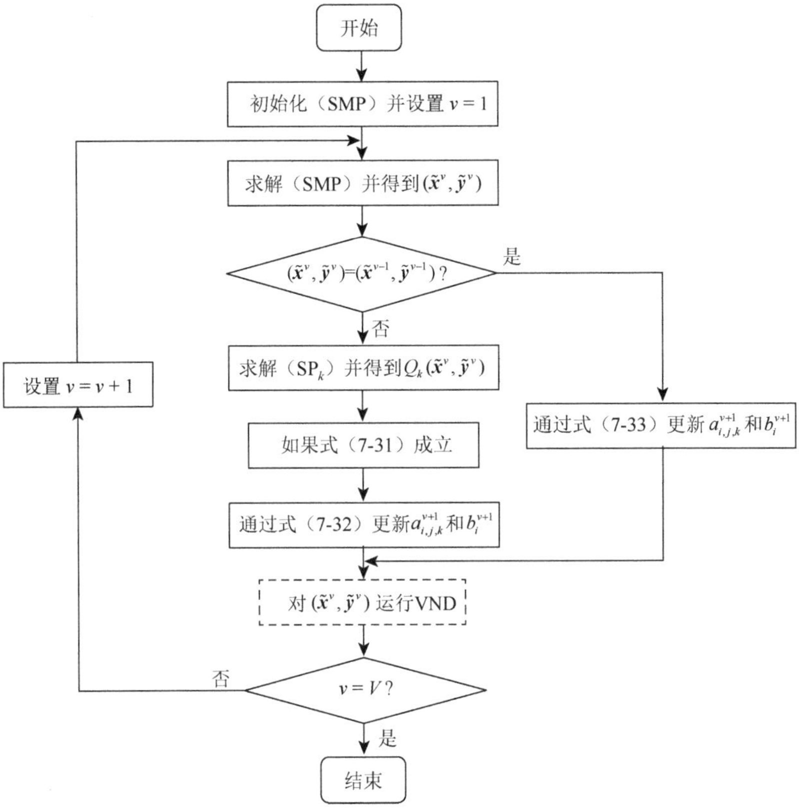

图 7-1　ILSH 算法流程图

7.4.3 节分析服务时间、顾客不守时时间和成本参数的影响；7.4.4 节分析预约排序决策的价值；7.4.5 节分析员工成本的价值。所有算法均使用 C++实现，其中涉及的 MILP 使用默认设置下的 Gurobi 9.0.2 求解，实验在一台配备 16GB 内存和 Intel® Core™k7-8565U CPU（主频 1.8GHz）的 PC 上进行。

7.4.1　实验设置

本节首先描述如何根据现有预约调度的研究成果构造测试实例，以便本章的实验能够更贴近实际应用，然后评估使用 SAA 方法分析样本大小对算法的影响，并确定 ILSH 算法中参数的合适取值。

对于与时间相关的参数，设 $\mu_{j,k}$ 和 $\sigma_{j,k}$ 分别表示服务提供者 $k \in \mathcal{K}$ 中顾客 $j \in \mathcal{J}$ 的服务时间的均值和标准差。由于对数正态分布已被证明能够准确地描述大多数服务系统中的服务时间，所以本节使用对数正态分布生成每个服务提供者

$k \in \mathcal{K}$ 中的顾客 $j \in \mathcal{J}$ 的服务时间 $d_{j,k,\omega}$，其中 $\omega \in \Omega$ 表示场景。基于此，本节设置了系统总时间长度 $T = \frac{1}{M^2}\sum_{j\in\mathcal{J}}\mu_{j,k} + \sqrt{\sum_{j\in\mathcal{J}}\sigma_{j,k}^2}$ ，这与相关文献中的设置一致（Mak et al.，2015；Jiang et al.，2017）。

对于顾客的不守时时间，本节首先生成一个顾客 $j \in \mathcal{J}$ 的不守时时间上界 $\overline{u}_j$ 和不守时时间下界 $\underline{u}_j$。在场景 $\omega \in \Omega$ 下，本节从均匀分布 $U(\underline{u}_j, \overline{u}_j)$ 中随机生成顾客 $j \in \mathcal{J}$ 的不守时时间 $u_{j,\omega}$。为了生成符合约束条件的实例，本节引入参数 $e_{j,k}$ 来表示是否允许服务提供者 $k \in \mathcal{K}$ 为顾客 $j \in \mathcal{J}$ 提供服务，其中 $e_{j,k}=1$ 表示顾客 j 可以由服务提供者 k 提供服务，$e_{j,k}=0$ 表示不允许。在实验中，设置 $e_{j,k}=1$ 的概率为 0.7，$e_{j,k}=0$ 的概率为 0.3，对于 $j \in \mathcal{J}$ 和 $k \in \mathcal{K}$ 都成立。详细的参数设置如表 7-1 所示，其中 $U(a,b)$ 表示区间 (a,b) 上的均匀分布。在本节的实验中，所有与时间相关的参数都设置为 5min 的倍数，并遵循相应的分布。我们注意到，以往的研究一般采取 $\sigma_{j,k} = \mu_{j,k}/3$ 的赋值策略，即使用变异系数（coefficient of variation，CV）来控制服务时间的波动性，这种方法被广泛用于预约调度相关研究中（Mak et al.，2015；Jiang et al.，2017）。稍后在 7.4.3 节中，还将测试 CV=2/3 的实例，即 $\sigma_{j,k} = 2\mu_{j,k}/3$。

表 7-1　参数设置

相关成本参数					相关时间参数		
λ	c_k^F	c_j^W	c_k^I	c_k^O	$\mu_{j,k}$	$\sigma_{j,k}$	v_j
$U(0.5,1.5)$	$U(30,50)$	$U(3,5)$	$U(5,10)$	$1.5c_k^I$	$U(20,40)$	$\mu_{j,k}/3$	$U(0,30)$

接下来，对 SAA 方法中一个重要参数——样本大小 $|\Omega|$ 的影响进行实验评估。样本大小 $|\Omega|$ 的选择至关重要，它决定了模型对随机问题的近似程度。较大的 $|\Omega|$ 可以更好地近似真实情况，更准确地反映系统性能，但这需要更多的计算时间；而较小的 $|\Omega|$ 则会产生相反的效果。因此在选择 $|\Omega|$ 时需进行权衡。为了确保得到的解是最优解或非常接近最优解，本节将重点关注问题规模（J,K）为 $(5,2)$ 这一情况。本节将从 $\{10, 50, 100, 200, 500\}$ 中选取 $|\Omega|$。对于每个样本大小，通过求解相应的（DF）问题的方式来测试这 5 个随机实例，同时将限制每个实例的计算时间在 7200s 内。初步结果显示，对于其他更大的问题规模，（DF）的最优性差距在规定的时间限制内有较大的变化，因此不适用于评估 $|\Omega|$ 的影响。对于问题规模（J,K）为（5, 2）的情况，尽管某些实例在规定的时间限制内无法求解到最优解，但时间限制内的最大最优性差距小于 1.5%，这意味着求解器得到的上界与最优解非常接近。图 7-2 绘制了不同样本大小下 5 个实例的总成本和计

算时间的箱形图。如果某个实例在规定的时间限制内无法求解，其计算时间则认定为 7200s。这种方法也适用于本章接下来的实验。

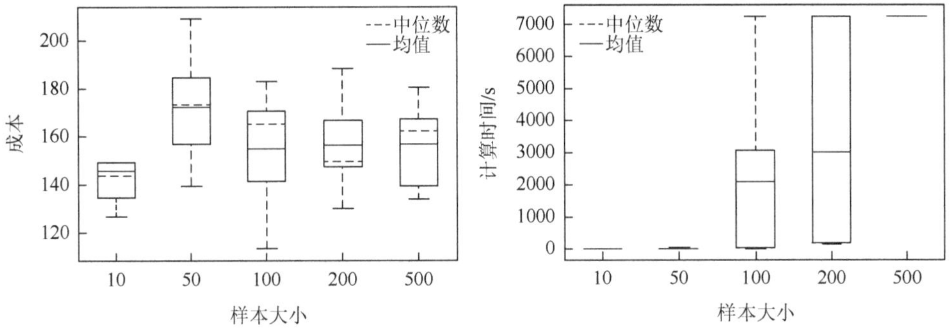

(a) 样本大小$|\Omega|$对成本的影响　(b) 样本大小$|\Omega|$对计算时间的影响

图 7-2　样本大小$|\Omega|$的影响

从图 7-2 中可以看到，一旦样本大小达到 100，平均总成本就变得较稳定。这意味着样本大小为 100 的情况可以很好地反映问题的随机性。此外，随着样本大小的增加，计算时间会显著增加，特别是当样本大小达到 100 时。因此，为了平衡求解质量和计算时间，本章在接下来的实验中固定$|\Omega|=100$（特殊情况将会说明）。

接下来，将继续进行实验来确定 ILSH 算法中两个关键参数V和ψ的合适取值。较大的V值使 ILSH 算法能够进行更多次迭代，这可能得到更好的解，但也需要做更多的计算工作。较大的ψ值使 VND 能够搜索更多解的邻域，同样，这可能会找到更好的解，但也需要更多的计算时间。在实验中，本节测试了 ILSH 算法在$\psi \in \{1,1.5,2,2.5\}$和V在 1～300 范围内取值（增量为 50）的性能。初步实验结果表明，在处理（J,K）为（5, 2）和（10, 3）的问题时，ILSH 算法的性能对V和ψ不敏感。7.4.2 节将对此进行解释——对于小规模问题，ILSH 算法能够近似求解最优，且与V和ψ的值无关。因此，在实验中，本节将专注于研究（J,K）为（15, 4）和（20, 5）的情况。本节为每个问题规模设计了 5 个随机测试实例，并在图 7-3 中绘制 ILSH 算法找到的解的平均目标值曲线以及不同参数设置下对应的平均计算时间的表现。

从图 7-3 中可以看出，对于问题规模为（15, 4）和（20, 5）的情形，ILSH 算法在经过 200 次迭代后已经收敛。然而，计算时间仍然随着V的增加而增加。基于这个结果，本章在后续实验中将V固定为 200。此外，ILSH 算法在$\psi=1.5$、$\psi=2$和$\psi=2.5$时的性能大致相同，远优于$\psi=1$时的性能。然而，当$\psi=1.5$时，ILSH 算法的计算工作要少得多。因此，本章在后续实验中将$\psi=1.5$作为参数值固定使用。

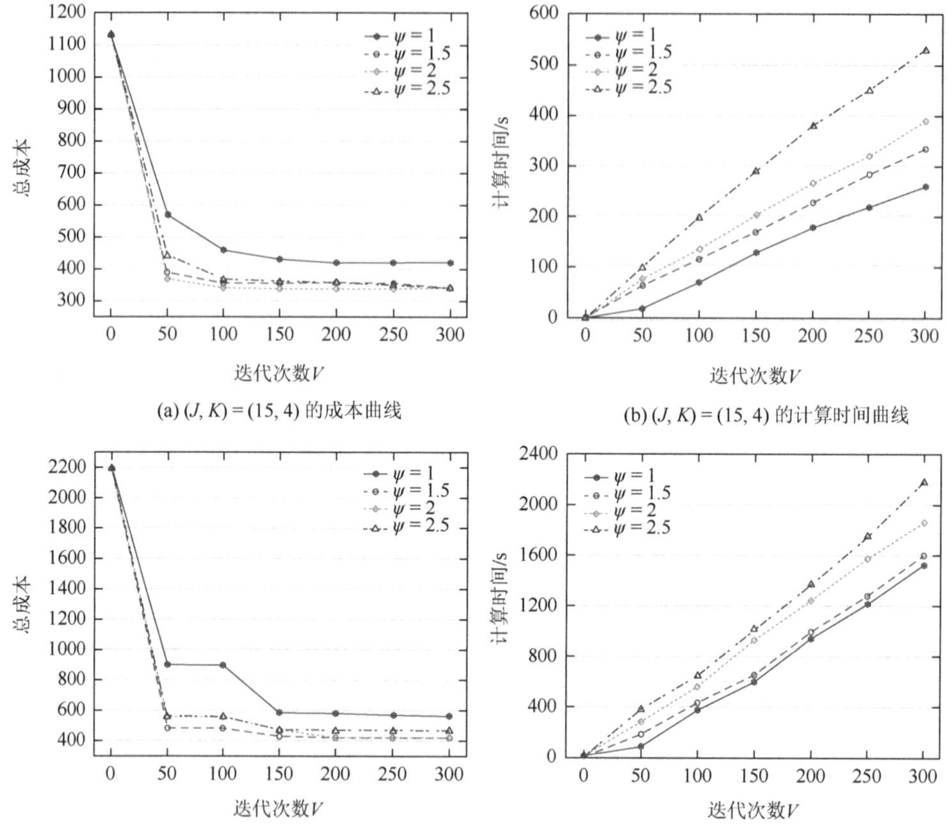

(a) (J, K) = (15, 4) 的成本曲线

(b) (J, K) = (15, 4) 的计算时间曲线

(c) (J, K) = (20, 5)的成本曲线

(d) (J, K) = (20, 5)的计算时间曲线

图 7-3　V 和 ψ 对 ILSH 算法的影响

7.4.2　方法对比

本节将评估四种求解方法的性能，即解加强的确定性规划（DF）、ILSM、不使用 VND 的 ILSH 以及使用 VND 的 ILSH。本节测试四种问题规模，即 $(J,K)\in\{(5,2),(10,3),(15,4),(20,5)\}$。对于每一对 (J,K)，生成 5 个随机实例，并将（DF）和 ILSM 的求解时间限制在 7200s 以内。对于（DF），本章在“成本”列下报告在时间限制内解出最优解的平均总成本，在“差距”列下报告对于那些未能在时间限制内求解（DF）的实例的平均最优性差距。对于 ILSM（及不使用 VND 的 ILSH），本章在“偏差”列下报告 ILSM（及不使用 VND 的 ILSH）找到的最优解目标值以及通过解（DF）得到的目标值之间的平均相对偏差值，即 $\dfrac{UB^{H}-UB^{DF}}{UB^{DF}}\times 100\%$，其中 UB^{H} 和 UB^{DF} 分别是 ILSM（及不使用 VND 的 ILSH）和（DF）找到的最优

解的目标值。显示为负值的“偏差”表示相应的方法比直接解（DF）要好。值得注意的是，由于 ILSM 本质上是一个分支定界过程，本节还在其“差距”列下报告了 ILSM 输出的对于那些未能成功求解的实例的平均最优性差距。此外，每种求解方案的平均计算时间也在“时间”列下进行了展示。比较结果如表 7-2 所示。

表 7-2　四种方法的比较结果

(J,K)	（DF）			ILSM			不使用 VND 的 ILSH		使用 VND 的 ILSH	
	成本	差距/%	时间/s	差距	偏差/%	时间/s	偏差/%	时间/s	偏差/%	时间/s
(5, 2)	155	1.1	2066	0	0	1	0.62	3	0	3
(10, 3)	256	11.45	7200	65.02	11.33	7200	9.09	22	0.35	47
(15, 4)	323	42.12	7200	79.15	24.24	7200	32.87	158	7.31	214
(20, 5)	426	50.33	7200	84.3	59.33	7200	33.3	938	−5.77	981

从表 7-2 中可以观察到以下结果。首先，ILSH 与直接求解（DF）相比非常高效。对于大规模实例，例如，(J,K) 为（20, 5）时，ILSH 找到的最优解的目标值甚至比通过求解（DF）得到的目标值好 5.77%。其次，引入 VND 明显地改善了 ILSH 的性能，尽管这会使计算时间略有增加。此外，ILSM 的性能比直接求解（DF）差，尤其对于大规模实例。这是因为用于构建最优性切割约束的下界 L_k 不够紧凑。

本节随后进行进一步实验，以验证 ILSH 相对于解（DF）在更大样本量 $|\Omega|\in\{200,500\}$ 下的有效性，采用与之前实验相同的设置和性能度量方式。然而，在问题规模 (J,K) 为（20, 5）且 $|\Omega|=500$ 的情况下，由于问题的复杂性，在 7200s 内 Gurobi 只能找到 5 个实例中的两个可行解。因此，本节仅展示这两个实例的比较结果。比较结果如表 7-3 所示。可以看到，虽然随着 $|\Omega|$ 的增加，两种方法都需要更多的计算时间，但是 ILSH 还是在大样本量情况下表现出了明显的优势，例如，对于 (J,K) 为（20, 5）且 $|\Omega|=500$ 的问题，ILSH 所找到的最优可行解得到的目标函数值比通过解（DF）找到的解得到的目标函数值平均低了 58.62%。此外，对于 (J,K) 为（10, 3）的问题，在所有样本量下通过解（DF）得到的平均成本相对稳定，这与本章之前实验中观察到的结果一致。对于其他规模，平均成本波动则较大，部分原因可能是时间限制内的优化性能差距较大。

表 7-3　（DF）和 ILSH 方法的比较结果

(J,K)	$\|\Omega\|$	（DF）			ILSH	
		成本	差距/%	时间/s	偏差/%	时间/s
(5, 2)	200	157	0.19	2978	0	5
	500	157	0.89	7072	0	11

续表

(J,K)	$\|\Omega\|$	(DF)			ILSH	
		成本	差距/%	时间/s	偏差/%	时间/s
(10, 3)	200	248	21.45	7200	0.06	82
	500	244	39.58	7200	−0.88	284
(15, 4)	200	329	41.52	7200	3.36	281
	500	380	51.46	7200	−13.1	715
(20, 5)	200	511	57.05	7200	−10.84	1313
	500	2008	77.67	7200	−58.62	2136

7.4.3 服务时间、顾客不守时时间和成本参数的影响

本节将进行两组实验，以评估服务时间和顾客不守时时间的变化以及不同成本参数带来的影响。为了确保用于比较的解是最优的或近似最优的，本节和 7.4.4 节的所有实验都将聚焦于（J,K）为（5, 2）的情况。对于所涉及的每个实例，仍将相应的（DF）问题求解的时间限制设为 7200s。实验表明，本节和 7.4.4 节涉及的所有实例都可以得到最优解，或者在时间限制内得到的性能差距小于 1.5%，换言之，本次实验中通过直接调用求解器找到的上界要么是最优的，要么是非常接近最优的。

在第一组实验中，本节测试了四组不同 $\mu_{j,k}$、$\sigma_{j,k}$ 和 v_j 值的实例。这些参数的详细设置如表 7-4 所示。其他参数是根据 7.4.1 节中描述的方法设置的。与第 1 组相比，第 2 组表示服务时间较长的情况，第 3 组表示服务时长波动较大的情况，而第 4 组表示顾客不守时程度更高的情况。本节对每个组进行了 5 个随机实例的测试，并在表 7-4 中呈现了它们的总成本、人员配置成本、等待成本、空闲成本、加班成本以及第二阶段总成本的平均值。

表 7-4　服务时间与顾客不守时的影响

分组	期望 $\mu_{j,k}$	方差 $\sigma_{j,k}$	分布 v_j	总成本	人员配置成本	第二阶段成本			
						等待成本	空闲成本	加班成本	总和
1	200	$\mu_{i,j}/3$	$U(0,30)$	155	77	15	44	20	79
2	500	$\mu_{i,j}/3$	$U(0,30)$	198	86	15	76	21	112
3	200	$2\mu_{i,j}/3$	$U(0,30)$	196	62	34	46	53	133
4	500	$\mu_{i,j}/3$	$U(0,30)$	173	77	22	49	25	96

根据表 7-4 可以得出以下结论。首先，通过比较第 2～4 组与第 1 组的总成本列，可以发现服务时间期望、服务时间方差以及顾客不守时时间分布的增加对系统性能都有负面影响。其次，第 2 组的人员配置成本相较于第 1 组有所增加，这是因为更长的服务时间意味着系统的工作量更大，因此需要配置更多的服务提供者来满足顾客的需求。此外，第 3 组和第 4 组的人员配置成本未超过第 1 组，而它们的第二阶段的平均总成本大幅增加。这表明服务时间和顾客不守时时间的波动（方差除以期望）对顾客等待时间、服务提供者空闲时间和加班时间的影响比对服务提供者人员配置成本的影响更大，因为第 3 组和第 4 组的工作量不一定高于第 1 组。

在本节的第二组实验中，将评估成本参数 $c_j^{\overline{W}}$ 、 c_k^I 、 c_k^O 和 c_k^F 对问题的最优解的影响。本节专注于 $j=5$ 的问题，并固定除 c_k^I 、 c_k^O 和 c_k^F 之外的所有参数，以更好地揭示它们对求解模式的影响。具体而言，本节限制所有五名顾客的服务时间遵循独立同分布的对数正态分布，其中均值 $\mu_{j,k}$ 为 30min，标准差 $\sigma_{j,k}$ 为 10min。本章将所有顾客的不守时时间上限 v_j 固定为 15min，并将权重控制参数 λ 设为 0.5。五名顾客的单位等待成本设置为 $c_1^{\overline{W}}=5$ 、 $c_2^{\overline{W}}=4$ 、 $c_3^{\overline{W}}=3$ 、 $c_4^{\overline{W}}=2$ 和 $c_5^{\overline{W}}=1$ 。基于此，本章生成了四个实例，其 c_k^I 、 c_k^O 和 c_k^F 的不同值的详细设置如表 7-5 所示。

表 7-5　四个实例参数 c_k^I 、 c_k^O 和 c_k^F 的设置

实例	c_k^I	c_k^O	c_k^F
1	5	10	40
2	10	10	40
3	5	20	40
4	5	10	80

本节使用 Gurobi 求解这四个实例，每个实例的求解时间限制为 7200s。所有的实例要么被求解到最优解，要么在时间限制内具有不到 1%的最优性差距，这意味着求解器得到的解要么是最优解，要么非常接近最优的近似解。本节在图 7-4 中展示了求解器找到的这四个实例的解，其中每个方框中的数字表示匹配给该位置的顾客，而每个方框的长度表示为该顾客匹配的工作量。虚线方框表示相应的服务提供者没有被安排工作，而符号 W_{cost} 、 I_{cost} 和 O_{cost} 表示相应实例的总等待成本、空闲成本和加班成本。

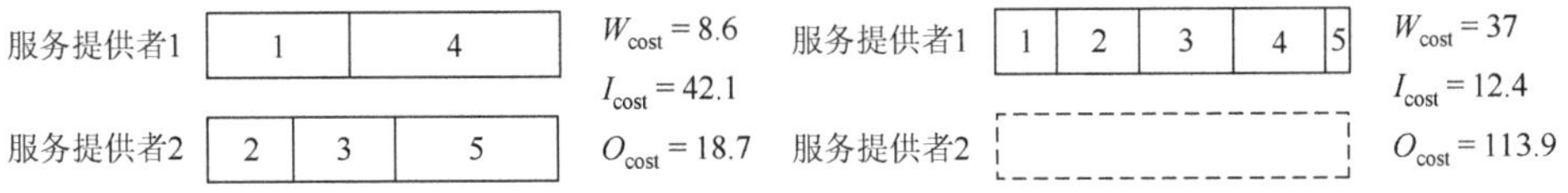

(a) 实例1的解　　(b) 实例2的解

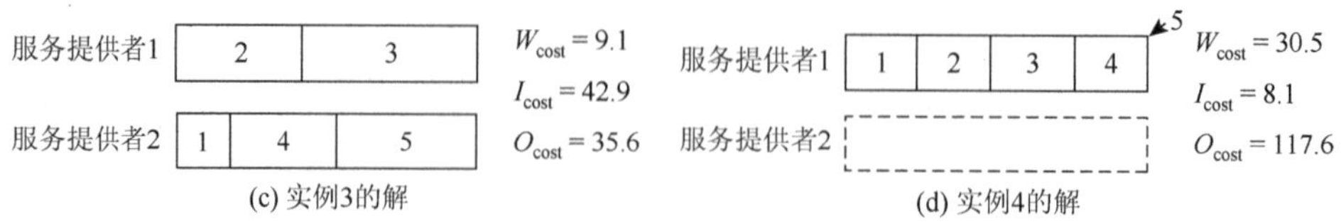

图 7-4　成本参数的影响

从图 7-4 中可以发现以下规律，首先，所有实例中所有被安排工作的服务提供者的顾客顺序都遵循索引递增顺序，这意味着具有较高单位等待成本的顾客应该先接受服务。这是因为在稍后的位置上安排的顾客承受了之前服务的不确定性的累积效应。因此，那些具有较高单位等待成本的顾客应该较早地接受服务以减少顾客等待成本。其次，通过比较实例 1 和实例 2 的解，可以看到随着单位空闲成本的增加，应该安排更少的服务提供者，即使这会导致更高的加班成本。这是因为安排更多的服务提供者将导致服务提供者在顾客需求固定时的空闲时间较长。此外，通过比较实例 1 和实例 3 的解，可以发现增加单位加班成本几乎不影响预约的排序，但确实改善了总的加班成本。最后，通过比较实例 1 和实例 4 的解，可以发现更高的人员配置成本将促使安排更少的服务提供者，这是符合常识的。有趣的是，在实例 4 的解中，顾客 5 的预约服务开始时间是在 T 的结束时刻，这是因为较高的服务提供者人员配置成本，让已经被安排的服务提供者加班工作比重新再安排一个新的服务提供者效果更好。

7.4.4　排序决策的价值

本节将通过计算实验证明预约排序决策的价值。为此，本节构建了另一个基准模型（DF′），该模型并不涉及排序决策。具体而言，对于该模型，本节限制每个服务提供者 $k \in K$ 匹配的顾客按其索引递增的顺序接受服务。同样地，本节还是主要研究问题规模（J,K）为（5, 2）的情形，并生成了 5 个随机实例。对于每个实例，分别使用模型（DF）和模型（DF′）在时间限制为 7200s 的情况下进行求解，比较通过模型（DF）和模型（DF′）求解得到的解的样本内和样本外表现，具体而言，为了衡量通过模型（DF）[或模型（DF′）]求解得到的解的样本外性能，进一步对随机变量 $d_{j,k,\omega}$ 和 $u_{j,\omega}$ 进行了 1000 次抽样，并计算在这 1000 个样本上的平均顾客等待成本、服务提供者空闲成本和加班成本。为了保证公平，本节在比较两种解的样本外性能时使用相同的 1000 个参数样本，而解的样本内性能是使用样本内参数计算得到的，一旦求解了模型（DF）[或模型（DF′）]，就可以直接获得。预约排序决策对每个实例的成本降低的比例见表 7-6，即

$\frac{C_{\mathrm{DF'}} - C_{\mathrm{DF}}}{C_{\mathrm{DF'}}} \times 100\%$，其中 C_{DF} 和 $C_{\mathrm{DF'}}$ 分别表示通过模型（DF）和模型（DF′）求解得到的解在样本内（或样本外）参数下的总成本（或顾客等待成本、服务提供者空闲成本、服务提供者加班成本、两阶段总成本）。我们注意到，实验结果显示优化预约排序决策几乎不会影响人员配置决策。因此，本节不再展示与人员配置成本相关的值。当然，本节还是展示了两个模型的计算时间。

表 7-6　有无排序决策的比较

实例	样本内成本比值/%					样本外成本比值/%					时间/s	
	总和	第二阶段				总和	第二阶段				（DF）	（DF′）
		等待成本	空闲成本	加班成本	第二阶段总和		等待成本	空闲成本	加班成本	第二阶段总和		
1	1.21	−21.99	18.8	−41.17	2.47	−1.17	−34.31	21.68	−90.37	−2.5	3070	4.05
2	0.66	13.14	−0.01	−0.13	1.64	0.43	1.91	0.44	3.32	1.06	28	0.52
3	14.75	31.61	47.92	10.17	19.81	16.45	33.62	52.09	11.58	21.84	7200	3.57
4	4.7	12.44	3.83	38.9	8.91	5.04	12.17	4.26	32.41	9.36	10	1.02
5	6.74	10.79	7.03	31.64	12.81	6.97	26.85	5.73	27.5	13.2	24	0.23
均值	5.61	9.2	15.51	7.88	9.13	5.54	8.05	16.84	−3.11	8.59	2066	1.88

根据表 7-6 可知，一方面，模型（DF）求解所需的计算量比模型（DF′）更多，这意味着引入预约排序决策后增加了问题的复杂性；另一方面，优化预约顺序可以使总成本在样本内（或样本外）下平均降低 5.61%（或 5.54%），从而能够提高整体系统性能。此外，可以看到大多数实例（实例 2～5 的样本外成本比值）的第二阶段成本在考虑预约排序决策时显著降低了，这意味着确定最佳服务顺序可以有效减轻顾客等待、服务提供者空闲和加班带来的总的负面影响。

7.4.5　员工成本的价值

本节进行实验以验证优化员工配置决策的价值。为此，本节考虑了另一个基准问题，该问题与本节研究的问题相同，但要求每个服务提供者必须至少服务一个顾客。这对应于所有服务提供者都工作的情景，即不考虑配置决策。很容易看出，此基准问题的数学模型［记为（NS）］可以基于模型（DF）构建，只需添加以下约束条件：

$$\sum_{k}\sum_{j} x_{i,j,k} \geqslant 1$$

为了评估在不同顾客需求与服务提供者数量比例下考虑服务提供者数量优化的好处，本节将顾客数量固定为$J=5$，并将K从2取到4（增量为1）。对于每一个（J,K）组合，本节生成5个随机实例，并在7200s的时间限制内分别用模型（DF）和模型（NS）求解每个实例。对于每个实例，我们在表7-7中给出了通过求解模型（DF）得到的解决方案中的实际提供服务的服务提供者个数以及通过优化配置决策带来的两种成本降低比率（ratio），即$\frac{C^{\mathrm{NS}}-C^{\mathrm{DF}}}{C^{\mathrm{NS}}}\times 100\%$，其中$C^{\mathrm{NS}}$和$C^{\mathrm{DF}}$分别是通过求解模型（NS）和模型（DF）获得的实例的总成本（或配置成本）。我们还给出了求解这两个模型的计算时间。

表7-7　有无员工配置决策的比较

K	实例	（DF）模型提供服务的服务提供者个数	总成本比例/%	员工成本比例/%	（DF）时间/s	（NS）时间/s
2	1	2	0	0	3070	75
2	2	2	0	0	28	29
2	3	1	13.43	57.5	7200	21
2	4	2	0	0	10	5
2	5	2	0	0	24	9
平均		1.8	2.69	11.5	2066	28
3	1	2	26.37	36.89	7201	39
3	2	2	25.22	34.11	229	63
3	3	2	20.41	29.82	126	144
3	4	2	20.61	35	6666	128
3	5	2	22.39	34.92	7200	42
平均		2	23	34.15	4284	83
4	1	3	21.77	20.92	307	22
4	2	2	24.78	50	7201	21
4	3	2	35.54	49.4	7201	9
4	4	2	41.82	53.66	201	13
4	5	3	24.74	25.63	42	16
平均		2.4	29.73	39.92	2990	16

从表7-7可以看出，一方面，求解模型（DF）的平均计算时间比求解模型（NS）的时间更长，这表明当考虑员工成本决策时，会显著增加问题的复杂性；另一方面，当优化员工配置决策时，无论是员工配置成本还是总成本都显著降

低，特别是在员工资源相对于顾客需求充足的情况下。例如，当有 5 个顾客和 4 个员工时，优化员工配置决策可以将总成本减少 29.73%，并将配置成本减少 39.92%。这表明，适当的员工配置决策可以帮助提高多服务提供者预约系统的性能。

7.5 管 理 启 示

我们从本章的研究中提炼出了一些理论总结和管理方面的启示。理论方面，有两个要点值得注意：首先，整数 L-shaped 算法中涉及的下界在其性能中起着关键作用，而对于复杂度较高的随机问题，尤其是 ILSM 表现不佳时，可以尝试使用一些基于整数 L-shaped 的启发式算法，例如，本章中提出的方法。这类启发式算法可以利用其下界信息，在合理的时间内得到高质量的解。其次，正如本章所验证的那样，迭代式搜索框架，如 VND 算法，可以显著拓展基本整数 L-shaped 启发式算法的搜索空间，从而进一步提升启发式算法的性能。

管理方面，本章通过数值研究得出了三个结论。首先，服务时间和顾客不守时的变化对系统性能确实存在负面影响，正如 7.4.3 节所示，服务时间的标准差（σ）或顾客不守时（u）的波动较大可能会导致更高的运营成本。因此在实践中，决策者应该设法去设计机制，鼓励雇佣或安排的服务提供者在预定时间内提供服务，并督促顾客准时到达，以降低运营成本。其次，优化预约顺序确实可以帮助缓解顾客等待、服务提供者空闲和加班带来的负面影响。本章的实验表明，特别是具有较高单位等待成本的顾客应该优先接受服务，因为顾客的实际服务开始时间是受到之前所有服务的随机性累积影响的。因此，将单位等待成本较高的顾客安排在前面的位置可以减少其实际服务开始时间的不确定性，从而提高顾客满意度。最后，对员工配置进行合理决策可以降低运营成本，从而改善系统性能，同时从 7.4.3 节和 7.4.5 节可以看出，两个成本因素也是有可能影响到员工配置的最终决策的，即 c_k^F 和 c_k^I，具体来说，当服务提供者的配置或单位空闲成本与其他成本参数相比较高时，决策者应该尽量减少服务提供者的人数。

7.6 本 章 小 结

本章研究了具有随机服务时间和顾客到达的多服务提供者联合排序和预约调度问题。该问题涉及如何确定服务提供者数量，将顾客匹配给选定配置的服务提供者，并确定服务提供者的预约调度安排，以最小化加权服务提供者人员配置成本与顾客等待、服务提供者空闲和加班的期望成本。为了解决这个问题，本章首先将问题构造为一个两阶段整数规划问题，其中第二阶段涉及多个随机线性规划。在此基础上，通过 SAA 方法构造一个确定性混合整数线性规划模型，并通过问题相关属性进一步加强该确定性规划。本章还提出了一种高效的基于整数 L-shaped 的启发式算法，通过 VND 过程优化增强，可以获得问题的近似最优解。本章的计算实验表明，所提出的引入 VHD 方法的 ILSH 算法在大规模问题上优于加强的确定性规划和单纯的 ILSM，即 VND 方法的加入可以显著改进 ILSH 算法。计算结果还显示，服务时间的变化、服务时长的波动以及顾客的不守时对系统性能有显著影响，而优化预约顺序的决策可以有效降低运营成本。

本章的工作实际上还可以从几个方面进行扩展。首先，由于多阶段服务系统在实践中经常存在，因此可以将本章的问题扩展至多阶段。其次，本章的研究中存在一个限制，假设服务提供者将始终等待迟到的顾客，而不考虑他们的不准时时间。实际上可以通过为顾客准时时间设定一个阈值，即如果他们的不准时时间超过阈值，他们将不再接受服务或者被安排在后面，通过这样的方式也可对本章的研究进行扩展。前一种情况对应于考虑顾客未出现的情况，当顾客的不准时时间超过阈值时，可以视为未出现，而后一种情况涉及场景依赖的决策。这两种情况下的问题比本章研究的问题复杂得多，而未来的研究可以集中在为这些问题开发高效的精确或近似算法上面。最后，由于顾客的行为和偏好会影响系统管理过程，如顾客的预约时间偏好等，未来的研究也可以通过考虑类似的因素来扩展本章的工作。

参 考 文 献

Ahmadi-Javid A，Jalali Z，Klassen K J. 2017. Outpatient appointment systems in healthcare：A review of optimization studies[J]. European Journal of Operational Research，258（1）：3-34.

Alvarez-Oh H J，Balasubramanian H，Koker E，et al. 2018. Stochastic appointment scheduling in a team primary care practice with two flexible nurses and two dedicated providers[J]. Service Science，10（3）：241-260.

Cayirli T，Veral E，Rosen H. 2008. Assessment of patient classification in appointment system design[J]. Production and Operations Management，17（3）：338-353.

Cayirli T，Yang K K，Quek S A. 2012. A universal appointment rule in the presence of no-shows and walk-ins[J]. Production and Operations Management，21（4）：682-697.

Chen R R，Robinson L W. 2014. Sequencing and scheduling appointments with potential call-in patients[J]. Production and Operations Management，23（9）：1522-1538.

Costa W E，Goldbarg M C，Goldbarg E G. 2012. New VNS heuristic for total flowtime flowshop scheduling problem[J]. Expert Systems with Applications，39（9）：8149-8161.

Deceuninck M，Fiems D，De Vuyst S. 2018. Outpatient scheduling with unpunctual patients and no-shows[J]. European Journal of Operational Research，265（1）：195-207.

Deng Y，Shen S Q. 2016. Decomposition algorithms for optimizing multi-server appointment scheduling with chance constraints[J]. Mathematical Programming，157（1）：245-276.

Denton B T，Miller A J，Balasubramanian H J，et al. 2010. Optimal allocation of surgery blocks to operating rooms under uncertainty[J]. Operations Research，58（4-part-1）：802-816.

Denton B，Gupta D. 2003. A sequential bounding approach for optimal appointment scheduling[J]. IIE Transactions，35（11）：1003-1016.

Denton B，Viapiano J，Vogl A. 2007. Optimization of surgery sequencing and scheduling decisions under uncertainty[J]. Health Care Management Science，10（1）：13-24.

Gupta D. 2007. Surgical suites' operations management[J]. Production and Operations Management，16（6）：689-700.

Gupta D，Denton B. 2008. Appointment scheduling in health care：Challenges and opportunities[J]. IIE Transactions，40（9）：800-819.

Jiang B W，Tang J F，Yan C J. 2019. A stochastic programming model for outpatient appointment scheduling considering unpunctuality[J]. Omega，82：70-82.

Jiang R W，Shen S Q，Zhang Y L. 2017. Integer programming approaches for appointment scheduling with random No-shows and service durations[J]. Operations Research，65（6）：1638-1656.

Kinchen K S，Cooper L A，Levine D，et al. 2004. Referral of patients to specialists：Factors affecting choice of specialist by primary care physicians[J]. Annals of Family Medicine，2（3）：245-252.

Klassen K J，Yoogalingam R. 2014. Strategies for appointment policy design with patient unpunctuality[J]. Decision Sciences，45（5）：881-911.

Kleywegt A J，Shapiro A，Homem-de-Mello T. 2002. The sample average approximation method for stochastic discrete optimization[J]. SIAM Journal on Optimization，12（2）：479-502.

Kong Q X，Lee C Y，Teo C P，et al. 2013. Scheduling arrivals to a stochastic service delivery system using copositive cones[J]. Operations Research，61（3）：711-726.

Laporte G，Louveaux F V. 1993. The integer L-shaped method for stochastic integer programs with complete recourse[J]. Operations Research Letters，13（3）：133-142.

Mak H Y，Rong Y，Zhang J W. 2014. Sequencing appointments for service systems using inventory approximations[J]. Manufacturing & Service Operations Management，16（2）：251-262.

Mak H Y，Rong Y，Zhang J W. 2015. Appointment scheduling with limited distributional information[J]. Management Science，61（2）：316-334.

Mancilla C，Storer R. 2012. A sample average approximation approach to stochastic appointment sequencing and scheduling[J]. IIE Transactions，44（8）：655-670.

Pan X W，Geng N，Xie X L. 2021. A stochastic approximation approach for managing appointments in the presence of unpunctual patients，multiple servers and no-shows[J]. International Journal of Production Research，59（10）：2996-3016.

Pan X，Song J，Zhang F. 2019. Dynamic recommendation of physician assortment with patient preference learning[J]. IEEE Transactions on Automation Science and Engineering，16（1）：115-126.

Robinson L W，Chen R R. 2003. Scheduling doctors' appointments：Optimal and empirically-based heuristic policies[J]. IIE Transactions，35（3）：295-307.

Samorani M，Ganguly S. 2016. Optimal sequencing of unpunctual patients in high-service-level clinics[J]. Production and Operations Management，25（2）：330-346.

Shehadeh K S，Cohn A E M，Epelman M A. 2019. Analysis of models for the stochastic outpatient procedure scheduling problem[J]. European Journal of Operational Research，279（3）：721-731.

Shehadeh K S，Cohn A E M，Jiang R W. 2021. Using stochastic programming to solve an outpatient appointment scheduling problem with random service and arrival times[J]. Naval Research Logistics（NRL），68（1）：89-111.

Sickinger S，Kolisch R. 2009. The performance of a generalized Bailey-Welch rule for outpatient appointment scheduling under inpatient and emergency demand[J]. Health Care Management Science，12（4）：408-419.

Soltani M，Samorani M，Kolfal B. 2019. Appointment scheduling with multiple providers and stochastic service times[J]. European Journal of Operational Research，277（2）：667-683.

Wu X Q，Che A D. 2020. Energy-efficient no-wait permutation flow shop scheduling by adaptive multi-objective variable neighborhood search[J]. Omega，94：102117.

Zacharias C，Pinedo M. 2017. Managing customer arrivals in service systems with multiple identical servers[J]. Manufacturing & Service Operations Management，19（4）：639-656.

Zhang Z，Xie X L. 2015. Simulation-based optimization for surgery appointment scheduling of multiple operating rooms[J]. IIE Transactions，47（9）：998-1012.

Zhu H，Chen Y F，Leung E，et al. 2018. Outpatient appointment scheduling with unpunctual patients[J]. International Journal of Production Research，56（5）：1982-2002.

第8章　单阶段顺序服务系统分布式鲁棒预约调度模型与方法

8.1　引　　言

近几十年来，预约调度在医疗行业得到了广泛的应用。例如，安排初级保健和专科诊所的门诊预约，以及安排手术室的手术。医疗保健中的许多预约系统涉及以下两个阶段的调度过程。首先，患者和外科医生进入初步预约阶段，在这个阶段，他们选择其预约或手术的首选日期和时间窗口。其次，给定一组在第一阶段的一天内或者日程块内预定的预约，计划者必须将它们分配给不同的资源（例如，不同的手术室和外科医生），并确定它们的计划开始时间。后一个步骤通常在预约日期的前几天执行。预约调度问题的一个重要特征是服务（如手术）的持续时间通常事先不知道。本章关注的是两个规划阶段中的后一个阶段引起的单个资源的预约调度问题。给定一组持续时间随机的服务，本章需要确定它们的计划开始时间。

由于服务持续时间的不确定性，任何服务都可能在后续服务的计划开始时间之前或之后完成。这两种可能性都会招致惩罚，因为这会导致资源闲置或者后续的服务需要等待。此外，如果最后一项工作在截止时间（一天工作时间的结束）之后完成，那么资源必须超时运行，而加班费用往往相当高昂。因此，预约调度问题的关键绩效指标是顾客的等待时间、资源（如手术室和外科医生）的闲置时间和加班时间。

在文献中，通常假设决策者知道服务持续时间的概率分布。在许多情况下，这是一个有效的假设，因为有足够的可用数据，因此可以拟合分布。然而，有证据表明，由于缺乏数据，在某些情况下很难估计服务持续时间的概率分布。例如，Denton 等（2007）发现在 Fletcher Allen 医疗中心，每种手术类型平均只有 21 个数据点可用。Macario（2010）进一步表明，按手术类型和外科医生划分的数据量更加有限：在美国手术室排程调度的数据记录中，一年内由同一名外科医生进行同类型手术的病例不超过 5 例。

拟合随机规划的分布需要大量的数据［参考 Levi 等（2012）关于库存问题的讨论］。另外，估计矩的数据需求（Delage and Ye，2010）相对来说容易实现。因此，本章将研究使用服务持续时间的矩信息（均值、方差或支撑集）来制定预约调度。在本章中，假设只有随机变量的均值和方差（或支撑集）信息是已知的，通过建立鲁棒优化模型来求解最差分布下最好的调度方案。

本章的剩余部分的结构如下：8.2 节将所研究的问题建模成分布式鲁棒优化模型；8.3 节对鲁棒优化问题进行分析，并将问题重新转换为二阶锥规划或线性规划，给出特殊情景下鲁棒优化模型最优解的解析式；8.4 节进行数值分析；8.5 节对本章内容进行总结，并展望未来的研究方向。

8.2　问题描述与建模

8.2.1　问题描述

本章考虑有 J 个不同的顾客前往一个共用的服务系统，该服务系统只有一个服务提供者提供服务。这 J 个不同的顾客需要按照先到先服务的规则，按照给定的固定顺序 $1,2,\cdots,J$ 接受服务。这里假设到达顺序是固定的，即不考虑排序决策。每个顾客 j （ $j=1,2,\cdots,J$ ）具有一个随机的服务时间 $d_j(j=1,2,\cdots,J)$。假设服务窗口时间长度为 L，与动态调度不同（Wen et al.，2020），本章考虑的是静态调度，这意味着，所有决策都是在服务开始之前制定的。决策者需要确定每个顾客 j （ $j=1,2,\cdots,J$ ）的调度时间 a_j。调度时间定义为两个连续服务的预定开始时间之间的时间间隔。因此，给定调度时间后，第 j 个顾客的计划开始时间为 $\sum_{n=1}^{j-1} a_n$ 。本章用 $\boldsymbol{a}=(a_1,\cdots,a_J)$ 和 $\boldsymbol{d}=(d_1,\cdots,d_J)$ 来表示所有顾客的调度时间和服务时间的集合。接下来，本章可以将决策变量 $\boldsymbol{a}$ 的可行域定义为 $\mathbb{A}=\left\{\boldsymbol{a}: a_j \geqslant 0, \sum_{j=1}^{J} a_j = L\right\}$ 。

与之前的章节类似，考虑到服务系统中服务时间的随机性，它可能会导致顾客的等待时间、服务提供者的空闲时间和加班时间。为了方便起见，本章定义第 $J+1$ 个顾客为虚拟顾客，并用 $\boldsymbol{W}=(W_1,\cdots,W_J)$、$\boldsymbol{I}=(I_1,\cdots,I_{J+1})$ 和 O 分别表示等待时间、空闲时间和加班时间的集合，其中 W_j 表示第 j 个顾客的等待时间，I_j 表示服务提供者在服务第 j 个顾客之前的空闲时间，O 表示服务提供者的加班时间，即第 $J+1$ 个虚拟顾客的等待时间。请注意，当所有顾客在时间窗口 L 结束之前就接受完服务时，用 I_{J+1} 表示此时服务提供者的空闲时间。

此外，本章用 c_j^W 表示顾客 j 的单位等待时间成本（$j=1,2,\cdots,J$），c^I 和 c^O 分别表示服务提供者的空闲时间和加班的单位成本。

在本章研究的问题中，将做出以下假设。

（1）顾客准时在预定的开始时间抵达服务系统，并且服务提供者在时刻 0 开始提供服务。

（2）不允许插队，即顾客按顺序连续接受服务，不存在插队情况。

根据上述假设，本章可以得出第一个顾客的等待时间为零，即 $W_1 = 0$。并且，服务提供者在处理第一个顾客之前的空闲时间为零，即 $I_1 = 0$。根据上述讨论，对于给定的 $\boldsymbol{a}$ 和 $\boldsymbol{d}$，可以计算出等待时间、空闲时间和加班时间的总加权成本，如下所示：

$$g(\boldsymbol{a},\boldsymbol{d}) = \sum_{j=1}^{J}(c_j^W W_j + c^I I_j) + (c^O O + c^I I_{J+1}) = \sum_{j=2}^{J}(c_j^W W_j + c^I I_j) + (c^O O + c^I I_{J+1}) \tag{8-1}$$

注意在式（8-1）中，目标函数 $g(\boldsymbol{a},\boldsymbol{d})$ 是等待时间、空闲时间和加班时间的线性成本函数。

8.2.2　分布式鲁棒优化模型

假设随机服务时间 $\boldsymbol{d}$ 遵循联合概率分布 F。对每个顾客 j，服务时间 d_j 的支撑集用 $D_j = \{d_j^{\mathrm{L}} \leqslant d_{t,j} \leqslant d_j^{\mathrm{U}}\}$ 表示，其中 d_j^{L} 和 d_j^{U} 分别为 $d_{t,j}$ 的下限值和上限值。本章用 $\mathbb{D} = D_1 \times D_2 \times \cdots \times D_J$ 表示支撑集，并用 $\boldsymbol{\mu}$ 表示 $\boldsymbol{d}$ 的均值矩阵，$\boldsymbol{S}$ 表示 $\boldsymbol{d}$ 的二阶矩矩阵。在此，本章假设服务时间的均值矩阵和支撑集对决策者来说是已知的。然而，对于 $\boldsymbol{d}$ 的分布 F，本章的假设没有完整的分布信息，即决策者只知道分布 F 属于一个模糊集合 $F(\mathbb{D},\boldsymbol{M})$，其中 $F(\mathbb{D},\boldsymbol{\mu})$ 由矩信息矩阵 $\boldsymbol{M}$ 和支撑集 $\mathbb{D}$ 定义。具体而言，模糊集合 $F(\mathbb{D},\boldsymbol{M})$ 表示为

$$F(\mathbb{D},\boldsymbol{M}) := \begin{cases} \int_{\mathbb{D}} \mathrm{d}F(\boldsymbol{d}) = 1 \\ \int_{\mathbb{D}} d_j \mathrm{d}F(\boldsymbol{d}) = \mu_j, \quad \forall j = 1,2,\cdots,J \\ \int_{\mathbb{D}} d_j^2 \mathrm{d}F(\boldsymbol{d}) = S_j, \quad \forall j = 1,2,\cdots,J \end{cases} \tag{8-2}$$

本章的目标是确定调度时间 $\boldsymbol{a}$，以使得在 $F(\mathbb{D},\boldsymbol{\mu})$ 中所有潜在分布中，$g(\boldsymbol{a},\boldsymbol{d})$ 的最坏情况下的期望值最小化。因此，本章考虑的多阶段预约调度问题可以表述为以下 DR 优化模型：

$$\min_{\boldsymbol{a}\in\mathbb{A}} \max_{F\in F(\mathbb{D},\boldsymbol{\mu})} E_F g(\boldsymbol{a},\boldsymbol{d}) \tag{8-3}$$

注意，在式（8-3）中，分布 F 实际上是一个决策变量，它是从模糊集合 $F(\mathbb{D},\boldsymbol{\mu})$ 中选择的。E_F 则表示选择了分布 F 后函数 $g()$的期望。此外，式（8-3）一般情况下是不可行的，从数学的角度来看，主要原因在于很难找到内部最大化问题的最

坏情况的分布。因此，接下来将分析 DR 模型的性质，并尝试将上述问题变为线性规划问题。

8.3 求 解 方 案

为了求解 DR 模型即式（8-3），本节首先尝试在给定（$\boldsymbol{a},\boldsymbol{d}$）下将式（8-3）中的成本函数 $g(\boldsymbol{a},\boldsymbol{d})$ 重构为一个线性规划，通过线性规划，希望找到在给定 $\boldsymbol{a}$ 的情况下使 $g(\boldsymbol{a},\boldsymbol{d})$ 的期望值最大化的 $\boldsymbol{d}$ 的分布。然后，利用对偶定理及凸优化理论，对目标函数进行一系列变换来求解 DR 模型。

8.3.1 成本函数的线性规划

为了在给定（$\boldsymbol{a},\boldsymbol{d}$）的情况下重构成本函数 $g(\boldsymbol{a},\boldsymbol{d})$，本节将成本函数重新写成一个线性规划问题。注意到给定（$\boldsymbol{a},\boldsymbol{d}$），成本函数 $g(\boldsymbol{a},\boldsymbol{d})$ 是确定的常数。因此，本节给出如下线性规划（LP_1）：

$$(\mathrm{LP}_1)\quad g(\boldsymbol{a},\boldsymbol{d})=\min_{\boldsymbol{W},\boldsymbol{I},\boldsymbol{O}}\sum_{j=2}^{J}\left(c_j^W W_j+c^I I_j\right)+c^O O+c^I I_{J+1} \tag{8-4}$$

$$\text{s.t.}\quad W_{j+1}-I_{j+1}=W_j+d_j-a_j,\quad j=1,2,\cdots,J-1 \tag{8-5}$$

$$O-I_{J+1}=W_J+d_J-a_J \tag{8-6}$$

$$\boldsymbol{W}\geqslant\boldsymbol{0},\quad \boldsymbol{I}\geqslant\boldsymbol{0},\quad O\geqslant 0 \tag{8-7}$$

针对上述线性规划，本章推导出其对偶问题。设 $\beta_j(j=1,2,\cdots,J)$ 为线性规划（LP_1）的对偶决策变量。由线性规划的强对偶性可知，（LP_1）等价于以下最大化线性规划模型（LP_2）：

$$(\mathrm{LP}_2)\ \max_{\beta\in\mathbb{B}}\sum_{j=1}^{J}(d_j-a_j)\beta_j \tag{8-8}$$

$$\mathbb{B}:=\begin{cases}-c^I\leqslant\beta_j\leqslant\beta_{j+1}+c_{j+1}^W, & j=1,2,\cdots,J-1\\ -c^I\leqslant\beta_j\leqslant c^O, & j=J\end{cases} \tag{8-9}$$

注意到上述线性规划问题是决策变量的线性函数，因此，最优解在极点取得。后续将利用这一性质对上述线性规划模型进行重构，从而为求解 DR 模型做准备。

8.3.2 最差分布的处理

本节分析 DR 模型的内部最大化问题，即 $\max\limits_{F\in F(\mathbb{D},\boldsymbol{M})}E_F g(\boldsymbol{a},\boldsymbol{d})$。根据前文中模糊集合的定义，内部最大化问题可以详细表述为以下线性规划：

$$
\begin{aligned}
\max_{F\in F(\mathbb{D},\boldsymbol{M})} \quad & \int_{\mathbb{D}} g(\boldsymbol{a},\boldsymbol{d})\mathrm{d}F(\boldsymbol{d}) \\
\text{s.t.} \quad & \int_{\mathbb{D}} \mathrm{d}F(\boldsymbol{d}) = 1 \\
& \int_{\mathbb{D}} d_j \mathrm{d}F(\boldsymbol{d}) = \mu_j, \quad \forall j = 1,2,\cdots,J \\
& \int_{\mathbb{D}} d_j^2 \mathrm{d}F(\boldsymbol{d}) = S_j, \quad \forall j = 1,2,\cdots,J
\end{aligned} \tag{8-10}
$$

请注意，式（8-10）是一个矩优化问题，分布 F 是决策变量。令 θ 、α_j 和 γ_j 分别为式（8-10）的对偶变量，那么对于任意固定的 $\boldsymbol{a}$，上述优化问题的对偶问题可表示为

$$
\begin{aligned}
\min_{\theta\in\mathbb{R},\boldsymbol{\alpha}\in\mathbb{R}^J,\boldsymbol{\gamma}\in\mathbb{R}^J} \quad & \theta + \sum_{j=1}^{J}\mu_j\alpha_j + \sum_{j=1}^{J} S_j\gamma_j \\
\text{s.t.} \quad & \theta + \sum_{j=1}^{J} d_j\alpha_j + \sum_{j=1}^{J} d_j^2\gamma_j \geqslant g(\boldsymbol{a},\boldsymbol{d}),\ \forall d \in \mathbb{D}
\end{aligned} \tag{8-11}
$$

根据 Bertsimas 和 Popescu（2005）的研究，对于矩问题，强对偶性定理成立。这表明式（8-10）的最优目标值等于式（8-11）的目标值。请注意，式（8-11）中的约束等价于 $\theta \geqslant \max\limits_{d\in\mathbb{D}}\left\{ g(\boldsymbol{a},\boldsymbol{d}) - \sum\limits_{j=1}^{J} d_j\alpha_j - \sum\limits_{j=1}^{J} d_j^2\gamma_j \right\}$。由于目标是最小化 θ，式（8-11）等价于：

$$
\begin{aligned}
& \min_{\boldsymbol{\alpha}\in\mathbb{R}^{T\times J}} \left\{ \max_{\boldsymbol{d}\in\mathbb{D}} \left\{ g(\boldsymbol{a},\boldsymbol{d}) - \sum_{j=1}^{J} d_j\alpha_j - \sum_{j=1}^{J} d_j^2\gamma_j \right\} + \sum_{j=1}^{J}\mu_j\alpha_j + \sum_{j=1}^{J} S_j\gamma_j \right\} \\
&= \min_{\boldsymbol{\alpha}\in\mathbb{R}^{T\times J}} \left\{ \max_{\boldsymbol{d}\in\mathbb{D}} \left\{ \max_{\boldsymbol{\beta}\in\mathbb{B}} \sum_{j=1}^{J} (d_j - a_j)\beta_j - \sum_{j=1}^{J} d_j\alpha_j - \sum_{j=1}^{J} d_j^2\gamma_j \right\} + \sum_{j=1}^{J}\mu_j\alpha_j + \sum_{j=1}^{J} S_j\gamma_j \right\} \\
&= \min_{\boldsymbol{\alpha}\in\mathbb{R}^{T\times J}} \max_{\boldsymbol{\beta}\in\mathbb{B}} \sum_{j=1}^{J} \left(\max_{d_i\in\mathbb{D}_i} \{ (d_j - a_j)\beta_j - d_j\alpha_j - d_j^2\gamma_j \} + \mu_j\alpha_j + S_j\gamma_j \right) \\
&= \min_{\boldsymbol{\alpha}\in\mathbb{R}^{T\times J}} \max_{\boldsymbol{\beta}\in\mathbb{B}} \sum_{j=1}^{J} \left(h_j(\boldsymbol{a},\boldsymbol{\beta},\boldsymbol{\alpha},\boldsymbol{\gamma}) + \mu_j\alpha_j + S_j\gamma_j \right)
\end{aligned} \tag{8-12}
$$

式中，$\mathbb{B}$ 代表决策变量 $\boldsymbol{\beta}$ 的可行区域，函数 $h_j(\boldsymbol{a},\boldsymbol{\beta},\boldsymbol{\alpha},\boldsymbol{\gamma})$ 定义为

$$
h_j(\boldsymbol{a},\boldsymbol{\beta},\boldsymbol{\alpha},\boldsymbol{\gamma}) = \max_{d_j\in\mathbb{D}_j} \{ (d_j - a_j)\beta_j - d_j\alpha_{t,j} - d_j^2\gamma_j \} \tag{8-13}
$$

在式（8-12）中，两个内部的二级问题都是最大化问题，并且内部是关于预约 j 可分的。因此两级最大化的顺序可以互换，本章可以确保目标函数 $\max\limits_{\boldsymbol{d}\in\mathbb{D}}\left\{ g(\boldsymbol{a},\boldsymbol{d}) - \sum\limits_{j=1}^{J} d_j\alpha_j - \sum\limits_{j=1}^{J} d_j^2\gamma_j \right\}$ 等价于 $\max\limits_{\boldsymbol{\beta}\in\mathbb{B}} \sum\limits_{j=1}^{J} h_j(\boldsymbol{a},\boldsymbol{\beta},\boldsymbol{\alpha},\boldsymbol{\gamma})$。

通过以上分析，本章的 DR 模型即式（8-3）中的内部最大化问题即式（8-10）现在等价于式（8-12）。基于此，本章研究的 DR 模型可以重新表述为

$$
\begin{aligned}
\min_{\boldsymbol{a}\in\mathbb{A},\theta\in\mathbb{R},\boldsymbol{\alpha}\in\mathbb{R}^J,\boldsymbol{\gamma}\in\mathbb{R}^J} \quad & \theta+\sum_{j=1}^{J}\mu_j\alpha_j+\sum_{j=1}^{J}S_j\gamma_j \\
\text{s.t.} \quad & \theta \geqslant \max_{\boldsymbol{\beta}\in\mathbb{B}}\sum_{j=1}^{J}h_j(\boldsymbol{a},\boldsymbol{\beta},\boldsymbol{\alpha},\boldsymbol{\gamma})
\end{aligned} \tag{8-14}
$$

8.3.3　二阶锥规划模型

接下来，本节分析问题 $\max_{\boldsymbol{\beta}\in\mathbb{B}}\sum_{j=1}^{J}h_j(\boldsymbol{a},\boldsymbol{\beta},\boldsymbol{\alpha},\boldsymbol{\gamma})$。可以注意到 $h_j(\boldsymbol{a},\boldsymbol{\beta},\boldsymbol{\alpha},\boldsymbol{\gamma})$ 是 β_j 的线性函数，因此最优解在极点取得。由 $\mathbb{B}$ 的定义可知，$\beta_j(j=1,2,\cdots,J-1)$ 的极点为 $-c^I$ 或 $\beta_{j+1}+c_{j+1}^W$，β_J 的极点为 $-c^I$ 或 c^O。因此，本节可以定义新的变量来枚举出这些极点。定义：

$$
\beta_j := \pi_{jk} = \begin{cases} -c^I+\sum\limits_{i=j+1}^{k}c_i^W, & 1\leqslant j\leqslant k\leqslant J \\ c^O+\sum\limits_{i=j+1}^{J}c_i^W, & 1\leqslant j\leqslant J, k=J+1 \end{cases} \tag{8-15}
$$

基于上述枚举的极点，可以定义一个 0-1 决策变量来表示是否是上述枚举的极点。因此，问题 $\max_{\boldsymbol{\beta}\in\mathbb{B}}\sum_{j=1}^{J}h_j(\boldsymbol{a},\boldsymbol{\beta},\boldsymbol{\alpha},\boldsymbol{\gamma})$ 可以重新构造为

$$
\begin{aligned}
\max_{t} \quad & \sum_{l=1}^{J+1}\sum_{k=l}^{J+1}\left(\sum_{j=l}^{k}h_j(\boldsymbol{a},\pi_{jk},\boldsymbol{\alpha},\boldsymbol{\gamma})\right)t_{lk} \\
\text{s.t.} \quad & \sum_{l=1}^{j}\sum_{k=j}^{J+1}t_{lk}=1, \quad j=1,2,\cdots,J+1
\end{aligned} \tag{8-16}
$$

注意到上述 0-1 整数规划问题具有全单模（totally unimodular）性质，因此整数规划问题等价于其对应的线性规划问题。基于强对偶定理，上述优化问题等价于：

$$
\begin{aligned}
\min_{\boldsymbol{\lambda}} \quad & \sum_{j=1}^{J+1}\lambda_j \\
\text{s.t.} \quad & \sum_{j=l}^{k}\lambda_j \geqslant \sum_{j=l}^{k}h_j(\boldsymbol{a},\pi_{jk},\boldsymbol{\alpha},\boldsymbol{\gamma}), \quad 1\leqslant j\leqslant J; j\leqslant k\leqslant J+1
\end{aligned} \tag{8-17}
$$

因此，DR 模型等价为

$$\begin{aligned}\min_{\boldsymbol{a}\in\mathbb{A},\theta\in\mathbb{R},\boldsymbol{\alpha}\in\mathbb{R}^J,\boldsymbol{\gamma}\in\mathbb{R}^J,\lambda\in\mathbb{R}^{J+1}} &\quad \sum_{j=1}^{J+1}\lambda_j+\sum_{j=1}^{J}\mu_j\alpha_j+\sum_{j=1}^{J}S_j\gamma_j \\ \text{s.t.} &\quad \sum_{j=l}^{k}\lambda_j \geqslant \sum_{j=1}^{k}h_j(\boldsymbol{a},\pi_{jk},\boldsymbol{\alpha},\boldsymbol{\gamma}),\quad 1\leqslant j\leqslant J;\ j\leqslant k\leqslant J+1\end{aligned} \tag{8-18}$$

接下来，分析函数 $h_j(\boldsymbol{a},\boldsymbol{\beta},\boldsymbol{\alpha},\boldsymbol{\gamma})$：

$$\begin{aligned}h_j(\boldsymbol{a},\boldsymbol{\beta},\boldsymbol{\alpha},\boldsymbol{\gamma}) &= h_j(\boldsymbol{a},\pi_{jk},\boldsymbol{\alpha},\boldsymbol{\gamma}) \\ &= \max_{d_j\in\mathbb{D}_j}\{(d_j-a_j)\pi_{jk}-d_j\alpha_j-d_j^2\gamma_j\} \\ &= \frac{(\pi_{jk}-\alpha_j)^2}{4\gamma_j}-\pi_{jk}a_j\end{aligned} \tag{8-19}$$

因此，本节提出以下命题。

命题 8-1　DR 模型等价于下列二阶锥规划（second order cone programming）模型：

$$\begin{aligned}\min_{\boldsymbol{a}\in\mathbb{A},\theta\in\mathbb{R},\boldsymbol{\alpha}\in\mathbb{R}^J,\boldsymbol{\gamma}\in\mathbb{R}^J,\lambda\in\mathbb{R}^{J+1}} &\quad \sum_{j=1}^{J+1}\lambda_j+\sum_{j=1}^{J}\mu_j\alpha_j+\sum_{j=1}^{J}S_j\gamma_j \\ \text{s.t.} &\quad \sum_{j=l}^{k}\lambda_j \geqslant \sum_{j=1}^{k}\frac{(\pi_{jk}-\alpha_j)^2}{4\gamma_j}-\pi_{jk}a_j,\quad 1\leqslant j\leqslant J; j\leqslant k\leqslant J+1 \\ &\quad \sum_{j=1}^{J}a_j=L\end{aligned} \tag{8-20}$$

特别地，Mak 等（2015）分析了不考虑空闲时间成本时的鲁棒优化问题，即 $c^I=0$ 时的问题，得出了相同的结论。注意，当 $c^I=0$ 时，只需要更新 π_{jk}，线性规划模型保持不变。

此外，Mak 等（2015）还分析了当 $c^I=0$ 并且 $c_j^W=1$ 时最优的调度方案。最优解依赖于下一个引理中定义的量。

引理 8-1　当 $c^I=0$ 并且 $c_j^W=1$ 时，在区间 $(0,c^O)$ 内存在一个唯一的 $\mathfrak{e}$，用 $\mathfrak{e}^*$ 表示，使得

$$\sum_{j=1}^{J}\left(\mu_j+\frac{\pi_{j,J+1}/2-\mathfrak{e}}{\sqrt{\mathfrak{e}\pi_{j,J+1}-\mathfrak{e}^2}}\sigma_j\right)=T \tag{8-21}$$

此外，$\mathfrak{e}$ 也是问题：

$$\max_{\mathfrak{e}\in(0,c^O)}\sum_{j=1}^{J}\left(\sigma_j\sqrt{\pi_{j,J+1}\mathfrak{e}-\mathfrak{e}^2}+\mu_j\mathfrak{e}\right)-\mathfrak{e}T \tag{8-22}$$

的最优解。

对于每一个 $j=1,2,\cdots,J$，本节定义：

$$\eta_j^* = \frac{\pi_{j,J+1}/2 - \mathbf{e}^*}{\sqrt{\mathbf{e}^*\pi_{j,J+1} - (\mathbf{e}^*)^2}} \tag{8-23}$$

现在展示本节的主要结果。

命题 8-2　当$c^I = 0$并且$c_j^W = 1$时，假设对所有$j = 1,2,\cdots,J$，有$\mu_j + \eta_j^*\sigma_j \geqslant 0$，则以下内容成立。

（1）由式（8-24）定义的解$\boldsymbol{\delta}^*$是式（8-20）的拉格朗日对偶问题的最优解：

$$\begin{aligned}
&\delta_{1,J+1}^* = \frac{\mathbf{e}^*}{\pi_{1,J+1}} \\
&\delta_{1,J+1}^* = \frac{\mathbf{e}^*}{\pi_{1,J+1}} - \frac{\mathbf{e}^*}{\pi_{j-1,J+1}}, \qquad j = 2,3,\cdots,J \\
&\delta_{j,j}^* = 1 - \frac{\mathbf{e}^*}{\pi_{j,J+1}}, \qquad j = 1,2,\cdots,J \\
&\delta_{j,u}^* = 0, \qquad j < u \leqslant J
\end{aligned} \tag{8-24}$$

（2）由式（8-25）定义的解$\boldsymbol{a}^*$是式（8-3）的最优解：

$$a_j^* = \mu_j + \eta_j^*\sigma_j \tag{8-25}$$

（3）式（8-3）的最优目标值如下：

$$\min_{\boldsymbol{a}\in\mathbb{A}} \max_{F\in F(\mathbb{D},\boldsymbol{\mu})} E_F g(\boldsymbol{a},\boldsymbol{d}) = \sum_{j=1}^{J}\left(\sigma_j\sqrt{\pi_{j,J+1}\mathbf{e}^* - (\mathbf{e}^*)^2} + \mu_j\mathbf{e}^*\right) - \mathbf{e}^*T \tag{8-26}$$

命题 8-2 提供了一个无须明确求解二阶锥规划模型即式（8-20）就能获得最优调度时间的充分条件。

我们可以利用枚举搜索的方式求解式（8-21）的$\mathbf{e}^*$值。因此，利用式（8-23）可以轻松计算出η_j^*。然后检查$\mu_j + \eta_j^*\sigma_j \geqslant 0$是否对所有$j$成立。若成立，则$a_j^* = \mu_j + \eta_j^*\sigma_j$是顾客$j$的最优调度时间。这一简单程序在实际操作中很容易实现。

注意：命题 8-2 的关键假设是对所有的$j = 1,2,\cdots,J$，$\mu_j + \eta_j^*\sigma_j \geqslant 0$。通过分析可知，这个假设只是为了保证式（8-25）定义的调度时间是非负的，因此是可行的。因此，在式（8-3）中，如果与$\boldsymbol{a}$相关的唯一约束是$\sum_{j=1}^{J} a_j \leqslant T$，即去掉$\boldsymbol{a}$的非负性约束，则命题 8-2 在没有假设对所有的$j = 1,2,\cdots,J$，$\mu_j + \eta_j^*\sigma_j \geqslant 0$的情况下仍然成立。在这种情况下，$a_j^* = \mu_j + \eta_j^*\sigma_j$对于式（8-3）总是最优的，并产生由式（8-26）定义的最优目标值。

命题 8-2 表明，最优调度时间遵循直观的“均值加安全库存”模式，其中，η_j可以解释为顾客j的安全系数。此外，安全系数随j递减（因为$\pi_{j,J+1}$随j递减），并且可能为负，即调度时间可能小于平均服务持续时间。这意味着应该将更多的空闲时间分配给较早的顾客，即使这会导致分配的空闲时间比序列中较晚的服务的预期持续时间短。这种“安全系数递减”模式是鲁棒优化模型的结果，其目标是针对最坏的情况做出最好的决策。请注意，早期服务的任何延迟都可能向下游传播，并导致后续服务的进一步延迟。鉴于此，特别是当连续服务的持续时间之间可能存在正相关关系时，最好通过提供更多的调度来避免早期服务的延误，这是用某些安全系数乘以服务持续时间的标准差来衡量的。

安全系数递减模式不仅对本章所研究的鲁棒模型是最优的，而且在给定真实分布，但服务持续时间是正相关的情况下也是最优的。为了说明这一点，考虑一个有三个顾客的例子，顺序固定为 1，2，3。对于每个顾客 j，服务持续时间为 $\tilde{d}_j = \chi + \varepsilon_j$，其中 χ 和 ε_j 遵循由 2000 个独立对数正态分布样本生成的经验分布，其中 $E[\chi]=1$，$\mathrm{std}[\chi]=1.1$，$E[\varepsilon_j]=1$，$\mathrm{std}[\varepsilon_j]=0.55$。表 8-1 给出了基于经验分布的服务持续时间的均值、标准差等。通过求解预约调度问题的两阶段随机线性规划的确定性等价形式，可以得到最优调度时间。很明显，安全系数随 j 递减。

表 8-1　安全系数递减模式的一个例子

相关系数及参数	顾客		
	1	2	3
顾客 1	1	0.22	0.21
顾客 2	0.22	1	0.21
顾客 3	0.21	0.21	1
标准差 σ_j	1.16	1.36	1.22
均值 μ_j	1.99	2.01	2.00
调度时间 a_j^*	2.28	2.25	1.48
安全系数 η_j^*	0.25	0.17	-0.43

然而，可以注意到，尽管安全系数递减模式在某些情况下是最优的，但它并不是普遍适用的。已有研究试图了解当服务持续时间分布已知时，最优调度时间的模式。一个值得讨论的结果是 Denton 和 Gupta（2003）的观察结果，在服务持续时间是独立同分布，且分布是已知的，等待时间成本很小（相对于加班成本）的情况下，按照“圆顶形”模式（即最初增加，然后减少）分配调度时间通常是最佳的。他们还指出，如果等待和空闲的成本系数对于所有的顾客不是相等的，并且/或者服务持续时间不是独立同分布的，那么这个解决方案就不具有圆顶形状的特性（Denton and Gupta，2003）。事实上，正如 Cayirli 和 Veral（2003）以及

Gupta 和 Denton（2008）所讨论的那样，服务持续时间可以相互关联。此外，在手术室（手术）调度等设置中，等待时间成本可能很大。在这种情况下，圆顶形模式不一定是最佳的。因此，本章的发现在一定程度上补充了现有的见解，丰富了对不同实际设置下最优调度时间模式的理解。

8.3.4 均值-支撑集模型

Mak 等（2015）进一步考虑了随机变量只有均值及支撑集信息的情景。同样地，假设 $c^I=0$，并且 $c_j^W=1$，此时鲁棒优化模型等价为一个线性规划模型。

命题 8-3 当 $D_j=[\mu_j-\underline{s}_j,\mu_j+\overline{s}_j]$ 时，鲁棒优化模型可表示为以下线性规划模型：

$$\min_{c,\alpha,\lambda,a}\sum_{j=1}^{J}(\lambda_j+\mu_j\alpha_j) \tag{8-27}$$

$$\sum_{j=e}^{\min\{J,j\}}(\lambda_j+\pi_{ju}a_j-\xi_{ju})\geqslant 0,\quad 1\leqslant e\leqslant J;\ 1\leqslant e\leqslant u\leqslant J+1 \tag{8-28}$$

$$\xi_{ju}+\alpha_j(\mu_j-\underline{s}_j)\geqslant \pi_{ju}(\mu_j-\underline{s}_j),\quad 1\leqslant j\leqslant J;1\leqslant j\leqslant u\leqslant J+1 \tag{8-29}$$

$$\xi_{ju}+\alpha_j(\mu_j+\overline{s}_j)\geqslant \pi_{ju}(\mu_j+\overline{s}_j),\quad 1\leqslant j\leqslant J;\ 1\leqslant j\leqslant u\leqslant J+1 \tag{8-30}$$

$$\sum_{j=1}^{J}a_j\leqslant T \tag{8-31}$$

$$\boldsymbol{a}\geqslant \boldsymbol{0} \tag{8-32}$$

接下来，本节给出线性规划模型的最优目标值和最优调度时间的解析表达式。为了简便起见，定义：

$$v(\mathfrak{e})=\left(\sum_{j=1}^{J}\mu_j-T\right)\mathfrak{e}+\sum_{j=1}^{J}\min(\overline{s}_j\mathfrak{e},\underline{s}_j(\pi_{j,J+1}-\mathfrak{e})) \tag{8-33}$$

很明显，$v(\mathfrak{e})$ 是 $\mathfrak{e}$ 的凹函数。因此，问题 $\max\limits_{\mathfrak{e}\in[0,\gamma]}v(\mathfrak{e})$ 一定存在一个最优解，设为 $\mathfrak{e}^*$。事实上，$v(\mathfrak{e})$ 是 $\mathfrak{e}$ 的分段线性凹函数，因此 $\mathfrak{e}^*$ 一定是它的断点之一。但是，除了 0 和 γ 之外，$v(\mathfrak{e})$ 的任何断点 $\mathfrak{e}$ 都必须满足 $\overline{s}_j\mathfrak{e}=\underline{s}_j(\pi_{j,J+1}-\mathfrak{e})$；也就是说，对于某些 $j=1,2,\cdots,J$，$\mathfrak{e}=\dfrac{\underline{s}_j}{\underline{s}_j+\overline{s}_j}\pi_{j,J+1}$。这意味着我们最多可以在 $J+2$ 个点中找 $\mathfrak{e}^*$。这也激发了下面对集合 $\{1,2,\cdots,J\}$ 的划分。令

$$\varUpsilon_1=\left\{j:\mathfrak{e}^*<\frac{\underline{s}_j}{\underline{s}_j+\overline{s}_j}\pi_{j,J+1}\right\}$$

$$\Upsilon_2 = \left\{ j : \mathfrak{e}^* > \frac{\underline{s}_j}{\underline{s}_j + \overline{s}_j} \pi_{j,J+1} \right\}$$

$$\Upsilon_3 = \{1,2,\cdots,J\} \setminus \Upsilon_1 \setminus \Upsilon_2$$

现在展示本节的主要结果。

命题 8-4　假设 $\mathfrak{e}^* \in (0,\gamma)$，则式（8-27）的最优目标值等于 $v(\mathfrak{e}^*)$。此外任意 $\boldsymbol{a}$ 满足 $\sum_{j=1}^{J} a_j = T$，且以下约束对式（8-27）是最优的：

$$\begin{aligned} &a_j = \mu_j + \overline{s}_j, && j \in \Upsilon_1 \\ &a_j = \mu_j - \underline{s}_j, && j \in \Upsilon_2 \\ &a_j \in [\mu_j - \underline{s}, \mu_j + \overline{s}_j], && j \in \Upsilon_3 \end{aligned} \tag{8-34}$$

注意，当 $\mathfrak{e}^* \in (0,\gamma)$ 时，总存在 $\boldsymbol{a}$ 满足 $\sum_{j=1}^{J} a_j = T$ 和式（8-34）。本节用 $\boldsymbol{a}^*$ 表示一个这样的解。

命题 8-4 是在假设 $\mathfrak{e}^* \in (0,\gamma)$ 下得到的。下面将展示一个简单的条件来保证 $\mathfrak{e}^* > 0$。请注意，对于足够小的 $\varepsilon > 0$，$v(\varepsilon) - v(0) = \left(\sum_{j=1}^{J} (\mu_j + \overline{s}_j) - T \right) \varepsilon$。因此，当一天的长度 T 小于所有服务的最大可能持续时间的总和，即 $T < \sum_{j=1}^{J} (\mu_j + \overline{s}_j)$ 时，则有 $v(\varepsilon) - v(0) > 0$，这意味着 $\mathfrak{e}^* > 0$。然而，我们还没有找到一个简单的条件来保证 $\mathfrak{e}^* < \gamma$。

请注意，Υ_1（Υ_2）中任一服务的最优调度等于其持续时间的支撑集的上限（下限）。但是，Υ_3 中服务的最优调度可能不是唯一定义的。然而，当 Υ_3 为单态时，存在一个唯一解满足 $\sum_{j=1}^{J} a_j = T$ 和式（8-34）。当 $\underline{s}_j / L_j$ 对所有 j 都是常数时，其中 $L_j = \underline{s}_j + \overline{s}_j$ 表示顾客 j 服务持续时间的支撑宽度，最多有一个顾客的最优调度时间在其服务持续时间的支撑范围内。

在均值-支撑集设置下，可以用 L_j 来测量顾客 j 服务持续时间的变化。同样，$\underline{s}_j$ 和 $\overline{s}_j$ 可以分别用来衡量低于平均值和高于平均值的变化。受鲁棒均值-方差模型中按照方差排序能得到最优解的启发，我们很自然地想到，对于鲁棒均值-支撑集模型来说，按 L_j 递增的顺序对顾客进行排序是最优的。在与 $\underline{s}_j / L_j$ 比值有关的技术条件下，确实是这样。这个比值可以解释为高于均值的相对变化（与宽度 L_j 相比）。该条件假设存在 $\varphi \in (0,1)$，使得对所有 j 有 $\overline{s}_j / L_j = \varphi$。直观地说，这一假设表明，服务持续时间的支撑集对各自的均值具有相同程度的对称性。

8.4 数值分析

本节旨在分析当服务持续时间的分布已知且独立时，鲁棒调度解的性能。更详细的分析请感兴趣的读者查阅 Mak 等（2015）的研究。考虑顾客数量为 5~8 个的问题实例。此外，所有情况下的每单位加班成本都固定为 2，即 $c^O = 2$。

假设服务持续时间遵循三种类型的概率分布：正态分布、伽马分布和对数正态分布。这些分布可以通过它们的均值和标准差来指定。对于每个问题实例，只使用一种特定的分布类型，但是不同的顾客可能遵循不同的分布。特别地，对于每位顾客 j，设 $\mu_j \sim U(30,60)$，$\sigma_j = \mu_j \cdot \tau$，其中 $\tau \sim U(0,0.3)$（$U(a,b)$ 表示 (a,b) 上的均匀分布）。

对于每一组生成的 μ_j 和 σ_j 值，$j = 1,2,\cdots,J$，设一天的长度为 $T = \sum_{j=1}^{J}\mu_j + R \cdot \sqrt{\sum_{j=1}^{J}\sigma_j^2}$，$R$ 是一个参数。令 R 取三个可能的值：0.5、0 和–0.5。R 值越小，说明时间约束越严格。然后求解二阶锥规划模型即式（8-20），得到最优鲁棒解，用 $\boldsymbol{a}_{\mathrm{RO}}$ 表示。本节还从一个具有给定均值和标准差的分布族中生成 1000 个独立样本（in sample）。然后，使用 SAA 方法将问题作为一个两阶段随机规划问题求解，解用 $\boldsymbol{a}_{\mathrm{SAA}}$ 表示，对于假设完全了解概率分布的随机优化模型来说，它是真正最优解的近似值。为了比较 $\boldsymbol{a}_{\mathrm{RO}}$ 和 $\boldsymbol{a}_{\mathrm{SAA}}$ 两个解，本节对其相应的预期总成本进行如下评估：从分布中随机生成 10000 个外样本（out of sample），在此基础上得到解 $\boldsymbol{a}_{\mathrm{SAA}}$，对于每个样本，分别计算 $\boldsymbol{a}_{\mathrm{RO}}$ 和 $\boldsymbol{a}_{\mathrm{SAA}}$ 对应的总成本。然后，对所有实例的 10000 个样本的成本估计如下：均值，分别用 M_{RO} 和 M_{SAA} 表示；上半方差分别用 $\mathrm{SV}_{\mathrm{RO}}$ 和 $\mathrm{SV}_{\mathrm{SAA}}$ 表示；第 t 个百分位分别用 $\mathrm{PT}_{\mathrm{RO}}^t$ 和 $\mathrm{PT}_{\mathrm{SAA}}^t$ 表示，$t = 75,85,95,99$。

注意：对于任意随机变量 X，它的上半方差定义为 $E[\max(0, X - E[X])^2]$，衡量 X 在其均值上的变化（即上行离散性）。然后，计算三个测量值的百分比差如下：

$$\frac{M_{\mathrm{RO}}}{M_{\mathrm{SAA}}} - 1, \quad \frac{\mathrm{SV}_{\mathrm{RO}}}{\mathrm{SV}_{\mathrm{SAA}}} - 1, \quad \frac{\mathrm{PT}_{\mathrm{RO}}^t}{\mathrm{PT}_{\mathrm{SAA}}^t} - 1$$

对于每个固定数量的顾客和分布类型，生成了 20 个实例。表 8-2 展示了平均结果（每种情况下超过 20 个实例）。负值表示鲁棒解在特定度量方面的性能优于 SAA 解。

表 8-2　三个性能度量：均值、上半方差和百分位数

性能度量	R	分布	顾客数量			
			5	6	7	8
均值	–0.5	正态分布/%	3.4	3.6	4.7	5.4
		伽马分布/%	3.7	4.0	5.1	5.7
		对数正态分布/%	3.9	4.3	5.4	6.0
	0	正态分布/%	4.8	5.0	6.3	7.2
		伽马分布/%	5.1	5.5	6.8	7.5
		对数正态分布/%	5.3	5.8	7.2	7.9
	0.5	正态分布/%	7.5	7.8	9.1	10.6
		伽马分布/%	7.5	8.0	9.2	10.3
		对数正态分布/%	7.7	8.3	9.5	10.6
上半方差	–0.5	正态分布/%	–4.5	–4.7	–10.4	–15.7
		伽马分布/%	–7.7	–10.6	–12.3	–16.4
		对数正态分布/%	–10.0	–12.3	–14.8	–17.4
	0	正态分布/%	–6.6	–8.6	–11.3	–16.2
		伽马分布/%	–7.3	–10.1	–12.0	–17.4
		对数正态分布/%	–8.7	–11.3	–13.6	–18.6
	0.5	正态分布/%	–6.5	–8.6	–9.6	–14.6
		伽马分布/%	–5.5	–7.5	–8.3	–13.9
		对数正态分布/%	–5.4	–7.6	–8.5	–14.3
第 75 个百分位	–0.5	正态分布/%	5.2	5.5	6.5	6.1
		伽马分布/%	4.3	4.4	5.7	5.9
		对数正态分布/%	2.9	3.8	5.0	6.0
	0	正态分布/%	6.6	7.3	8.5	8.0
		伽马分布/%	6.6	6.6	7.7	7.5
		对数正态分布/%	5.3	6.3	7.4	7.4
	0.5	正态分布/%	12.5	12.8	12.7	12.3
		伽马分布/%	13.2	12.3	12.6	12.1
		对数正态分布/%	13.3	12.9	13.1	12.3
第 85 个百分位	–0.5	正态分布/%	2.4	1.9	3.0	2.5
		伽马分布/%	0.9	0.9	1.8	2.0
		对数正态分布/%	–0.1	0.2	1.0	1.6

续表

性能度量	R	分布	顾客数量			
			5	6	7	8
第 85 个百分位	0	正态分布/%	2.5	2.4	3.8	3.4
		伽马分布/%	1.8	1.9	2.7	2.5
		对数正态分布/%	1.0	1.2	2.1	1.7
	0.5	正态分布/%	5.4	6.0	6.5	5.2
		伽马分布/%	5.7	5.8	6.6	5.6
		对数正态分布/%	5.4	6.0	6.5	5.2
第 95 个百分位	−0.5	正态分布/%	−0.4	−1.2	−1.6	−2.7
		伽马分布/%	−1.6	−2.4	−2.3	−3.4
		对数正态分布/%	−2.5	−3.0	−3.2	−3.8
	0	正态分布/%	−1.1	−1.7	−1.8	−3.0
		伽马分布/%	−1.5	−2.3	−2.3	−3.8
		对数正态分布/%	−2.4	−2.9	−2.9	−4.6
	0.5	正态分布/%	−0.9	−1.5	−0.6	−2.0
		伽马分布/%	−0.7	−1.2	−0.5	−2.4
		对数正态分布/%	−0.9	−1.2	−0.7	−2.9
第 99 个百分位	−0.5	正态分布/%	−1.6	−2.6	−4.1	−5.2
		伽马分布/%	−2.5	−3.1	−3.8	−5.3
		对数正态分布/%	−2.4	−3.5	−4.7	−5.5
	0	正态分布/%	−2.5	−3.2	−4.8	−5.8
		伽马分布/%	−2.7	−3.3	−4.2	−6.0
		对数正态分布/%	−2.4	−3.6	−5.0	−6.3
	0.5	正态分布/%	−3.1	−3.9	−4.8	−6.1
		伽马分布/%	−3.0	−3.0	−3.7	−5.7
		对数正态分布/%	−1.8	−2.7	−4.0	−5.4

从表 8-2 中，可以得出一些观察结果。首先，鲁棒解的预期成本高于 SAA 解。平均百分比差值（均值的数据）为 3.4%~10.6%，这取决于顾客的数量和 R 的值。此外，SAA 解在第 75 个百分位和第 85 个百分位上表现更好。然而，考虑到鲁棒解只使用分布的前两个矩，这些差异并不大，而 SAA 解是通过访问真实分布的 1000 个样本来确定的。其次，通过实现鲁棒解而增加的预期成本部分地通过右尾

的性能改进得到补偿。特别是，鲁棒解在第 95 个百分位和第 99 个百分位以及上半方差方面优于 SAA 解。这表明，鲁棒解在极端情况下提供了更可靠的性能，产生的成本分布具有较小的上行分散和较短的右尾。一种可能的解释是，鲁棒解通过降低安全系数可以防止高昂的成本，在这种情况下，连续的服务同时具有较长的持续时间值，且服务完成的任何延迟都会沿服务序列向下传播。因此，尽管鲁棒解在一般情况下略显保守，但当计划者规避风险并希望防范极端情况时，鲁棒解是非常可取的。此外，正如前面讨论的那样，鲁棒解和 SAA 解相比还有两个优势。特别是，它需要的分布信息较少（均值和方差）且易于计算。

8.5 本章小结

本章考虑了一种具有有限随机服务时间分布信息的经典的预约调度问题。在这个问题中，只有服务时间的均值和二阶矩（或支撑集）信息为决策者所知，决策者必须确定每个预约的调度时间，以最小化最差情况下的顾客等待时间、服务提供者空闲时间和加班时间的加权成本。

对于研究的问题，本章首先建立了分布式鲁棒的最小-最大模型，并建立了性能指标之间的关系。在此基础上，对于只有均值和二阶矩信息的鲁棒优化问题，将问题重构为一个二阶锥规划问题，对于只有均值和支撑集信息的鲁棒优化问题，将问题重构为一个线性规划问题。特别地，本章分析了不考虑服务提供者空间时间成本下同质顾客（即等待时间成本相同）的最优调度，并给出了解析式。最后通过数值实验验证了鲁棒优化模型的有效性。

本章的研究可以从几个方向扩展。首先，医疗机构通常有多个资源，如手术室，可以并行服务顾客。一个有趣的方向是将本章的建模框架扩展到具有多个资源并行服务顾客的情况。这带来了另一个挑战；除了排序和调度之外，多资源问题还涉及将顾客分配给资源的决策。其次，在许多医疗预约计划问题中，缺席是普遍存在的。因为未赴约会导致资源闲置，所以允许超额预订更多数量是一种常见的做法。然后，在有限的服务持续时间和可能的缺勤概率的分布信息下，顾客的排序、调度和超额预定的联合决策预计会产生具有挑战性的新问题。

参考文献

Bertsimas D，Popescu I. 2005. Optimal inequalities in probability theory：A convex optimization approach[J]. SIAM Journal on Optimization，15（3）：780-804.

Cayirli T，Veral E. 2003. Outpatient scheduling in health care：A review of literature[J]. Production and Operations Management，12（4）：519-549.

Delage E，Ye Y Y. 2010. Distributionally robust optimization under moment uncertainty with application to data-driven problems[J]. Operations Research，58（3）：595-612.

Denton B，Gupta D. 2003. A sequential bounding approach for optimal appointment scheduling[J]. IIE Transactions，35（11）：1003-1016.

Denton B，Viapiano J，Vogl A. 2007. Optimization of surgery sequencing and scheduling decisions under uncertainty[J]. Health Care Management Science，10（1）：13-24.

Gupta D，Denton B. 2008. Appointment scheduling in health care：Challenges and opportunities[J]. IIE Transactions，40（9）：800-819.

Levi R，Perakis G，Uichanco J. 2012.The data-driven newsvendor problem：New bounds and insights[R]. Cambridge：Massachusetts Institute of Technology.

Macario A.2010. Is it possible to predict how long a surgery will last？ [EB/OL].[2010-07-14]. http://www.medscape.com/viewarticle/724756.

Mak H Y，Rong Y，Zhang J W. 2015. Appointment scheduling with limited distributional information[J]. Management Science，61（2）：316-334.

Wen J，Geng N，Xie X L. 2020. Optimal insertion of customers with waiting time targets[J]. Computers & Operations Research，122：105001.

第9章　多阶段顺序服务系统分布式鲁棒预约调度模型与方法

9.1　引　　言

近几十年来，预约调度在服务行业得到了广泛的应用，如门诊护理、税务咨询等。预约调度的关键问题（Denton and Gupta，2003；Hassin and Mendel，2008）是提前优化预约安排。通过这种优化，服务提供者可以充分利用他们的工作时间，同时减少顾客的平均等待时间（Robinson and Chen，2003；Denton et al.，2007）。但到目前为止，大多数预约安排问题研究的都是离线调度，并且是在单阶段服务系统中进行的，该系统仅涉及单个服务提供者的服务过程（Erdogan and Denton，2013；Begen et al.，2012；Ge et al.，2014；Mancilla and Storer，2013）。然而，除了单阶段服务系统外，多阶段服务系统也广泛存在于人们的日常生活中。近年来，关于多阶段服务系统中的预约调度研究不断涌现，在这类服务系统中，顾客需要经历多个服务阶段（Chien et al.，2008；Pérez et al.，2013；Saremi et al.，2013）。在多阶段服务系统中，常见的情况是顾客必须按照相同的顺序经历所有阶段，但他们只需在第一阶段进行预约，然后按照先到先服务的顺序接受其余阶段的服务，并且每个阶段只有一个服务提供者提供服务，本章一般称这种情况下的服务系统为多阶段顺序服务系统。例如，在社区医院接种儿童疫苗时，儿童必须先进行登记和预检（如测量体温），然后再接种疫苗，这个过程中的每个阶段只有一个服务提供者（医生或护士）提供服务。事实上，多阶段顺序服务系统的设置与流水车间调度的设置基本一致。对于多阶段顺序服务系统中的预约调度问题，研究者最常研究的是如何确定第一阶段所有预约的调度时间，以最小化多个阶段中与顾客等待时间和服务提供者空闲时间相关的总期望成本（Kuiper and Mandjes，2015；Klassen and Yoogalingam，2019；Zhou and Yue，2019）。

不确定性在预约系统和其他医疗运营系统中是不可忽视的，例如，在急诊医疗系统（Boujemaa et al.，2020）和血液供应链管理（Abbasi et al.，2020）中。因此，在单阶段和多阶段的预约调度问题中通常会考虑不确定性，如随机服务时间（Kaandorp and Koole，2007；Berg et al.，2014；Begen and Queyranne，2011）、随机爽约行为（Robinson and Chen，2010；Zacharias and Pinedo，2014，2017）。由

于决策者所能获取的有关不确定性的分布信息的程度不同，在现有的预约调度问题研究中，许多学者提出了各种假设和解决方法来处理不确定性。在某些特殊情况下，决策者可以完全获得这些不确定性的分布信息，因此，一些研究也会假设服务时间是确定的（Robinson and Chen，2010；Zacharias and Pinedo，2014，2017），或者随机的服务时间或爽约行为的分布模式是可精确预知的（Jiang et al.，2019；Bendavid et al.，2018；Zhou and Yue，2019）。为了解决相应的预约调度问题，通常首先使用随机规划优化模型以处理不确定性。在此基础上，一部分研究得出了可行的调度策略（Mak et al.，2014；Shehadeh et al.，2019），一部分则侧重于开发高效的算法来实现求解（近似）最优解，如 Benders 分解方法（Jiang et al.，2019）、基于模拟的顺序算法（Bendavid et al.，2018）和 L-shaped 算法（Denton and Gupta，2003；Zhou and Yue，2019）。此外，一些研究还分析了最优调度的结构特性，如"无缺口"结构（Robinson and Chen，2010）和"圆顶"形状（Wang，1997；Hassin and Mendel，2008）。在这里，"无缺口"结构意味着在一天被分成许多时间段的情况下，如果一个时间段被某预约者占用，在最优调度情况下该时间段前的所有时间段都应该被预约者占用。"圆顶"形状则意味着调度时长在前几个预约中增加，然后在中间几个预约中保持稳定，并在最后几个预约中减少。

然而，在某些情况下，决策者其实很难估计不确定性因素确切的概率分布。一方面，由于缺乏数据，很难精确地估计不确定性的概率分布。例如，Denton 等（2007）称，Fletcher Allen 医疗中心每种手术类型平均只有 21 个数据点可用。另一方面，不确定性因素的概率分布可能在服务过程中呈现出不同的模式。例如，Shehadeh 等（2020）发现肠镜检查的过程与术前肠道准备质量有关，但这种准备质量却可能遵循两种不同的概率分布。为了解决缺失不确定性的确切分布信息的预约调度问题，学者提出了一种替代方法——DR 优化方法，用以替代需要完整分布信息的随机规划模型。与随机规划模型相比，DR 模型仅需要较少的不确定性分布信息，如均值和支撑集（Jiang et al.，2017；Kong et al.，2013；Mak et al.，2015；Wiesemann et al.，2014）。此外，DR 模型还考虑了决策者的风险厌恶特性，因为它旨在找到一个最优解，以便在所有可能的不确定性情况下都能表现良好，并且其通过最小化最坏情况下的期望成本来对冲不确定分布（被定义为模糊集）中的最坏情况，而随机规划模型则是优化了所有潜在情景下的系统性能的期望。

在预约调度问题的相关文献中，DR 模型已经被应用于单阶段服务系统的研究（Jiang et al.，2017；Kong et al.，2013；Mak et al.，2015），但在多阶段服务系统中还没有相关的研究尝试使用 DR 模型。然而实际上，在多阶段服务系统中，获得不确定性的精确概率分布是更加困难的，因此激发了本章利用 DR 模型来研究多阶段服务系统中，决策者无法完全获得不确定性的分布信息时的预约调度问题。

本章考虑了一种多阶段顺序预约调度问题，在问题中，随机服务时间的分布信息有限。在该问题中，本章还通过 DR 模型考虑了决策者的风险厌恶特性。具体来说，本章通过使用服务时间的均值和支撑集来构建模糊集，即随机服务时间的分布族，来研究 DR 多阶段预约调度模型。本章之所以使用均值和支撑集有两个原因：首先，服务时间的均值和支撑集是可以基于可用数据被轻松估计的；其次，通过由均值和支撑集所确定的模糊集，可以开发出高效的算法来解决此问题。本章的目标是确定第一阶段中每个顾客的调度时间，从而在随机服务时间的最坏分布的情况下，最小化加权顾客等待时间、服务提供者空闲时间和加班时间的期望成本。

本章的研究主要有两个贡献。

（1）本章在多阶段预约调度问题中应用 DR 模型，将 DR 模型扩展到了实际场景中，并考虑了决策者的风险厌恶特性，使解决方案更具鲁棒性和可靠性。

（2）基于均值和支撑集构建的模糊集，本章提出了一种高效的算法来解决这个 DR 多阶段预约调度问题，该算法在实际中具有可行性，并且在多种情况下表现出优异的性能。

这些贡献使本章的研究对于实际多阶段服务系统中的预约调度问题具有重要的理论和实践意义。

本章的剩余部分的结构如下：9.2 节将所研究的问题建模成 DR 模型；9.3 节建立性能指标之间的线性关系，并开发一种高效的割平面法来求解 DR 模型；9.4 节进行数值分析，研究 DR 模型的计算和仿真性能，探讨最优调度的形式，并检验一些潜在可用的顺序启发式算法的效率；9.5 节对本章内容进行总结，并展望未来的研究方向。

9.2　问题描述与建模

9.2.1　问题描述

本章考虑有 J 个不同的顾客前往一个共用的服务系统，其中包含 T 个连续的服务过程（本章称它为服务阶段）。这 J 个不同的顾客需要按照先到先服务的规则，按照给定的固定顺序 $1,2,\cdots,J$ 经历所有 T 个服务阶段。这里假设固定的到达顺序是基于以下两点考虑：首先，预约调度中的排序问题实际上是一个复杂的问题（Mak et al.，2015）；其次，作者首次研究多阶段预约调度问题中的 DR 模型，因此希望尝试研究一个相对简单的情况，即仅研究调度问题，为今后的研究考虑联合排序及预约调度问题打下基础。在第 t $(t=1,2,\cdots,T)$ 个阶段，每个顾客 $j(j=1,2,\cdots,J)$ 具有一个随机的服务时间 $d_{t,j}(t=1,2,\cdots,T;j=1,2,\cdots,J)$。对于多阶段服务系统，本章假设所有阶段的服务窗口时间长度为 L，并且每个阶段有一个单一的服务提供者提供服务。与动态调度不同（Wen et al.，2020），本章考虑的是静态调度，这意味着，所有决策都是在所有服务开始之前制定的。决策者需要确定每个顾客 $j(j=1,2,\cdots,J)$ 在第一阶段即 $t=1$ 中的调度时间 a_j。调度时间定义为两个连续服务的预定开始时间之间的时间间隔。因此，第一阶段 $(t=1)$ 中第 j 个顾客的预定开始时间由 $\sum_{n=1}^{j-1}a_n$ 给出。本章用 $\boldsymbol{a}=(a_1,\cdots,a_J)$ 和 $\boldsymbol{d}=(d_{1,1},\cdots,d_{T,J})$ 来表示所有顾客的调度时间和服务时间的集合。接下来，本章将决策变量 $\boldsymbol{a}$ 的可行域定义为 $\mathbb{A}=\left\{\boldsymbol{a}:a_j\geqslant 0,\sum_{j=1}^{J}a_j=L\right\}$。

由于多阶段服务系统中服务时间的随机性，服务系统中会出现顾客的等待时间、服务提供者的空闲时间和加班时间。为了方便起见，本章定义第 $J+1$ 个顾客为虚拟顾客，并用 $\boldsymbol{W}=(W_{1,1},\cdots,W_{T,J})$、$\boldsymbol{I}=(I_{1,1},\cdots,I_{T,J+1})$ 和 $\boldsymbol{O}=(O_1,\cdots,O_T)$ 分别表示等待时间、空闲时间和加班时间的集合，其中 $W_{t,j}$ 表示第 t 阶段中第 j 个顾客的等待时间，$I_{t,j}$ 表示在第 t 阶段处理第 j 个顾客之前的服务提供者的空闲时间，O_t 表示第 t 阶段的服务提供者加班时间。请注意，当第 t 阶段的所有顾客在时间窗口 L 结束之前就接受完服务时，用 $I_{t,J+1}(t=1,2,\cdots,T)$ 表示该阶段产生的空闲时间。

此外，本章用 c_j^W 表示顾客 j $(j=1,2,\cdots,J)$ 的单位等待时间成本，c_t^I 和 c_t^O 分别表示阶段 $t(t=1,2,\cdots,T)$ 中服务提供者的空闲时间和加班的单位成本。

在本章研究的问题中，将做出以下假设。

（1）每个阶段的服务提供者在时刻 0 开始提供服务。

（2）顾客准时在预定的开始时间抵达服务系统。

（3）阶段 $t=1$ 中的服务提供者在时刻 0 开始为第一个顾客提供服务。

（4）不允许插队，即在每个阶段内顾客按顺序连续接受服务，不存在插队现象。

根据上述假设，本章可以得出每个阶段中第一个顾客的等待时间为 0，即 $W_{t,1}=0$，其中 $t=1,2,\cdots,T$。并且，在服务第一个顾客之前，阶段 $t(t=1,2,\cdots,T)$ 中服务提供者的空闲时间为 $I_{t,1}=\sum_{s=1}^{t-1}d_{s,1}$。因此，阶段 $t=1$ 中的服务提供者在处理第一个顾客之前的空闲时间为 0，即 $I_{1,1}=0$。根据上述讨论，对于给定的 $\boldsymbol{a}$ 和 $\boldsymbol{d}$，可以计算出等待时间、空闲时间和加班时间的总加权成本，如下所示：

$$\begin{aligned}\tilde{g}(\boldsymbol{a},\boldsymbol{d}) &= \sum_{t=1}^{T}\sum_{i=1}^{J}\left(c_i^W W_{t,j} + c_t^I I_{t,j}\right) + \sum_{t=1}^{T}\left(c_t^O O_t + c_t^J I_{t,j+1}\right) \\ &= \sum_{t=1}^{T}\sum_{i=2}^{J}\left(c_i^W W_{t,j} + c_t^I I_{t,j}\right) + \sum_{t=1}^{T}\left(c_t^O O_t + c_t^I I_{t,J+1}\right) + \sum_{t=1}^{T} c_t^I \sum_{s=1}^{t-1} d_{h,1}\end{aligned} \quad (9\text{-}1)$$

注意，在式（9-1）中，目标函数 $\tilde{g}(\boldsymbol{a},\boldsymbol{d})$ 是等待时间、空闲时间和加班时间的线性成本函数，而最后一项 $\sum_{t=1}^{T} c_t^I \sum_{s=1}^{t-1} d_{s,1}$ 与调度 $\boldsymbol{a}$ 无关。这意味着在对 $\tilde{g}(\boldsymbol{a},\boldsymbol{d})$ 求期望值时，有常数 $E\left[d_{s,1}\right] = \mu_{s,1}$，以及 $E\left[\sum_{t=1}^{T} c_t^I \sum_{s=1}^{t-1} d_{s,1}\right] = \sum_{t=1}^{T} c_t^I \sum_{s=1}^{t-1} \mu_{s,1}$。因此，对于给定的任意调度时间 $\boldsymbol{a}$ 和随机服务时间 $\boldsymbol{d}$，本章以总成本 $g(\boldsymbol{a},\boldsymbol{d})$ 为目标函数，定义如下：

$$g(\boldsymbol{a},\boldsymbol{d}) = \sum_{t=1}^{T}\sum_{j=2}^{J}\left(c_j^W W_{t,j} + c_t^I I_{t,j}\right) + \sum_{t=1}^{T}\left(c_t^O O_t + c_t^I I_{t,J+1}\right) \quad (9\text{-}2)$$

9.2.2　多阶段分布式鲁棒优化模型

假设随机服务时间 $\boldsymbol{d}$ 遵循联合概率分布 F。对于阶段 t 中的每个顾客 j，服务时间 $d_{t,j}$ 的支撑集用 $D_{t,j} = \{d_{t,j}^{\mathrm{L}} \leqslant d_{t,j} \leqslant d_{t,j}^{\mathrm{U}}\}$ 表示，其中 $d_{t,j}^{\mathrm{L}}$ 和 $d_{t,j}^{\mathrm{U}}$ 分别为 $d_{t,j}$ 的下限值和上限值。本章用 $\mathbb{D} = D_{1,1} \times D_{1,2} \times \cdots \times D_{T,n}$ 表示支撑集，并用 $\boldsymbol{\mu} = [\mu_{t,i}]_{T\times J}$ 表示 $\boldsymbol{d}$ 的均值矩阵。在此，本章假设服务时间的均值矩阵和支撑集对决策者来说是已知的。然而，对于 $\boldsymbol{d}$ 的分布 F，假设没有完整的分布信息，即决策者只知道分布 F 属于一个模糊集合 $F(\mathbb{D},\boldsymbol{\mu})$，其中 $F(\mathbb{D},\boldsymbol{\mu})$ 由均值矩阵 $\boldsymbol{\mu}$ 和支持集 $\mathbb{D}$ 定义。具体而言，模糊集合 $F(\mathbb{D},\boldsymbol{\mu})$ 表示为

$$F(\mathbb{D},\boldsymbol{\mu}) := \begin{cases} \int_{\mathbb{D}} \mathrm{d}F(\boldsymbol{d}) = 1 \\ \int_{\mathbb{D}} d_{t,j}\mathrm{d}F(\boldsymbol{d}) = \mu_{t,j}, \quad \forall t = 1,2,\cdots,T;\ j = 1,2,\cdots,J \end{cases} \quad (9\text{-}3)$$

本章的目标是确定调度时间 $\boldsymbol{a}$，以使得在 $F(\mathbb{D},\boldsymbol{\mu})$ 中所有潜在分布中，$g(\boldsymbol{a},\boldsymbol{d})$ 在最坏情况下的期望值最小化。因此，本章考虑的多阶段预约调度问题可以表述为以下 DR 优化模型：

$$(\mathrm{P0})\quad \min_{\boldsymbol{a}\in\mathbb{A}} \max_{F\in F(\mathbb{D},\boldsymbol{\mu})} E_F\, g(\boldsymbol{a},\boldsymbol{d}) \quad (9\text{-}4)$$

注意，在上述 DR 模型（P0）中，分布 F 实际上是一个决策变量，它是从模糊集合 $F(\mathbb{D},\boldsymbol{\mu})$ 中选择的。此外，上述 DR 模型（P0）在一般情况下是不可行的，从数学的角度来看，主要原因在于很难找到内部最大化问题的最坏情况的分布。

因此，在接下来的内容中，将分析 DR 模型的性质，并尝试用割平面法来解决这一问题。

9.3 求解算法

为了求解 DR 模型（P0），本节首先尝试在给定（$\boldsymbol{a},\boldsymbol{d}$）下将模型（P0）中的成本函数 $g(\boldsymbol{a},\boldsymbol{d})$ 重构为一个线性规划，通过线性规划，希望找到在给定 $\boldsymbol{a}$ 的情况下使 $g(\boldsymbol{a},\boldsymbol{d})$ 的期望值最大化的 $\boldsymbol{d}$ 的分布。然后，使用割平面法来求解 DR 模型。

9.3.1 成本函数的线性规划

为了在给定$(\boldsymbol{a},\boldsymbol{d})$的情况下重构成本函数 $g(\boldsymbol{a},\boldsymbol{d})$，本节首先分析性能指标 $\boldsymbol{W}$、$\boldsymbol{I}$ 和 $\boldsymbol{O}$ 之间的线性关系。正如之前的研究所示（Zhou and Yue，2019），不同阶段之间的等待时间和空闲时间满足以下线性关系：

$$
\begin{gathered}
W_{1,j+1} - I_{1,j+1} = W_{1,i} + d_{1,j} - a_j, \quad j = 1,2,\cdots,J-1 \\
I_{t,j+1} + d_{t,j+1} + W_{t+1,j+1} = W_{t+1,j} + d_{t+1,j} + I_{t+1,j+1}, j = 1,2,\cdots,J-1; \quad t = 1,2,\cdots,T-1 \\
W_{1,1} = 0
\end{gathered}
\tag{9-5}
$$

式（9-5）中的第二个等式关系在机器调度问题的相关研究中也是很常见的。为了理解第二个等式，本章参考了 Zhou 和 Yue（2019）的研究来说明任意两个连续阶段之间等待时间和空闲时间的关系，如图 4-2 所示。

在图 4-2 中，$\Delta_{t,j}$ 表示阶段 t 中顾客 j 实际完成时间与阶段 $t+1$ 中顾客 $j+1$ 实际开始时间之间的时间间隔。因此，我们可以得到两个等价的 $\Delta_{t,j}$ 表达式，如下所示：

$$
\begin{aligned}
\Delta_{t,j} &= I_{t,j+1} + d_{t,j+1} + W_{t+1,j+1} \\
\Delta_{t,j} &= W_{t+1,j} + d_{t+1,j} + I_{t+1,j+1}
\end{aligned}
\tag{9-6}
$$

将式（9-6）中的两个等式结合起来，很容易推导出式（9-5）中的第二个等式。现在展示在第一阶段中 O_1 和 $I_{1,J+1}$ 之间的线性关系。与经典的单阶段预约调度问题类似，可得出以下结果：

$$
\begin{aligned}
I_{1,J+1} &= [W_{1,J} + d_{1,J} - a_J]^- \\
O_1 &= [W_{1,J} + d_{1,J} - a_J]^+
\end{aligned}
\tag{9-7}
$$

请注意，式（9-7）中的加班时间 O_1 和空闲时间 $I_{1,J+1}$ 不能同时严格为正，因此可以在第一阶段中建立以下 O_1 和 $I_{1,J+1}$ 的线性等式：

$$
\begin{aligned}
& O_1 - I_{1,J+1} = W_{1,J} + d_{1,J} - a_J \\
& O_1 \geqslant 0, \quad I_{1,J+1} \geqslant 0
\end{aligned}
\tag{9-8}
$$

接下来，将推导阶段 $t(t=2,3,\cdots,T)$ 中 $I_{t,J+1}$ 和 O_t 之间的线性关系。显然，加班时间 O_t 和空闲时间 $I_{t,J+1}$ 可以表示为

$$O_t=\left[\sum_{j=1}^{J}d_{t,j}+\sum_{j=1}^{J}I_{t,j}-L\right]^+,\quad t=2,3,\cdots,T$$
$$I_{t,J+1}=\left[\sum_{j=1}^{J}d_{t,j}+\sum_{j=1}^{J}I_{t,j}-L\right]^-,\quad t=2,3,\cdots,T \tag{9-9}$$

同样地，阶段 $t(t=2,3,\cdots,T)$ 中对应的空闲时间 $I_{t,J+1}$ 和加班时间 O_t 不能同时严格为正。因此，式（9-9）存在着以下关系：

$$O_t-I_{t,J+1}=\sum_{j=1}^{J}d_{t,j}+\sum_{j=1}^{J}I_{t,j}-L,\quad t=2,3,\cdots,T \tag{9-10}$$

根据上述推导结果，可以建立一个线性规划（LP_1）来计算在给定（$\boldsymbol{a},\boldsymbol{d}$）情况下的成本函数 $f(\boldsymbol{a},\boldsymbol{d})$：

$$f(\boldsymbol{a},\boldsymbol{d})=\min_{\boldsymbol{W},\boldsymbol{I},\boldsymbol{O}}\sum_{t=1}^{T}\sum_{j=2}^{J}\left(c_j^W W_{t,j}+c_t^I I_{t,j}\right)+\sum_{t=1}^{T}\left(c_t^O O_t+c_t^I I_{t,J+1}\right) \tag{9-11}$$

$$\text{s.t.}\quad W_{1,i+1}-I_{1,j+1}=W_{1,j}+d_{1,j}-a_j,\quad j=1,2,\cdots,J-1 \tag{9-12}$$

$$O_1-I_{1,J+1}=W_{1,J}+d_{1,J}-a_J \tag{9-13}$$

$$W_{t,i+1}-I_{t,i+1}=W_{t,j}-I_{t-1,j+1}+d_{t,j}-d_{t-1,j+1},\quad j=1,2,\cdots,J-1;\quad t=2,3,\cdots,T \tag{9-14}$$

$$O_t-I_{t,J+1}=\sum_{j=1}^{J}d_{t,j}+\sum_{j=1}^{J}I_{t,j}-L,\quad t=2,3,\cdots,T \tag{9-15}$$

$$W_{t,1}=0,\quad t=1,2,\cdots,T \tag{9-16}$$

$$\boldsymbol{W}\geqslant\boldsymbol{0},\quad \boldsymbol{I}\geqslant\boldsymbol{0},\quad \boldsymbol{O}\geqslant\boldsymbol{0} \tag{9-17}$$

在线性规划（LP_1）中，前两组约束条件即式（9-12）和式（9-13）保证了第一阶段等待时间、空闲时间和加班时间之间的线性关系；第三组约束条件即式（9-14）表示任意两个连续阶段之间等待时间和空闲时间的关系；第四组约束条件即式(9-15)定义了阶段 $t>2$ 的加班时间；第五组约束条件即式（9-16）表示每个阶段 t 中第一个预约在 0 时刻开始提供服务；最后一组约束条件即式（9-17）表示了性能指标非负的要求。

实际上，从 (LP_1) 中显然可以得到给定（$\boldsymbol{a},\boldsymbol{d}$）情况下的成本函数 $g(\boldsymbol{a},\boldsymbol{d})$ 的值。然而，由于式（9-15）中对空闲时间和加班时间的约束是不规则的，仅通过线性规划 (LP_1) 无法找到使 $g(\boldsymbol{a},\boldsymbol{d})$ 期望值最大的分布。因此，本章对式（9-15）进行了转换，并提出了 (LP_1) 的等价线性规划，见命题 9-1。

命题 9-1　线性规划 (LP_1) 等价于下面的线性规划 (LP_2)：

$$g(\boldsymbol{a},\boldsymbol{d})=\min_{\boldsymbol{W},\boldsymbol{I},\boldsymbol{O}}\sum_{t=1}^{T}\sum_{j=2}^{J}\left(c_j^W W_{t,j}+c_t^I I_{t,j}\right)+\sum_{t=1}^{T}\left(c_t^O O_t+c_t^I I_{t,J+1}\right) \tag{9-18}$$

$$\text{s.t.}\quad W_{1,j+1}-I_{1,j+1}=W_{1,j}+d_{1,j}-a_j,\quad j=1,2,\cdots,J-1 \tag{9-19}$$

$$O_1-I_{1,J+1}=W_{1,J}+d_{1,J}-a_J \tag{9-20}$$

$$W_{t,j+1}-I_{t,j+1}=W_{t,j}-I_{t-1,j+1}+d_{t,j}-d_{t-1,j+1},\quad j=1,2,\cdots,J-1;\quad t=2,3,\cdots,T \tag{9-21}$$

$$O_t-I_{t,J+1}=W_{t,J}-I_{t-1,J+1}+d_{t,J}+O_{t-1},\quad t=2,3,\cdots,T \tag{9-22}$$

$$W_{t,1}=0,\quad t=1,2,\cdots,T \tag{9-23}$$

$$\boldsymbol{W}\geqslant\boldsymbol{0},\quad \boldsymbol{I}\geqslant\boldsymbol{0},\quad \boldsymbol{O}\geqslant\boldsymbol{0} \tag{9-24}$$

$$W_{t,j+1}-I_{t,j+1}=W_{t,j}-I_{t-1,j+1}+d_{t,j}-d_{t-1,j+1},\quad j=1,2,\cdots,J-1;\quad t=2,3,\cdots,T \tag{9-25}$$

$$O_1-I_{1,J+1}=\sum_{j=1}^{J}d_{1,j}+\sum_{j=1}^{J}I_{1,j}-L \tag{9-26}$$

$$O_1-I_{1,J+1}=\sum_{j=1}^{J}d_{1,j}+\sum_{j=1}^{J}I_{1,j}-L,\quad t=2,3,\cdots,T \tag{9-27}$$

证明：通过比较线性规划(LP_2)和线性规划(LP_1)，可以发现它们之间的唯一差异在于O_t和$I_{t,J+1}(t\geqslant 2)$的约束条件即式（9-22）和式（9-15）。因此，本章只需要证明这两对约束条件在这两个线性规划中是等价的即可。

根据本节的分析和(LP_1)中的约束条件，本节对式（9-25）～式（9-27）进行进一步整理。

通过整合所有顾客j的约束条件式（9-25），可以得出式（9-28）如下：

$$W_{t,J}-\sum_{j=2}^{J}I_{t,j}=-\sum_{j=2}^{J}I_{t-1,j}+\sum_{j=1}^{J-1}d_{t,j}-\sum_{j=2}^{J}d_{t-1,j},\quad t=2,3,\cdots,T \tag{9-28}$$

式（9-28）减去式（9-27），得

$$O_t-I_{t,J+1}=W_{t,J}+I_{t,1}+d_{t,J}+\sum_{j=2}^{J}d_{t-1,j}+\sum_{j=2}^{J}I_{t-1,j}-L,\quad t=2,3,\cdots,T \tag{9-29}$$

根据$t=2$时的式（9-29），结合式（9-26），得出

$$O_1-I_{t,J+1}-d_{1,1}=\sum_{j=2}^{J}d_{1,j}+\sum_{j=2}^{J}I_{1,j}-L \tag{9-30}$$

$$O_t-I_{2,J+1}=W_{2,J}+I_{2,1}+d_{2,J}+\sum_{j=2}^{J}d_{1,j}+\sum_{j=2}^{J}I_{1,j}-L \tag{9-31}$$

将式（9-31）中的$\sum_{j=2}^{J}d_{1,j}+\sum_{j=2}^{J}I_{1,j}-L$用式（9-30）中的$O_1-I_{1,J+1}-d_{1,1}$替换，并结合$I_{t,1}=I_{t-1,1}+d_{t-1,1}=\cdots=\sum_{s=1}^{t-1}d_{s,1}$，可以得到

$$O_2-I_{2,J+1}=W_{2,J}-I_{1,J+1}+d_{2,J}+O_1 \tag{9-32}$$

同样，根据式（9-27）和式（9-29），可以得出

$$O_t - I_{t,J+1} = W_{t,J} - I_{t-1,J+1} + d_{t,J} + O_{t-1}, \quad t = 3,4,\cdots,T \tag{9-33}$$

证毕。

尽管线性规划 (LP_2) 和 (LP_1) 之间的区别只存在于 O_t 和 $I_{t,n+1}(t \geqslant 2)$ 的约束条件即式(9-22)和式(9-15)中，但通过将 (LP_1) 中的式(9-15)转换为 (LP_2) 中的式(9-22)，就可以得到一个更易处理的基于 (LP_2) 的对偶问题，以便进行进一步的分析。

接下来推导线性规划 (LP_2) 的对偶问题。

设 $\beta_{t,j}(t = 1,2,\cdots,T;\ j = 1,2,\cdots,J)$ 为线性规划 (LP_2) 的对偶决策变量。由线性规划的强对偶性，(LP_2) 等价于以下最大化线性规划 (LP_3)：

$$\max_{\boldsymbol{\beta} \in \mathbb{B}} \sum_{j=1}^{J} (d_{1,j} - a_j)\beta_{1,j} + \sum_{j=2}^{T}\sum_{j=1}^{J-1} (d_{t,j} - d_{t-1,j+1})\beta_{t,i} + \sum\nolimits_{t=2}^{T} d_{t,J}\beta_{t,J} \tag{9-34}$$

$$\mathbb{B} := \begin{cases} \beta_{t+1,j} - c_l^l \leqslant \beta_{t,j} \leqslant \beta_{t,j+1} + c_{j+1}^W, & j = 1,2,\cdots,J-1; t = 1,2,\cdots,T-1 \\ \beta_{t+1,j} - c_l^l \leqslant \beta_{t,j} \leqslant \beta_{t+1,j} + c_t^O, & j = J; t = 1,2,\cdots,T-1 \\ -c_T^l \leqslant \beta_{T,j} \leqslant \beta_{T,j+1} + c_{j+1}^W, & j = 1,2,\cdots,J-1 \\ -c_T^I \leqslant \beta_{T,j} \leqslant c_T^O, & j = J \end{cases} \tag{9-35}$$

由于 (LP_3) 与 (LP_2) 等价，因此接下来将基于 (LP_3) 使用割平面法来求解本章研究的 DR 模型。

9.3.2　DR 模型的割平面法

在本章研究的 DR 模型中，外部优化问题是一个最小化问题，而内部优化问题是一个最大化问题。为了更好地分析 DR 模型，本节首先基于矩问题强对偶性命题将内部最大化问题重构为一个最小化问题。然后分析该最小化问题的性质，并设计一个基于分离操作的分解算法，其本质上是一个割平面法。

本节首先考虑 DR 模型中的内部最大化问题 $\max\limits_{F \in F(\mathbb{D},\boldsymbol{\mu})} E_F g(\boldsymbol{a},\boldsymbol{d})$，根据式（9-3）中模糊集合的定义，内部最大化问题可以详细表述为以下线性规划：

$$\begin{aligned} \max_{F \in F(\mathbb{D},\boldsymbol{\mu})} \quad & \int_{\mathbb{D}} g(\boldsymbol{a},\boldsymbol{d}) \mathrm{d}F(\boldsymbol{d}) \\ \text{s.t.} \quad & \int_{\mathbb{D}} \mathrm{d}F(\boldsymbol{d}) = 1 \\ & \int_{\mathbb{D}} d_{t,j} \mathrm{d}F(\boldsymbol{d}) = \mu_{t,j}, \quad \forall t = 1,2,\cdots,T; \quad j = 1,2,\cdots,J \end{aligned} \tag{9-36}$$

请注意，式（9-36）是一个矩优化问题，分布 F 是决策变量。令 θ 和 $\alpha_{t,j}$ 分别为式（9-36）的对偶变量，那么对于任意固定的 $\boldsymbol{a}$，式（9-36）的对偶问题可表示为

$$\begin{aligned} \min_{\theta\in\mathbb{R},\boldsymbol{\alpha}\in\mathbb{R}^{T\times J}} \quad & \delta+\sum_{t=1}^{T}\sum_{j=1}^{J}\mu_{t,j}\alpha_{t,j} \\ \text{s.t.} \quad & \theta+\sum_{t=1}^{T}\sum_{j=1}^{J}d_{t,j}\alpha_{t,j}\geqslant g(\boldsymbol{a},\boldsymbol{d}),\ \forall d\in\mathbb{D} \end{aligned} \tag{9-37}$$

根据 Bertsimas 和 Popescu（2005）的研究，对于矩问题，强对偶性命题成立。这表明式（9-36）的最优目标值等于对偶问题即式（9-37）的目标值。请注意，式(9-37)中的约束等价于 $\theta\geqslant\max\limits_{\boldsymbol{d}\in\mathbb{D}}\left\{g(\boldsymbol{a},\boldsymbol{d})-\sum\limits_{t=1}^{T}\sum\limits_{j=1}^{J}d_{t,j}\alpha_{t,j}\right\}$。由于目标是最小化 θ，式（9-37）等价于：

$$\begin{aligned} &\min_{\boldsymbol{\alpha}\in\mathbb{R}^{T\times J}}\left\{\max_{\boldsymbol{d}\in\mathbb{D}}\left\{g(\boldsymbol{a},\boldsymbol{d})-\sum_{t=1}^{T}\sum_{j=1}^{J}d_{t,j}\alpha_{t,j}\right\}+\sum_{t=1}^{T}\sum_{j=1}^{J}\mu_{t,j}\alpha_{t,j}\right\} \\ &=\min_{\boldsymbol{\alpha}\in\mathbb{R}^{T\times J}}\left\{\max_{\boldsymbol{\beta}\in\mathbb{B}}h(\boldsymbol{a},\boldsymbol{\beta},\boldsymbol{\alpha})+\sum_{t=1}^{T}\sum_{j=1}^{J}\mu_{t,j}\alpha_{t,j}\right\} \end{aligned} \tag{9-38}$$

式中，$\mathbb{B}$ 代表决策变量 β 的可行区域；函数 $h(\boldsymbol{a},\boldsymbol{\beta},\boldsymbol{\alpha})$ 定义为

$$\begin{aligned} h(\boldsymbol{a},\boldsymbol{\beta},\boldsymbol{\alpha})=\max_{\boldsymbol{d}\in\mathbb{D}}&\left\{\sum_{j=1}^{J}(d_{1,j}-a_j)\beta_{1,j}+\sum_{t=2}^{T}\sum_{j=1}^{J-1}(d_{t,j}-d_{t-1,j+1})\beta_{t,j}\right. \\ &\left.+\sum_{t=2}^{T}d_{t,J}\beta_{t,J}-\sum_{t=1}^{T}\sum_{j=1}^{J}d_{t,j}\alpha_{t,j}\right\} \end{aligned} \tag{9-39}$$

在式（9-38）中，两个内部的二级问题都是最大化问题，因此两级最大化的顺序可以互换，本章可以确保目标函数 $\max\limits_{\boldsymbol{d}\in\mathbb{D}}\left\{g(\boldsymbol{a},\boldsymbol{d})-\sum\limits_{t=1}^{T}\sum\limits_{j=1}^{J}d_{t,j}\alpha_{t,j}\right\}$ 等价于 $\max\limits_{\boldsymbol{\beta}\in\mathbb{B}}h(\boldsymbol{a},\boldsymbol{\beta},\boldsymbol{\alpha})$。

通过以上分析，本章的 DR 模型[式（9-4）]中的内部最大化问题[式（9-36）]现在等价于式（9-38）。基于此，本章研究的 DR 模型可以重新表述为

$$\begin{aligned} &\min_{\boldsymbol{a}\in\mathbb{A},\delta\in\mathbb{R},\boldsymbol{\alpha}\in\mathbb{R}^{T\times J}}\left\{\delta+\sum_{t=1}^{T}\sum_{j=1}^{J}\mu_{t,j}\alpha_{t,j}\right\} \\ &\text{s.t.}\quad \delta\geqslant\max_{\boldsymbol{\beta}\in\mathbb{B}}h(\boldsymbol{a},\boldsymbol{\beta},\boldsymbol{\alpha}) \end{aligned} \tag{9-40}$$

命题 9-2　对于任意给定的（$\boldsymbol{a},\boldsymbol{\alpha}$），有 $\max\limits_{\boldsymbol{\beta}\in\mathbb{B}}h(\boldsymbol{a},\boldsymbol{\beta},\boldsymbol{\alpha})<+\infty$。此外，函数 $\max\limits_{\boldsymbol{\beta}\in\mathbb{B}}h(\boldsymbol{a},\boldsymbol{\beta},\boldsymbol{\alpha})$ 在 $\boldsymbol{a}$ 和 $\boldsymbol{\alpha}$ 上是凸的，且由有限个线性片段组成。

证明：首先，可行域与（$\boldsymbol{a},\boldsymbol{\alpha}$）无关且有界。因此，对于任意给定的（$\boldsymbol{a},\boldsymbol{\alpha}$），有 $\max\limits_{\boldsymbol{\beta}\in\mathbb{B}}h(\boldsymbol{a},\boldsymbol{\beta},\boldsymbol{\alpha})<+\infty$。其次，对于任意给定的（$\boldsymbol{\beta},\boldsymbol{d}$），$\sum\limits_{j=1}^{J}(d_{1,j}-a_j)\beta_{1,j}+$

$\sum_{T=2}^{T}\sum_{j=1}^{J-1}(d_{t,j}-d_{t-1,j+1})\beta_{t,j}+\sum_{t=2}^{T}d_{t,J}\beta_{t,J}$ 是关于 $(\boldsymbol{a},\boldsymbol{\alpha})$ 的线性函数。因此，$\max\limits_{\boldsymbol{\beta}\in\mathbb{B}} h(\boldsymbol{a},\boldsymbol{\beta},\boldsymbol{\alpha})$ 是一组关于（$\boldsymbol{a},\boldsymbol{\alpha}$）的线性函数的最大值，因此它是凸的且由有限个线性片段组成。最后，$\max\limits_{\boldsymbol{\beta}\in\mathbb{B}} h(\boldsymbol{a},\boldsymbol{\beta},\boldsymbol{\alpha}) < +\infty$ 的每个线性片段的值分别依赖于多面体区域 $\mathbb{B}$ 和 $\mathbb{D}$ 的一个独特的极点。由于这些多面体都有有限个极点，所以 $\max\limits_{\boldsymbol{\beta}\in\mathbb{B}} h(\boldsymbol{a},\boldsymbol{\beta},\boldsymbol{\alpha})$ 的线性片段数是有限的。证毕。

根据命题 9-2，可以知道式（9-40）的约束本质上描述了一个以（$\boldsymbol{a},\boldsymbol{\alpha},\delta$）为决策变量的凸函数及分段线性函数。这一点启发我们采用基于分离的分解算法来求解式（9-40），所用算法如下。

算法 9-1　求解 DR 模型的分解算法

1. 输入：可行区域 $\mathbb{A}$ 、$\mathbb{B}$ 和 $\mathbb{D}$；一组割集 $\{L(\boldsymbol{a},\ \boldsymbol{\alpha},\ \delta)\geqslant 0\}=\varnothing$。

2. 解决主问题：

$$\begin{aligned}&\min_{\boldsymbol{a}\in\mathbb{A},\delta\in\mathbb{R},\boldsymbol{\alpha}\in\mathbb{R}^{T\times J}} && \left\{\delta+\sum_{t=1}^{T}\sum_{j=1}^{J}\mu_{t,j}\alpha_{t,j}\right\}\\ &\text{s.t.} && L(\boldsymbol{a},\boldsymbol{\alpha},\delta)\geqslant 0\end{aligned}$$

并记录一个最优解 $(\boldsymbol{a}^*,\boldsymbol{\alpha}^*,\delta^*)$ 。

3. 给定 $(\boldsymbol{a}^*,\boldsymbol{\alpha}^*)$，解决分离问题。

$$\begin{aligned}\max_{\boldsymbol{\beta}\in\mathbb{B}} h(\boldsymbol{a},\boldsymbol{\beta},\boldsymbol{\alpha})=\max_{\boldsymbol{\beta}\in\mathbb{B},\boldsymbol{d}\in\mathbb{D}}&\left\{\sum_{j=1}^{J}(d_{1,j}-a_j)\beta_{1,i}+\sum_{t=2}^{T}\sum_{j=1}^{J-1}(d_{t,j}-d_{t-1,j+1})\beta_{t,j}\right.\\&\left.+\sum_{t=2}^{T}d_{t,J}\beta_{t,J}-\sum_{t=1}^{T}\sum_{j=1}^{J}d_{t,j}\alpha_{t,j}\right\}\end{aligned}\tag{9-41}$$

并记录一个最优解 $(\boldsymbol{\beta}^*,\ \boldsymbol{d}^*)$ 。

4. 如果：

$$\delta^*\geqslant\sum_{j=1}^{J}(d_{1,j}^*-a_j^*)\beta_{1,j}^*+\sum_{t=2}^{T}\sum_{j=1}^{J-1}(d_{t,j}^*-d_{t-1,j+1}^*)\beta_{t,j}^*+\sum_{t=2}^{T}d_{t,J}^*\beta_{t,J}^*-\sum_{t=1}^{T}\sum_{j=1}^{J}d_{t,j}^*\alpha_{t,j}^*$$

则停止并将 $\boldsymbol{a}^*$ 作为式（9-4）的最优解返回；否则，转到步骤 5。

5. 添加切割约束：

$$\delta\geqslant\sum_{j=1}^{J}(d_{1,j}^*-a_j)\beta_{1,j}^*+\sum_{t=2}^{T}\sum_{j=1}^{J-1}(d_{t,j}^*-d_{t-1,j+1}^*)\beta_{t,j}^*+\sum_{t=2}^{T}d_{t,J}^*\beta_{t,J}^*-\sum_{t=1}^{T}\sum_{j=1}^{J}d_{t,j}^*\alpha_{t,j}$$

到切割集合 $\{L(\boldsymbol{a},\boldsymbol{\alpha},\delta)\geqslant 0\}$，然后再返回步骤 2。

以上算法的迭代次数是有限的，因为根据命题 9-2，函数 $\max\limits_{\boldsymbol{\beta}\in\mathbb{B}} h(\boldsymbol{a},\boldsymbol{\beta},\boldsymbol{\alpha})$ 在 $\boldsymbol{a}$ 和

$\boldsymbol{\alpha}$ 上是凸的且由有限个线性片段组成。这意味着在步骤 5 中增加的切割集合 $\{L(\boldsymbol{a},\boldsymbol{\alpha},\delta)\geqslant 0\}$ 将在有限的步骤内终止。

算法 9-1 的困难主要在于解决分离问题即式（9-41）。由于目标函数中存在双线性项 $(d_{t,j}-d_{t-1,j+1})\beta_{t,j}$，式（9-41）变成了一个混合整数双线性规划，这给直接最优解的分离和求解带来了挑战。尽管函数 $h(\boldsymbol{a},\boldsymbol{\beta},\boldsymbol{\alpha})$ 在 $\boldsymbol{\beta}$ 上是凸的，但是本章无法得到 $\mathbb{B}$ 的所有极点的表达式。同时，由于变量 $\boldsymbol{\beta}$ 具有跨预约和跨阶段性质，$h(\boldsymbol{a},\boldsymbol{\beta},\boldsymbol{\alpha})$ 在不同预约和阶段上不可分离。因此，Mak 等（2015）以及 Jiang 等（2017）的方法不再适用于本章的研究问题，这使处理函数 $h(\boldsymbol{a},\boldsymbol{\beta},\boldsymbol{\alpha})$ 的非线性过程变得更困难。在 9.3.3 节中将改用另一种方法将式（9-41）线性化并重构为混合整数线性规划问题，从而可以很容易地通过优化求解器求解。

9.3.3 分离问题的混合整数线性规划重构

本节利用式（9-41）和随机服务时间 $\boldsymbol{d}$ 的性质，将式（9-41）改写为一个混合整数线性规划。本节首先重构式（9-41）的目标函数。定义 $\boldsymbol{u}=(u_{1,1},\cdots,u_{T,J})$，其中：

$$u_{t,j}=\begin{cases}\beta_{t,j}-\beta_{t+1,j-1}-\alpha_{t,j}, & j=2,3,\cdots,J;\quad t=1,2,\cdots,T-1\\ \beta_{t,j}-\alpha_{t,j}, & \text{其他}\end{cases}\tag{9-42}$$

因此，式（9-41）等价于

$$\begin{aligned}\max_{\boldsymbol{\beta}\in\mathbb{B}} h(\boldsymbol{a},\boldsymbol{\beta},\boldsymbol{\alpha})&=\max_{\boldsymbol{\beta}\in\mathbb{B},\boldsymbol{d}\in\mathbb{D}}\left\{\sum_{t=1}^{T}\sum_{j=1}^{J}u_{t,j}d_{t,j}-\sum_{j=1}^{J}a_j\beta_{1,j}\right\}\\&=\max_{\boldsymbol{\beta}\in\mathbb{B}}\left\{\max_{\boldsymbol{d}\in\mathbb{D}}\left\{\sum_{t=1}^{T}\sum_{j=1}^{J}u_{t,j}d_{t,j}\right\}-\sum_{j=1}^{J}a_j\beta_{1,j}\right\}\end{aligned}\tag{9-43}$$

给定任意可行解 $\boldsymbol{\beta}$（$\boldsymbol{u}$ 相应地也被确定），本节考虑内部最大化问题 $\max\limits_{\boldsymbol{d}\in\mathbb{D}}\left\{\sum_{t=1}^{T}\sum_{j=1}^{J}u_{t,j}d_{t,j}\right\}$。由于每个 $d_{t,j}$ 都受其支撑集 $D_{t,j}=\{d_{t,j}^{\mathrm{L}}\leqslant d_{t,j}\leqslant d_{t,j}^{\mathrm{U}}\}$ 的限制，显然在给定任意可行解 $\boldsymbol{\beta}$ 的情况下，内部最大化问题是凸的，且最优的 $d_{t,j}^{*}$ 可以在极点处找到。因此，$\boldsymbol{d}$ 的最优解为

$$d_{t,j}^{*}=\begin{cases}d_{t,j}^{\mathrm{U}}, & u_{t,j}\geqslant 0\\ d_{t,j}^{\mathrm{L}}, & u_{t,j}<0\end{cases},\quad i=1,2,\cdots,J;\quad t=1,2,\cdots,T\tag{9-44}$$

为了将外部最大化问题与内部最大化问题即式（9-43）整合在一起，本章引

入二元决策变量 $z_{t,j}(j=1,2,\cdots,J;t=1,2,\cdots,T)$，使当且仅当 $u_{t,j}\geqslant 0$ 时 $z_{t,j}=1$，否则 $z_{t,j}=0$。为了保证 $z_{t,j}$ 与 $u_{t,j}$ 之间的关系，本章提出以下不等式：

$$\begin{aligned}&u_{t,j}-(M-\varepsilon)z_{t,j}\leqslant-\varepsilon,\quad j=1,2,\cdots,J;\quad t=1,2,\cdots,T\\&u_{t,j}+M(1-z_{t,j})\geqslant 0,\quad j=1,2,\cdots,J;\quad t=1,2,\cdots,T\end{aligned}\tag{9-45}$$

式中，M 为足够大的正数；ε 为一个非常小的正数。

通过二元变量 $z_{t,j}$ 和式（9-44），决策变量 $d_{t,j}$ 可以被 $z_{t,j}d_{t,j}^{\mathrm{U}}+(1-z_{t,j})d_{t,j}^{\mathrm{L}}$ 替换。因此，式（9-43）等价于以下问题：

$$\begin{aligned}\max_{\boldsymbol{\beta}\in\mathbb{B}}h(\boldsymbol{a},\boldsymbol{\beta},\boldsymbol{\alpha})&=\max_{\boldsymbol{\beta}\in\mathbb{B}}\left\{\max_{z\in\{0,1\}^{T\times J}}\left\{\sum_{t=1}^{T}\sum_{j=1}^{J}u_{t,j}\left(z_{t,j}d_{t,j}^{\mathrm{U}}+(1-z_{t,j})d_{t,j}^{\mathrm{L}}\right)\right\}-\sum_{j=1}^{J}a_j\beta_{1,j}\right\}\\&=\max_{\boldsymbol{\beta}\in\mathbb{B},z\in\{0,1\}^{T\times J}}\left\{\sum_{t=1}^{T}\sum_{j=1}^{J}u_{t,i}\left(z_{t,j}d_{t,j}^{\mathrm{U}}+(1-z_{t,j})d_{t,j}^{\mathrm{L}}\right)-\sum_{j=1}^{J}a_j\beta_{1,j}\right\}\\&\text{s.t.}\quad\text{式(9-45)}\end{aligned}\tag{9-46}$$

需要注意的是，式（9-46）中的目标函数仍然包含具有二元变量 $z_{t,j}$ 和连续变量 $u_{t,j}$ 的双元项 $u_{t,j}z_{t,j}$。因此，需要进一步线性化目标函数。为此，定义 $\omega_{t,j}=u_{t,j}z_{t,j}$。为了确保当 $z_{t,j}=1$ 时 $\omega_{t,j}=u_{t,j}$，当 $z_{t,j}=0$ 时 $\omega_{t,j}=0$，引入以下不等式：

$$\begin{aligned}&\omega_{t,j}\geqslant u_{t,j}+M(z_{t,j}-1),\quad j=1,2,\cdots,J;\quad t=1,2,\cdots,T\\&\omega_{t,j}\leqslant u_{t,j}+M(1-z_{t,j}),\quad j=1,2,\cdots,J;\quad t=1,2,\cdots,T\\&\omega_{t,j}\geqslant -Mz_{t,j},\quad j=1,2,\cdots,J;\quad t=1,2,\cdots,T\\&\omega_{t,j}\leqslant Mz_{t,j},\quad j=1,2,\cdots,J;\quad t=1,2,\cdots,T\end{aligned}\tag{9-47}$$

通过分析式（9-45）和式（9-47），可以通过 $M>\max_{t,j}|u_{t,j}|$ 来限制大 M。这样，式（9-45）和式（9-47）就可以得到充分保证。具体来说，可以通过求解以下混合整数线性规划来确定 M：

$$\begin{aligned}&M=\min_{\pi,\boldsymbol{u},\boldsymbol{\beta}}\pi+1\\&\text{s.t.}\quad\text{式(9-42)}\\&\pi\geqslant u_{t,j},\quad j=1,2,\cdots,J;\quad t=1,2,\cdots,T\\&\pi\geqslant -u_{t,j},\quad j=1,2,\cdots,J;\quad t=1,2,\cdots,T\\&\pi\geqslant 0,\quad \boldsymbol{\beta}\in\mathbb{B}\end{aligned}\tag{9-48}$$

在式（9-42）、式（9-45）和式（9-47）中的约束下，式（9-41）可以改写为以下混合整数线性规划：

$$\begin{aligned}&\max_{\boldsymbol{\beta}\in\mathbb{B},z\in\{0,1\}^{T\times J},\boldsymbol{\omega},\boldsymbol{\mu}}\left\{\sum_{t=1}^{T}\sum_{j=1}^{J}\left((d_{t,j}^{\mathrm{U}}-d_{t,j}^{\mathrm{L}})\omega_{t,j}-d_{t,j}^{\mathrm{L}}u_{t,j}\right)-\sum_{j=1}^{J}a_j\beta_{1,j}\right\}\\&\text{s.t.}\ \text{式(9-42)、式(9-45)、式(9-47)}\end{aligned}\tag{9-49}$$

注意，在上面的混合整数线性规划中，所有项都是关于变量 $\boldsymbol{\beta}$ 、$\boldsymbol{\omega}$ 、$\boldsymbol{u}$ 的线性项。根据式（9-49），可以修改算法 9-1 的第 3 步到第 5 步如下。

---

3. 在固定（$\boldsymbol{a}^*$，$\boldsymbol{\alpha}^*$）的情况下，求解式（9-49），并记录一个最优解 $(\boldsymbol{\beta}^*,\boldsymbol{z}^*,\boldsymbol{\omega}^*,\boldsymbol{u}^*)$。

4. 如果 $\delta^* \geqslant \sum_{t=1}^{T}\sum_{j=1}^{J}\left((d_{t,j}^{\mathrm{U}}-d_{t,j}^{\mathrm{L}})\omega_{t,j}^*-d_{t,j}^{\mathrm{L}}u_{t,j}^*\right)-\sum_{j=1}^{J}a_j^*\beta_{1,j}^*$ ，则停止并将 $\boldsymbol{a}^*$ 返回为式（9-4）的最优解；否则，进入第 5 步。

5. 添加约束：

$$
\begin{aligned}
\delta=&\sum_{j=1}^{J}\left(z_{1,j}^*d_{1,j}^{\mathrm{U}}+\left(1-z_{1,j}^*\right)d_{1,j}^{\mathrm{L}}-a_j\beta_{1,j}^*\right)\\
&+\sum_{t=2}^{T}\sum_{j=1}^{J-1}\left(z_{t,j}^*d_{t,j}^{\mathrm{U}}+\left(1-z_{t,j}^*\right)d_{t,j}^{\mathrm{L}}-\left(z_{t-1,j+1}^*d_{t-1,j+1}^{\mathrm{U}}+\left(1-z_{t-1,j+1}^*\right)d_{t-1,j+1}^{\mathrm{L}}\right)\right)\beta_{t,j}^*\\
&+\sum_{t=2}^{T}\left(z_{t,n}^*d_{t,J}^{\mathrm{U}}+\left(1-z_{t,J}^*\right)d_{t,J}^{\mathrm{L}}\right)\beta_{t,J}^*-\sum_{t=1}^{T}\sum_{j=1}^{J}\left(z_{t,j}^*d_{t,j}^{\mathrm{U}}+\left(1-z_{t,j}^*\right)d_{t,j}^{\mathrm{L}}\right)\alpha_{t,j}
\end{aligned}
$$

至割平面集 $\{L(\boldsymbol{a},\boldsymbol{\alpha},\delta)\geqslant 0\}$ ，然后返回第 2 步。

为了更高效地求解 DR 模型，可以在第 2 步的主问题中添加一些可行切割约束。值得注意的是，式（9-37）中的约束对于任何 s 都成立。此外，$g(\boldsymbol{a},\boldsymbol{d})$ 应该始终不小于零。因此，有

$$
\delta+\sum_{t=1}^{T}\sum_{j=1}^{J}d_{t,j}\alpha_{t,j}\geqslant g(\boldsymbol{a},\boldsymbol{d})\geqslant 0,\quad \forall \boldsymbol{d}\in\mathbb{D} \tag{9-50}
$$

根据式（9-50），可以得到一些特定情况下 $\boldsymbol{d}$ 的不等式如下，这些不等式可以添加到第 2 步中，以加快算法 9-1 的速度。

$$
\begin{aligned}
&\delta+\sum_{\tilde{t}=1}^{T}\sum_{\tilde{j}=1}^{J}d_{\tilde{t},\tilde{j}}^{\mathrm{U}}\alpha_{\tilde{t},\tilde{j}}-(d_{t,j}^{\mathrm{U}}-d_{t,j}^{\mathrm{L}})\alpha_{t,j}\geqslant 0,\quad j=1,2,\cdots,J;\quad t=1,2,\cdots,T\\
&\delta+\sum_{\tilde{t}=1}^{T}\sum_{\tilde{j}=1}^{J}d_{\tilde{t},\tilde{j}}^{\mathrm{L}}+(d_{t,j}^{\mathrm{U}}-d_{t,j}^{\mathrm{L}})\alpha_{t,j}\geqslant 0,\quad j=1,2,\cdots,J;\quad t=1,2,\cdots,T\\
&\delta+\sum_{\tilde{t}=1}^{T}\sum_{\tilde{j}=1}^{J}\mu_{\tilde{t},\tilde{j}}\alpha_{\tilde{t},\tilde{j}}+(d_{t,j}^{\mathrm{U}}-\mu_{t,j})\alpha_{t,j}\geqslant 0,\quad j=1,2,\cdots,J;\quad t=1,2,\cdots,T
\end{aligned} \tag{9-51}
$$

式（9-51）中的所有不等式都来自式（9-50）。具体而言，当令 $\boldsymbol{d}$ 取特定值 $\boldsymbol{d}^{\mathrm{U}}(\boldsymbol{d}^{\mathrm{L}})$，其中 $d_{t,j}$ 替换为 $d_{t,j}^{\mathrm{L}}(d_{t,j}^{\mathrm{U}})$ 时，可以得到式（9-51）中的前两组不等式，而当令 $\boldsymbol{d}$ 取特定值 $\boldsymbol{\mu}$ ，其中 $d_{t,j}$ 替换为 $d_{t,j}^{\mathrm{U}}$ 时，可以得到最后一组不等式。

9.4 数 值 分 析

本节将进行一系列数值实验，以评估本章的 DR 模型的计算性能，研究最优调度的结构性质，并检验几种潜在可用的启发式排序算法的性能。

9.4.1 DR 模型的计算性能

本节通过比较 DR 模型的计算时间与 SLP 的计算时间来评估 DR 模型的计算性能，即 SLP 被视为对照基准。SLP 可以通过优化软件求解。为了构建基准 SLP，本节首先考虑本章研究问题对应的随机规划，它与本章所研究问题的设置相同，只是目标是最小化 $f(\boldsymbol{a},\boldsymbol{d})$ 的期望值，而不是最坏分布下的 $f(\boldsymbol{a},\boldsymbol{d})$。然后，采用 SAA 方法来求解 SLP。构建的基准 SLP 如下：

$$
\begin{aligned}
&\min_{\boldsymbol{W},\boldsymbol{I},\boldsymbol{O}} \frac{1}{\Omega}\sum_{\omega=1}^{\Omega}\left(\sum_{t=1}^{T}\sum_{j=2}^{J}\left(c_j^W W_{t,j,\omega}+c_t^I I_{t,j,\omega}\right)+\sum_{t=1}^{T}\left(c_t^O O_{t,\omega}+c_t^I I_{t,J+1,\omega}\right)\right)\\
&\text{s.t.}\quad W_{1,j+1,\omega}-I_{1,j+1,\omega}=W_{1,j,\omega}+d_{1,j,\omega}-a_j,\ j=1,2,\cdots,J-1\\
&\qquad O_{1,\omega}-I_{1,J+1,\omega}=W_{1,J,\omega}+d_{1,J,\omega}-x_J\\
&W_{t,j+1,\omega}-I_{t,j+1,\omega}=W_{t,j,\omega}-I_{t-1,j+1,\omega}+d_{t,j,\omega}-d_{t-1,j+1,\omega},\quad j=1,2,\cdots,J-1;\ t=2,3,\cdots,T\\
&\qquad O_{t,\omega}-I_{1,j+1,\omega}=W_{t,j,\omega}-I_{t-1,J+1,\omega}+d_{t,J,\omega}+O_{t-1},\quad t=2,3,\cdots,T\\
&\qquad W_{t,1,\omega}=0,\quad t=1,2,\cdots,T\\
&\qquad \boldsymbol{W}\geqslant\boldsymbol{0},\quad \boldsymbol{I}\geqslant\boldsymbol{0},\quad \boldsymbol{O}\geqslant\boldsymbol{0}
\end{aligned}
\tag{9-52}
$$

式中，Ω 为随机服务时间的情景数；$d_{t,j,\omega}$、$W_{t,j,\omega}$、$I_{t,j,\omega}$ 和 $O_{t,\omega}$ 分别为情景 ω 下的随机服务时间、等待时间、空闲时间和加班时间。

在本节的计算实验中，有以下参数设置。对于成本参数，固定 $c_t^O=1.5$，并从 $U(0.3,0.5)$ 和 $U(0.8,1)$ 中随机生成 c_j^W 和 c_t^I。从服务系统的角度来看，这个设置是合理的，它表明服务提供者的时间比顾客的时间更昂贵，且加班成本比空闲成本更大。参照 Mak 等（2015）和 Jiang 等（2017）的研究，对于随机服务时间，设置 $\mu_{t,j}\sim U(36,44)$，$\sigma_{t,j}=0.5\mu_{t,j}$，$d_{t,j}^{\mathrm{L}}=\mu_{t,j}-\sigma_{t,j}$ 和 $d_{t,j}^{\mathrm{U}}=\mu_{t,j}+\sigma_{t,j}$，这意味着均值可以在 40min 的上下 10%之间均匀采样，上下界由均值和标准差决定。对于计划工作时长 L、顾客数 J 和阶段数 T，设置 $L=\sum_{j=1}^{J}\mu_{1,j}+\sqrt{\sum_{j=1}^{J}\sigma_{1,j}^2}$ 和 $J=5,10,15,20$ 以及 $T=2,3$。对于 SAA 方法中的分布，本节考虑对数正态分布和自然正态分布，并决定在每个分布下，生成 $\Omega=1000$ 个独立同分布的随机服务时间样本。

根据上述参数设置，本节对每个参数配置（J,T）随机生成了 10 个问题实例，因此，总共有 80 个问题实例。对于每个问题实例，记录了 DR 模型的计算时间和迭代次数，并记录了基准模型在每种类型的分布下的计算时间。然后，给出计算时间（以 CPU 表示）和迭代次数（以 IteNum 表示）的最小、平均和最大值。详细的计算结果如表 9-1 所示。

表 9-1　DR 模型的计算性能

T	J	DR 模型						SLP 模型					
		IteNum			CPU/s			CPU(正态分布)/s			CPU(对数正态分布)/s		
		最小值	平均值	最大值	最小值	平均值	最大值	最小值	平均值	最大值	最小值	平均值	最大值
2	5	27	33	42	22	29	37	79	88	107	81	88	95
	10	85	109	138	74	111	178	215	248	395	219	238	305
	15	121	165	244	114	194	281	376	397	454	375	396	408
	20	247	325	426	237	512	766	607	683	784	606	692	818
3	5	25	57	93	23	46	90	147	155	187	148	153	161
	10	140	201	220	194	488	752	395	603	682	404	608	685
	15	191	307	479	245	641	1175	828	879	1005	821	878	992
	20	298	431	539	425	1216	2008	1307	1744	2263	1300	1704	2253

从表 9-1 中可知，本章的 DR 模型主要有两个特性。首先，在固定T的情况下，随着J的增加，迭代次数和计算时间都会增加。例如，当$T=2$，J从 5 增加到 20 时，平均迭代次数（平均计算时间）从 33（29）增加到 325（512）。其次，对于给定的J，随着T的增加，迭代次数和计算时间也会增加。例如，在$T=2$和$T=3$的情况下，平均计算时间分别为$29\sim512$和$46\sim1216$。这些结果表明，本章的 DR 模型的计算复杂度随着T和J的增加而增加。因此，当问题实例的规模足够大时，本章的 DR 模型需要进行大量的计算工作，并且可能无法得到有效最优解。鉴于这一限制，可以在未来的工作中进一步努力，如添加一些有效的不等式，来增强本章提出的割平面算法。

通过比较表 9-1 中的 DR 模型与基准 SLP 模型的结果，还可以得出一些有趣的结论。首先，可以看到就平均而言，本章的 DR 模型的计算时间比基准 SLP 模型的计算时间要短，且在两种分布下都是如此，这是因为在 SLP 模型中设置了大样本量，因此直接用 CPLEX 求解 SLP 模型需要大量的计算时间。其次，本章的 DR 模型和基准 SLP 模型的计算时间都随着顾客数量J和阶段数量T的增加而增加，这表明在解决大规模问题实例时，无论 DR 模型还是 SLP 模型都需要大量的计算工作。最后，还观察到一个有趣的现象：相较于顾客数量J，计算时间对于阶段数量T更敏感，这可能是因为阶段数量的放大效应比顾客数量更大。

9.4.2 DR模型的性能指标分析

在数值研究中，本章的目标是研究DR模型得到的解与通过求解SLP模型所得到的解之间的差异程度，其中SLP模型使用了随机服务时间的完整分布信息。具体来说，本节将比较DR模型和SLP模型在式（9-52）中的总成本和性能指标表现（即等待时间、空闲时间和加班时间）。在这部分计算实验中，将J设为10，$\mu_{t,j}=\mu=40, \sigma_{t,j}=\sigma=0.5\mu, c_j^W=0.5, c_t^I=1, c^O=1.5$，并设置$L=J\mu+\sqrt{J\sigma^2}$。

关键的计算过程如下：首先，使用截断的对数正态分布生成$\Omega=1000$个独立同分布的样本，用于表示随机服务时间，其中对数正态分布在研究中已被证明能准确描述许多服务系统的服务时间的分布（Gul et al.，2011）。在此基础上，本节使用所有Ω个样本求解SLP模型，并得到SLP模型的最优解。其次，从Ω个样本中随机挑选20个样本，并使用这20个样本的平均值来近似服务时间的均值，且使用Ω个样本的20%分位数和80%分位数来近似下限和上限值。基于这些信息，本节将尝试求解DR模型，并获得最优解。最后，根据以下步骤生成$\Omega'=10\,000$个独立同分布的样本外数据，用于模拟完美信息情况（情景1）和错误分布信息情况（情景2）。在此之后，将每种情况的样本外表现与前面步骤中得到的SLP模型和DR模型的解进行比较。服务时间的$\Omega'=10\,000$个独立同分布的样本外数据是通过以下步骤生成的。

（1）完美信息：按照截断的对数正态分布生成$\Omega'=10\,000$个独立同分布的样本外数据，其参数与生成Ω个独立同分布的样本内数据时所用的参数相同。

（2）不完全信息：保留随机服务时间的一阶、二阶矩信息。基于此，本节将按照截断的正态分布和伽马分布生成$\Omega'=10\,000$个独立同分布的样本外数据。

对于每种情况，本节在每个样本下计算DR模型和SLP模型在多个阶段上的总成本（TCost）、总等待时间（TWait）、总空闲时间（TIdle）和总加班时间（TOver），然后计算这四个性能指标的均值、中位数、75%分位数和95%分位数，并进行比较，结果分别展示在表9-2和表9-3中。

表9-2　DR模型的模拟性能（完美信息）

性能指标	模型	$T=2$				$T=3$			
		TCost	TWait	TIdle	TOver	TCost	TWait	TIdle	TOver
均值	DR模型	245	58	182	23	484	65	291	107
	SLP模型	209	63	166	8	353	125	227	43
中位数	DR模型	245	53	182	23	482	61	291	106
	SLP模型	209	53	166	5	351	111	226	40

续表

性能指标	模型	T=2				T=3			
		TCost	TWait	TIdle	TOver	TCost	TWait	TIdle	TOver
75%分位数	DR 模型	267	74	206	31	524	85	323	123
	SLP 模型	229	84	191	13	382	162	258	54
95%分位数	DR 模型	298	117	239	43	586	126	368	149
	SLP 模型	258	146	225	25	431	260	303	75

表 9-3　DR 模型的模拟性能（不完全信息）

分布	性能指标	模型	T=2				T=3			
			TCost	TWait	TIdle	TOver	TCost	TWait	TIdle	TOver
正态分布	均值	DR 模型	225	78	143	29	466	87	236	125
		SLP 模型	193	94	126	13	349	181	170	59
	中位数	DR 模型	225	72	142	29	464	83	235	124
		SLP 模型	191	82	125	12	342	168	168	57
	75%分位数	DR 模型	247	98	167	38	505	110	268	141
		SLP 模型	212	122	150	20	378	232	198	72
	95%分位数	DR 模型	279	149	202	48	569	156	314	167
		SLP 模型	246	208	185	32	449	344	244	97
伽马分布	均值	DR 模型	858	6	851	2	1299	7	1278	11
		SLP 模型	854	7	849	1	1286	14	1272	5
	中位数	DR 模型	926	0	926	0	1390	0	1390	0
		SLP 模型	926	0	926	0	1390	0	1390	0
伽马分布	75%分位数	DR 模型	926	0	926	0	1390	0	1390	0
		SLP 模型	926	0	926	0	1390	0	1390	0
	95%分位数	DR 模型	926	56	926	24	1390	69	1390	112
		SLP 模型	926	59	926	6	1390	123	1390	45

如表 9-2 所示，DR 模型下顾客的总等待时间小于 SLP 模型下的总等待时间，但是服务提供者的总空闲时间和总加班时间却比 SLP 模型大。这可能是因为 DR 模型会生成较为保守的调度时间，以避免顾客的长时间等待。此外，四个性能指标都随着阶段数 T 的增加而表现出增长的趋势，这是显而易见且易于理解的。在情景 1（完美信息）下，DR 模型只使用随机服务时间的均值和支撑集，而 SLP 模型几乎使用了所有信息，这导致 SLP 模型的总成本小于 DR 模型。然而，在情

景 2（不完全信息）下，DR 模型可能表现得不错，如表 9-3 所示，对于伽马分布，DR 模型的总成本与 SLP 模型相当接近，表明 DR 模型实际是有效的。

9.4.3　DR 模型的最优调度分析

本节旨在分析 DR 模型和 SLP 模型的最优调度，并得出一些启示。由于问题相当复杂，本节将考虑一些简单的情况来呈现结果。具体来说，本节固定 $\Omega=10$，$T=2$，$c_j^W=0.5$，$c_t^I=1$，$c_t^O=1.5$，并测试两种情景。在情景 1 中，设置 $\mu_{1,j}=30$ 和 $\mu_{2,j}=50$；而在情景 2 中，将 $\mu_{1,j}$ 设置为 50，$\mu_{2,j}$ 设置为 30。在这两种情景下，设置 $\sigma_{t,j}=0.5\mu_{t,j}$，$d_{t,j}^{\mathrm{L}}=\mu_{t,j}-\sigma_{t,j}$，$d_{t,j}^{\mathrm{U}}=\mu_{t,j}+\sigma_{t,j}$，以及 $L=\sum_{j=1}^{J}\mu_{1,j}+\sum_{j=1}^{J}\sqrt{\sigma_{1,j}^2}$。情景 1 代表第一阶段的服务时间平均较小，而第二阶段的服务时间平均较大，而情景 2 则相反。

在每种情景下，本节首先求解给定参数的 DR 模型，然后求解相应的服务时间为对数正态分布的 SLP 模型，记录每个模型的最优解。结果如图 9-1 所示。

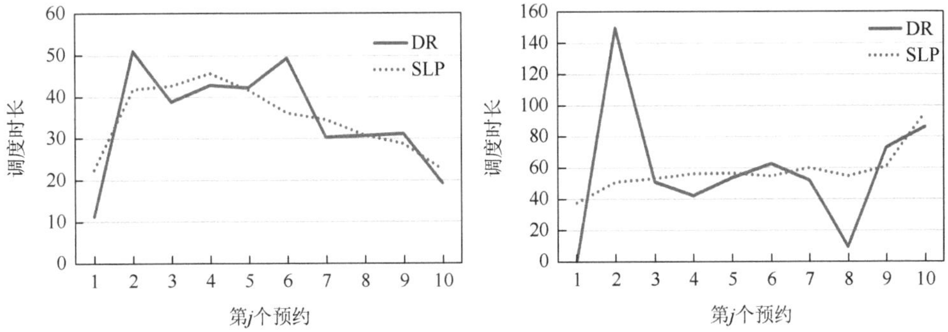

(a) 情景 1　　(b) 情景 2

图 9-1　最优调度

从图 9-1 中可以发现最优时间表的几个特点。首先，DR 模型和 SLP 模型的最优调度的表现不同，其中 SLP 模型的最优调度比 DR 模型更稳定，其原因可能是两种方法的最小化目标不同。其次，在情景 1 中，DR 模型的最优调度与 SLP 模型接近，然而，在情景 2 中，DR 模型的最优调度却偏离了 SLP 模型的最优调度。这可能是因为在情景 1 中，第一阶段的服务时间小于第二阶段的服务时间，导致服务系统的随机性较小，并且情景 1 的参数配置更接近于 DR 模型。最后，在 DR 模型中，最优调度将为第二个顾客分配相对较长的调度时间，然后为其他顾客设置相对平稳的调度时间，从而缓解后续顾客的等待现象。

根据图 9-1 的结果可知，在实际实施中，当服务时间的分布信息有限，前一阶段的服务时间短于后一阶段时，可以通过 DR 模型求解最优调度来优化多阶段服务系统。通过这种方式，可以获得一个性能较为良好的调度。对于其他情况，可以为第二个顾客设置较长的调度时间，然后为其他顾客设置相对平滑的调度时间。

9.4.4 排序启发式算法的性能

如许多研究所讨论的一样（Denton et al.，2007；Gupta，2007；Mancilla and Storer，2012），获得精确的最优排序是充满挑战且困难的。本节首先提出几种潜在的排序启发式算法，然后对它们的性能分别进行评估。

对于单阶段预约调度问题，在所有顾客的等待时间单位成本相同的情况下，Denton 等（2007）展示了方差排序（ordering by variance，OV）启发式算法具有较良好的性能，并且在仅有两个顾客的服务系统中，该启发式算法被证明是最优的（Weiss，1990）。对于仅有两个顾客且服务时间遵循不同的指数分布的情况，Choi 和 Wilhelm（2020）展示了 OV 启发式算法在第二个顾客在任意时间到达时仍然是最优的。这可能是因为前面位置的随机性会显著影响后面的位置，因此，先处理方差较小的顾客可以避免随机性放大并减轻不良影响。根据 OV 启发式算法的思路，本节提出了支撑集排序启发式算法（称为 H^{OS}）。具体而言，本节为每个顾客 j 定义一个序列指标，如式（9-53）所示。然后 H^{OS} 启发式算法指示作业按 $\text{OI}_j^{H^{\text{OS}}}$ 的非递减顺序进行处理：

$$\text{OI}_j^{H^{\text{OS}}}=\sum_{t=1}^{T}\left(d_{t,j}^{\text{U}}-d_{t,j}^{\text{L}}\right) \tag{9-53}$$

当所有顾客的等待时间单位成本不相同时，Gupta（2007）以及 Mak 等（2014）的研究表明，首先处理方差较小且等待时间单位成本较高的顾客可能会得到良好的性能。因此，如果一个顾客具有较高的等待时间单位成本，它可能会被分配到相对较靠前的位置。基于此，本节利用 c_t^I 和 c_j^W 提出了一种名为方差与成本比率排序（H^{OVC}）启发式算法的排序方法。具体而言，本节为每个顾客 j 定义一个序列指标 $\text{OI}_j^{H^{\text{OVC}}}$，如式（9-54）所示。实际上 H^{OVC} 启发式表示的是对所有顾客按照 $\text{OI}_j^{H^{\text{OVC}}}$ 的非递减顺序进行处理：

$$\text{OI}_j^{H^{\text{OVC}}}=\sum_{t=1}^{T}\left(d_{t,j}^{\text{U}}-d_{t,j}^{\text{L}}\right)/\,c_j^W \tag{9-54}$$

基于 H^{OVC} 启发式算法，本节又构建了一种启发式算法：将均值 $\mu_{t,j}$ 纳入考虑，称为支持与成本比率排序（H^{OCSC}）启发式算法。具体而言，本节为每个顾客 j 定

义了一个序列指标 $\mathrm{OI}_j^{H^{\mathrm{OCSC}}}$，如式（9-55）所示。实际上 H^{OCSC} 启发式算法表示的是对所有顾客按照 $\mathrm{OI}_j^{H^{\mathrm{OCSC}}}$ 的非递减顺序进行处理：

$$\mathrm{OI}_j^{H^{\mathrm{OCSC}}} = \sum_{t=1}^{T} c_t^I (d_{t,j}^{\mathrm{U}} - d_{t,j}^{\mathrm{L}}) / (\mu_{t,j} c_j^W) \tag{9-55}$$

为了评估提出的三种启发式算法（H^{OS}、H^{OVC} 和 H^{OCSC}）的性能，本节将三种算法与基准方案进行对比。基准方案意味着对于每个生成的问题实例，所有预约的顺序由自然索引 $1,2,\cdots,J$ 给出。因此，在基准方案下没有排序决策，本节只需要解决相应的 DR 模型（P0）。通过这个基准方案，本节计算每个启发式算法在每个问题实例下的成本改进比例（cost improvement ratio，CIR），CIR 定义如下：

$$\mathrm{CIR}^{\mathrm{H}} = \frac{V^{\mathrm{B}} - V^{\mathrm{H}}}{V^{\mathrm{B}}} \times 100\% \tag{9-56}$$

式中，V^{H} 为我们提出的启发式算法的目标值；V^{B} 为基准方案的目标值。

在本节的计算实验中，设置 $\mu_{t,j} \sim U(36,44)$，$\sigma_{t,j} = \rho_{t,j}\mu_{t,j}$，$d_{t,j}^{\mathrm{L}} = \mu_{t,j} - \sigma_{t,j}$，$d_{t,j}^{\mathrm{U}} = \mu_{t,j} + \sigma_{t,j}$ 和 $L = \sum_{j=1}^{J}\mu_{1,j} + \sqrt{\sum_{j=1}^{J}\sigma_{1,j}^2}$。此外，本节固定 $c_t^O = 1.5$，并随机生成 c_j^W、c_t^I 和 $\rho_{t,j}$ 分别从 $U(0.3,0.5)$、$U(0.8,1)$ 和 $U(0,1)$ 中取值。对于顾客数量 J 和阶段数量 T，本章测试了 $J = 10, 20$ 和 $T = 2,3$ 等多种情况。在每个参数配置（J, T）下，随机生成 10 个问题实例。因此，总共有 40 个问题实例。对于每个问题实例，根据式（9-56）计算 CIR。然后，对于每个参数配置（J, T），计算了不同启发式算法的最小、平均和最大的 CIR。详细的计算结果总结在表 9-4 中。

表 9-4　几种启发式算法的比较

T	J	H^{OS}			H^{OVC}			H^{OCSC}		
		最小	平均	最大	最小	平均	最大	最小	平均	最大
2	10	7.34	11.01	16.65	7.63	10.48	15.86	7.43	10.44	15.33
	20	−0.62	14.97	31.13	−3.47	11.44	25.39	−4.79	15.9	35.58
3	10	−0.31	4.96	9.27	−0.2	4.66	9.27	−3.22	4.02	8.92
	20	5.23	9.79	17.05	−2.2	16.97	37.64	−2.13	12.15	33

根据表 9-4，可以得到几个有趣的发现。首先，三种启发式算法的性能并没有显著差异。这可能是因为这三种启发式算法都包含了服务时间的支撑集信息，而这正是对所有顾客预约进行排序的关键。其次，就平均值而言，在给定 T 的情况下，J 越大，三种启发式算法的成本改进值也越大。这表明本章提出的三种启发式算法可能在面对大量预约时表现更为良好。最后，仍就平均值而言，在给定 J 的

情况下，阶段数量 T 越大，三种启发式算法的成本改进值越小。这个结果表明，当阶段数量 T 很大时，这三种简单的启发式算法可能表现不佳，这可能是因为在阶段数量很大时，不同时间段的随机性相互抵消，而这些简单的启发式算法无法捕捉到问题的主要特征。在这种情况下，为了获得更好的排序决策，可以建议决策者将规划分为若干子周期来提高性能。例如，将阶段数量 T 分为一些时段，然后对不同时段采用不同的排序规则。

9.5 本章小结

本章考虑了一种具有有限随机服务时间分布信息的顺序多阶段预约调度问题。在这个问题中，只有服务时间的均值和支撑集为决策者所知，决策者必须确定第一阶段中每个预约的调度时间，以最小化多个阶段中由于顾客等待时间和服务提供者空闲时间和加班时间引起的最坏情况下的加权时间成本。

对于所要研究的问题，本章首先建立了分布式鲁棒的最小-最大模型，并建立了性能指标之间的关系。在此基础上，本章提出了一个割平面算法来求解 DR 模型。为了更有效地解决问题，本章进一步将所开发的算法中的分离问题重构为混合整数线性规划。最后进行了计算实验，以检验本章的 DR 模型的计算和模拟性能，研究了最优调度的结构，并研究了一些潜在的排序启发式算法的性能。

本章的研究主要表明：①不同阶段的性能指标之间的关系可以表示为线性方程组，多阶段预约调度问题的 DR 模型可以通过割平面法有效地解决；②只使用随机服务时间的均值和支撑集，DR 模型会生成相对保守的解；③最优调度并不总是“圆顶”结构。

本章的工作可以从以下几个方面进行进一步扩展。

首先，顾客爽约是现实服务系统中常见的现象，对调度计划有着重要影响，因此在多阶段预约调度问题的 DR 模型中考虑顾客爽约是有意义的。其次，除了均值和支撑集外，整合更多的服务时间分布信息可能会得到更为稳健的解，因此可以在未来的研究中尝试考虑更多的分布信息，如服务时间的二阶矩。再次，本章假设每个阶段只有一个服务提供者提供服务，然而多服务提供者在现实中也是比较常见的，因此，多阶段多服务提供者的鲁棒预约调度优化问题值得进一步探讨。最后，本章的工作仅提出了几种启发式算法来确定顺序，然而对于需要进行排序决策的问题，获得最优排序解是很困难的，但仍值得努力，这一部分可以留在未来继续完善。

参 考 文 献

Abbasi B，Babaei T，Hosseinifard Z，et al. 2020. Predicting solutions of large-scale optimization problems via machine learning：A case study in blood supply chain management[J]. Computers & Operations Research，119：104941.

Begen M A，Levi R，Queyranne M. 2012. A sampling-based approach to appointment scheduling[J]. Operations Research，60（3）：675-681.

Begen M A，Queyranne M. 2011. Appointment scheduling with discrete random durations[J]. Mathematics of Operations Research，36（2）：240-257.

Bendavid I，Marmor Y N，Shnits B. 2018. Developing an optimal appointment scheduling for systems with rigid standby time under pre-determined quality of service[J]. Flexible Services and Manufacturing Journal，30（1）：54-77.

Berg B P，Denton B T，Erdogan S A，et al. 2014. Optimal booking and scheduling in outpatient procedure centers[J]. Computers & Operations Research，50：24-37.

Bertsimas D，Popescu I. 2005. Optimal inequalities in probability theory：A convex optimization approach[J]. SIAM Journal on Optimization，15（3）：780-804.

Boujemaa R，Jebali A，Hammami S，et al. 2020. Multi-period stochastic programming models for two-tiered emergency medical service system[J]. Computers & Operations Research，123：104974.

Chien C F，Tseng F P，Chen C H. 2008. An evolutionary approach to rehabilitation patient scheduling：A case study[J]. European Journal of Operational Research，189（3）：1234-1253.

Choi S，Wilhelm W E. 2020. Sequencing in an appointment system with deterministic arrivals and non-identical exponential service times[J]. Computers & Operations Research，117：104901.

Denton B，Gupta D. 2003. A sequential bounding approach for optimal appointment scheduling[J]. IIE Transactions，35（11）：1003-1016.

Denton B，Viapiano J，Vogl A. 2007. Optimization of surgery sequencing and scheduling decisions under uncertainty[J]. Health Care Management Science，10（1）：13-24.

Erdogan S A，Denton B. 2013. Dynamic appointment scheduling of a stochastic server with uncertain demand[J]. INFORMS Journal on Computing，25（1）：116-132.

Ge D D，Wan G H，Wang Z Z，et al. 2014. A note on appointment scheduling with piecewise linear cost functions[J]. Mathematics of Operations Research，39（4）：1244-1251.

Gul S，Denton B T，Fowler J W，et al. 2011. Bi-criteria scheduling of surgical services for an outpatient procedure center[J]. Production and Operations Management，20（3）：406-417.

Gupta D. 2007. Surgical suites' operations management[J]. Production and Operations Management，16（6）：689-700.

Hassin R，Mendel S. 2008. Scheduling arrivals to queues：A single-server model with No-shows[J]. Management Science，54（3）：565-572.

Jiang B W，Tang J F，Yan C J. 2019. A stochastic programming model for outpatient appointment scheduling considering unpunctuality[J]. Omega，82：70-82.

Jiang R W，Shen S Q，Zhang Y L. 2017. Integer programming approaches for appointment scheduling with random No-shows and service durations[J]. Operations Research，65（6）：1638-1656.

Kaandorp G C，Koole G. 2007. Optimal outpatient appointment scheduling[J]. Health Care Management Science，10（3）：217-229.

Klassen K J，Yoogalingam R. 2019. Appointment scheduling in multi-stage outpatient clinics[J]. Health Care Management Science，22（2）：229-244.

Kong Q X，Lee C Y，Teo C P，et al. 2013. Scheduling arrivals to a stochastic service delivery system using copositive cones[J]. Operations Research，61（3）：711-726.

Kuiper A，Mandjes M. 2015. Appointment scheduling in tandem-type service systems[J]. Omega，57：145-156.

Mak H Y，Rong Y，Zhang J W. 2014. Sequencing appointments for service systems using inventory approximations[J]. Manufacturing & Service Operations Management，16（2）：251-262.

Mak H Y，Rong Y，Zhang J W. 2015. Appointment scheduling with limited distributional information[J]. Management Science，61（2）：316-334.

Mancilla C，Storer R. 2012. A sample average approximation approach to stochastic appointment sequencing and scheduling[J]. IIE Transactions，44（8）：655-670.

Mancilla C，Storer R H. 2013. Stochastic sequencing of surgeries for a single surgeon operating in parallel operating rooms[J]. IIE Transactions on Healthcare Systems Engineering，3（2）：127-138.

Pérez E，Ntaimo L，Malavé C O，et al. 2013. Stochastic online appointment scheduling of multi-step sequential procedures in nuclear medicine[J]. Health Care Management Science，16（4）：281-299.

Robinson L W，Chen R R. 2003. Scheduling doctors' appointments：Optimal and empirically-based heuristic policies[J]. IIE Transactions，35（3）：295-307.

Robinson L W，Chen R R. 2010. A comparison of traditional and open-access policies for appointment scheduling[J]. Manufacturing & Service Operations Management，12（2）：330-346.

Saremi A，Jula P，ElMekkawy T，et al. 2013. Appointment scheduling of outpatient surgical services in a multistage operating room department[J]. International Journal of Production Economics，141（2）：646-658.

Shehadeh K S，Cohn A E M，Jiang R W. 2020. A distributionally robust optimization approach for outpatient colonoscopy scheduling[J]. European Journal of Operational Research，283（2）：549-561.

Shehadeh K S，Cohn A E M，Epelman M A. 2019. Analysis of models for the stochastic outpatient procedure scheduling problem[J]. European Journal of Operational Research，279（3）：721-731.

Wang P P. 1997. Optimally scheduling N customer arrival times for a single-server system[J]. Computers & Operations Research，24（8）：703-716.

Weiss E N. 1990. Models for determining estimated start times and case orderings in hospital operating rooms[J]. IIE Transactions，22（2）：143-150.

Wen J，Geng N，Xie X L. 2020. Optimal insertion of customers with waiting time targets[J]. Computers & Operations Research，122：105001.

Wiesemann W，Kuhn D，Sim M. 2014. Distributionally robust convex optimization[J]. Operations Research，62（6）：1358-1376.

Zacharias C，Pinedo M. 2014. Appointment scheduling with no-shows and overbooking[J]. Production and Operations Management，23（5）：788-801.

Zacharias C，Pinedo M. 2017. Managing customer arrivals in service systems with multiple identical servers[J]. Manufacturing & Service Operations Management，19（4）：639-656.

Zhou S H，Yue Q. 2019. Appointment scheduling for multi-stage sequential service systems with stochastic service durations[J]. Computers & Operations Research，112：104757.